KB095453

영화 속
심리학 2

영화 속
심리학 2

박소진 지음

영화를 통해
정신병리를
쉽게 이해한다

소울메이트

소울메이트 우리는 책이 독자를 위한 것임을 잊지 않는다.
우리는 독자의 꿈을 사랑하고,
그 꿈이 실현될 수 있는 도구를 세상에 내놓는다.

영화 속 심리학 2

초판 1쇄 발행 2015년 8월 17일 | **지은이** 박소진
펴낸곳 ㈜원앤원콘텐츠그룹 | **펴낸이** 강현규 · 박종명 · 정영훈
책임편집 길혜진 | **편집** 최윤정 · 채지혜 · 김효주 · 주효경 · 민가진 · 이은솔
디자인 최정아 · 김혜림 · 홍경숙 | **마케팅** 박성수 · 서은지 · 김서영
등록번호 제301-2006-001호 | **등록일자** 2013년 5월 24일
주소 100-826 서울시 중구 다산로16길 25, 3층(신당동, 한흥빌딩) | **전화** (02)2234-7117
팩스 (02)2234-1086 | **홈페이지** www.1n1books.com | **이메일** khg0109@1n1books.com
값 16,000원 | **ISBN** 978-89-6060-561-9 03180

이 도서의 국립중앙도서관 출판시도서목록(CIP)은 e-CIP홈페이지(http://www.nl.go.kr/ecip)에서
이용하실 수 있습니다.(CIP제어번호 : CIP2015021315)

훌륭한 이야기는,
지루한 부분을 잘라내고
남은 인생이다.

• 알프레드 히치콕(영화감독, 스릴러의 거장) •

인간 이해에 대한
새로운 방법을 제시한 책

박소진 선생님을 만나게 된 지 오래되지는 않았지만, 선생님을 만날 때마다 늘 밝고 열정적인 모습이 참 인상적이었습니다. 어느 날 식사 한번 하자는 연락이 왔고, 반가운 마음에 선생님과 좋은 시간을 보내면서 원고를 건네받게 되었습니다.

평소에 영화를 좋아하기는 하지만 전문적 지식이 없어 추천사를 쓸 수 있을까 망설였습니다. 그러나 책을 읽다 보니 내용이 상당히 재미있었으며, 저자인 박소진 선생님의 성향과 특성을 책을 통해 알 수 있었습니다. 특히 책 속에 인간의 특성을 이해할 수 있는 장면들이 많아 현대 인간에 대해서도 다시 생각해볼 수 있었습니다.

더욱 놀라운 것은 그 많은 영화들 속에 등장하는 사람들이 DSM-5

의 진단체계와 융^{C.G. Jung}의 분석심리학에 따라 분석되었다는 점입니다. 수면장애, 섭식장애, 신체변형 장애, 충동장애, 공격성 장애, 변태 장애 등 다양한 이상심리학에 대한 부분들이 영화를 통해, 또 이를 해석한 박소진 선생님을 통해 새롭게 표현되었고 다각적으로 의미 있게 분석되었습니다.

이 책을 통해서 현대 사회에서 발현되고 있는 문제적 사건들과 TV 뉴스, 신문 기사 등에서 터져 나오는 심각한 현상들에 대한 심리학적 이해가 가능하리라 생각합니다. 더불어 다양한 독자들이 인간에 대한 이해와 세상에 대한 시각을 가질 수 있으리라는 생각에 기대가 됩니다.

많은 현대인들이 자신의 삶에 대한 성찰 없이 그저 바쁜 일상을 살아가고 있습니다. 이 책을 통해서 우리 삶의 무게를 이해하고, 주체적으로 자신의 삶을 발전해나가는 기회가 되기를 바랍니다.

영화를 보고 나면 늘 마음 한구석이 며칠 동안 여운으로 잠겨 있는데, 이 책을 읽은 뒤에도 한동안 마음 한편에 긴 여운이 남아 있었습니다. 인간 이해에 대한 새로운 방법을 제시하고, 삶에 대한 풍요로운 시각을 갖게 해준 박소진 선생님께 갈채를 보냅니다.

한양대학교 아동심리치료학과
이정숙

영화를 통해 정신병리를 쉽게 이해한다

지금으로부터 약 10년 전의 일이다. 그때의 나는 대학을 졸업하고 직장을 다니며 다시 진로에 대한 고민을 하고 있었다. 그때 내 나이는 많다고도 적다고도 할 수 없는 나이, 서른이었다. 그 나이에 결혼이 아니라 어느 대학원에 지원을 할 것인가를 알아보고 있었고, 처음으로 용기를 내서 영화연출학과에 지원서를 냈다. 아무 준비도 없이 나의 무모한 도전은 그렇게 시작됐다.

말도 안 되는 시나리오를 작성해서는 면접을 보러 간 날, 평소 사회불안이 높았던 나는 발을 헛디디면서 바닥에 털썩 주저앉고 말았고, 그 모습을 본 한 면접관은 웃음보가 터졌다. 그리고 한 면접관은 한심하다는 듯이 나를 노려보며, '하던 일이나 잘 할 것이지…. 여기는 너처럼 아무 준비도 안 된 사람이 기웃거릴 데가 아니다.'라는 듯한 표정으로 나를 노려보고 있었다. 나는 시나리오(내 생애 첫 작품)를 책상에 투척하듯이 던져버리고 도망치듯 그곳을 빠져나왔다.

몇 년이 지나도록 그 생각만 하면 손발이 오글거려 어찌할 바를 몰랐다. 그러나 사람의 꿈이라는 것이 한순간 사라지는 것이 아니다. 늘 '언젠간 할 수 있을 거야.'라고 생각하고 또 생각했다. 그렇게 시간이 흘렀고 내 나이 불혹을 넘겼지만 아직도 꿈을 꾸고 있다.

『영화 속 심리학 1, 2』는 영화 속의 인물들을 통해 '정신병리'를 보다 쉽게 이해하고 접근할 수 있도록 하기 위해 쓰인 책이다. 오랜 기간 공부를 해왔어도 실제 임상현장에서 정신병리를 이해한다는 것은 쉬운 작업이 아니며, 새롭게 이 분야에 관심을 갖고 공부를 시작하는 학생들에게 병리를 잘 이해하도록 가르치는 것도 쉽지 않다. 평소에 좋아하는 영화를 통해 심리학, 정신병리를 들여다보는 작업은 힘들기도 했지만 즐거운 작업이기도 했다.

『영화 속 심리학』이라는 책을 쓰게 되면서 수많은 영화와 드라마들을 접했다. 나름 영화를 좋아한다고 자부했는데 보지 못한 영화들이 훨씬 더 많았고, 원고를 탈고할 때쯤 되니 좋은 영화들이 또다시 눈에 보여 수정을 여러 번 해야 하는 번거로움도 있었다.

이번에 2권을 쓰면서 느꼈던 고충은 우선 각각의 정신병리에 해당되는 마땅한 영화를 찾는 작업이 어려웠다는 것, 그리고 DSM 체계에서 다루지 않았던 영역들(가족이나 범죄 등)을 새롭게 다루어야 한다는 것에 대한 부담감이었다.

그래도 시간은 달리고 달려 이렇게 『영화 속 심리학 2』를 출간하게 되었다. 아는 분들에게 좋은 영화가 있으면 추천해달라고 동냥하면서 다닌 게 엊그제 같은데 말이다. 그래도 영화와 드라마, 관련 자료, 각종 사건·사고들을 뒤지면서 새롭게 얻은 것들이 많기에 스스로에게 매우 유익한 시간이었다.

『영화 속 심리학 1』이 새로운 도전으로 나에게 행복감을 주었다면, 『영화 속 심리학 2』는 개인적으로 나를 돌아보게 만들었다. 내가 만난 사람들, 어린 시절의 나와 나의 가족과 부모, 친구들을 떠올리며 가슴이 먹먹해지는 순간이 많았기 때문이다. 이 책이 출간되면 나도 그만큼 성숙해져 있을지 모르겠다.

그러나 정신병리(이상심리)는 일반인들이 접하기 어려울뿐더러 '병리'나 '이상'이라는 용어가 상당 부분 일반인들에게 거부감을 준다는 것이 하나의 문제로 남았다. 그럼에도 불구하고 우리 사회에서 일어나는 각종 사건·사고와 갈등과 분쟁, 그리고 심각한 범죄들은 이 분야에 대해 우리가 무관심해서는 안 된다는 점을 시사한다고 생각한다. 그런 의미에서 이 책이 보다 많은 사람들에게 읽히고 정신병리에 대한 이해를 높이는 데 도움이 되길 바란다.

책을 출간하면서 기뻤던 것 중 하나는 자연스럽게 다양한 사람들을 만날 기회가 많았다는 점이다. 새로운 인연이 만들어지기도 하고, 아는 분들에게 책을 들고 가서 전해드릴 때는 뭔지 모를 뿌듯함이 느껴지기도 했다. 이번에도 이 책을 들고 지인들을 찾아뵈어 차를 마시며 담소를 나누고, 사랑하는 사람들을 만나 맛있는 음식과 함께 와인도 한잔 하며 기쁨을 나누고 싶다.

아직은 일천하지만 한 단계 한 단계 나의 꿈에 다가선다는 생각으로 오늘도 작은 돌 하나를 쌓고 돌아간다. 새로운 도전을 하도록 도와주신 원앤원콘텐츠그룹 관계자 여러분들과 2014년 내내 열정을 보여주신 손금옥 선생님, 관련 영화를 소개해주신 석세진 선생님, 관련 자문을 해주신 김성경 변호사님, 자문과 추천사를 써주신 장미경 교수님, 얼굴과 마음씨 고운 이미선 간사, 이유경 간사, 추천사를 써주신 최유정 변호사님, 이인석 판사님, 조혜정 변호사님, 이정숙 교수님께도 감사의 말씀을 전하며 마지막으로 건강한 유전자를 물려주신 부모님께 감사의 뜻을 전하며 글을 마친다.

7月의 끝자락, 서초동에서 박소진 씀

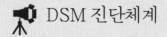 DSM 진단체계

DSM(Diagnostic and Statistical Manual of Mental Disorders)은 임상장면에서 정신과 환자들의 진단을 위해 사용되고 있는 공식적인 진단 편람으로 Ⅰ, Ⅱ, Ⅲ, Ⅳ를 거쳐 현재 DSM-5(American Psychiatric Association, 2013)가 최근 발행되었다(현재 한국어판은 2015년 4월 30일에 발행됨).

DSM 체계의 특성은 장애의 원인보다는 주로 장애의 양상이나 특성에 대한 기술을 하고 있다는 점, 장애별 진단기준이 구체적이고 명료하며 체계적으로 진단적 특징, 연령, 문화, 성별 특성 등을 기술하고 있다는 점이다.

DSM-Ⅳ의 목적은 임상가와 연구자가 다양한 정신장애를 앓고 있는 개인들을 진단하고, 의사를 교환하고, 연구하고, 치료할 수 있도록 진단범주를 명료하게 기술하기 위해서다. 최근 발행된 DSM-5에서는 DSM-IV의 분류체계와 용어 진단기준 등에서 변화가 있다. 예를 들어 '유아기, 아동기, 청소년기에 처음으로 진단되는 장애'는 '신경발달 장애'로 명칭이 변경되었고, 급식 및 섭식장애, 배설장애 등이 다른 장애로 분류되었다. 또한 우울장애에는 '파탄성 기분조절 장애' 등의 새로운 질환이 추가되기도 했다. 그 외에 변화된 내용은 각 장마다 괄호 안에 표기했다.

본 책에서는 DSM-IV의 진단기준과 DSM-5에서 변화된 내용을 비교해 제시했는데, DSM에서 다루는 모든 장애를 소개하고 있지는 않다. 때에 따라서 DSM-IV와 DSM-5에서 유용하지 않다고 판단되는 장애는 제외하고, 보다 중요하다고 판단되는 장애를 위주로 선별적으로 사용하다 보니 약간의 혼동이 있을 수 있음에 대해서는 양해를 구하는 바이다. DSM-5의 변화와 쟁점에 대한 내용에 대해 궁금한 분들에게는 『정신의학적 진단의 핵심』(Allen Frances 지음, 박원명 외 옮김, 시그마프레스)나 『이상심리학』(Ronald J. Corner 지음, 오경자 외 옮김, 시그마프레스)를 추천한다.

차 례

Part 1 영화 속 신체 관련 장애

Part **1**

영화 속
신체 관련 장애

수면장애 Sleep disorder

(DSM-5에서는 수면-각성 장애Sleep-Wake Disorders로 명칭이 변경됨)

수면은 우리가 건강하게 살아가기 위해 필수적인 것으로, 이러한 과정에 문제가 발생했을 때 '수면 장애'라고 한다.

DSM-5에서는 일차성 불면증Primary Insomnia이 불면장애Insomnia Disorder로, 일차성 수면과다증Primary Hypersomnia이 수면과다 장애Hypersomnolence Disorder로 명칭이 변경되었다(수면 발작Narcolepsy은 동일).

호흡관련 수면장애Breathing-related sleep disorder에 수면곤란 호흡정지 및 호흡저하Obstructive Sleep Apnea Hypopnea, 수면관련 호흡저하Sleep-Related Hyoventilation, 중추성 수면 무호흡증Central Sleep Apnea, 일주기 리듬 수면-각성 장애Circardian Rhythm sleep - wake disorders 등이 포함된다.

수면관련장애Parasomnia에는 비렘수면 각성장애Non-Rapid Eye Movement Sleep Arousal disorder(DSM-IV에서 수면중 경악장애Sleep terror disorder, 수면중 보행장애Sleepwalking disorder를 함께 포괄해 명칭이 변경됨), 악몽장애Nightmare disorder, 렘수면 행동장애Rapid Eye Movement Sleep Behavior disorder 하지불안증후군Restless Legs Syndrom 등이 포함된다.

잠들지 못하는 괴로움에 대하여

〈머시니스트〉〈인썸니아〉

2004년, 감독: 브래드 앤더슨, 출연: 크리스찬 베일, 제니퍼 제이슨 리 외

1년간 잠들지 못한 남자, 기계공 트레버 레즈닉은 매일 불면의 밤을 지샌다. 원인도 모른 채 매일 밤 잠들지 못한 그는 늘 피로감에 시달리며 점점 야위어간다. 그러던 어느 날 그가 일하던 공장에서 동료의 팔이 기계에 끼어 잘리는 끔찍한 사고가 발생한다. 범인은 이반이었는데, 주위 사람들은 그의 존재조차 모르고 트레버의 잘못으로 몰아세운다. 그의 삶은 점점 의심으로 가득 차고, 트레버는 자신을 궁지로 몰고 가는 그 범인을 찾기 위해 혈안이 되면서, 매일 밤 잠들지 못한 이유를 알게 된다.

인간의 기본적인 욕구, 잠

한 TV 광고에서 에디슨이 이런 말을 한다. "인간의 수면은 하루에 3~4시간이면 족하다." 그러면서 짧은 시간이지만 숙면을 취하면 되니 ○○○ 침대를 사용할 것을 권하는 내용의 광고다. 실제로도 잠을 줄여가며 공부 또는 일을 해서 성공했다는 이야기들이 많이 등장한다. 그렇다면 잠이라는 것은 줄여야만 하는 불필요하고 쓸데없는 것인가 하는 의문이 들 수 있다.

어떤 이는 인생의 1/3이 잠자는 데 허비된다면서 잠을 줄이지 않으면 인생이 낭비된다고 주장하기도 한다. 그러나 인간이 인간답게 살기 위해서 가장 기본이 되는 것은 잘 먹고, 잘 자고, 잘 배설하기 위함이고 이런 기본적인 욕구가 해소되지 않는다면 인간은 건강하게 살아남을 수 없다. 건강하지 않은 삶은 결국 성공한 삶이라고도 할 수 없다.

우리는 수면을 통해 휴식을 취하고 원기를 회복한다. 실제로 수면중에 성장호르몬과 같은 각종 호르몬들이 분비되며, 에너지를 보존하고 생존을 유지시킨다는 것이다. 장기간(30일)의 수면박탈을 당한 유기체는 결국 죽음에 이르게 된다.[1] 그러니까 수면은 우리의 생존과 직결되는 것이고, 우리의 삶의 질과도 연관되어 있다.

따라서 잠은 너무 적게 자도, 너무 많이 자도 문제인 것이고 적절한 시간 동안 충분히 숙면을 취해야지만 매일 매일 우리는 생활을 할 수 있다.

잠들지 못하는 남자

한 남자가 카페트에 시체를 말아 차에 실고 어디론가 향한다. 어느 바닷가에 이르러 아까 차에 실어 놓은 그 시체를 유기하기 위해 등에 간신히 들쳐 업고 시체를 바다에 내려놓는 순간, 그의 등 뒤에 비춰지는 불빛⋯. 어둠 속 빛의 정체는 알 길 없고 남자는 그 빛에 눈이 부시다.

잠시 후 등장하는 남자는 아까 그 남자, 트레버다. 마른 나뭇가지처럼 몸이

앙상해 말라도 너무 말랐다. 금방이라도 쓰러질 듯 마른 남자는 무기력하기

만 하다. 그는 기계공으로 공장에서 손에 익은 일을 익숙하게 처리하고 있

지만, 몽롱하게 초점을 잃은 그의 눈동자는 어쩐지 위태롭게 보이기만 하다

(100시간 이상의 수면결핍은 환각, 망상, 기이한 행동을 유발시킬 수 있으며 200시간

이상 깨어 있으면 2~3초간 지속되는 미세수면micorsleep으로 낮잠이 발생한다).[2]

트레버는 그가 자주 찾는 매춘부에게 자신이 잠들지 못함으로 인한 고통을

이야기하지만, 그녀는 대수롭지 않게 여기고 말한다. 그는 자신이 겪는 고통

을 이해해줄 사람 없이 하루하루 버티지만, 결국 끔찍한 사고가 발생한다.

그의 실수로 동료가 팔을 잃게 된 것이다.

수면 부족은 정신활동의 지체로 이어지는데, 평소보다 네 시간

을 못 잘 경우 반응속도가 45%가 지체되고 하룻밤을 못 자면 반응

시간이 평소보다 두 배 길어져 수면부족은 기능저하로 이어질 수

밖에 없다. 또한 수면부족은 기분을 처지게 하고, 우울·짜증·화

가 나게 만들고, 생기가 없으며, 호기심 저하 등의 문제가 생긴다.[3]

단순하면서도 익숙한 일이라면 큰 문제가 아니지만, 복잡하고 새

로운 일일 경우, 안전과 관련된 일일 경우에는 문제가 발생할 수 있

다. 트레버의 경우도 오랜 불면으로 순간순간 조는 장면이 자주 나

오는데, 그가 오랫동안 기계공 일을 해왔다고 하더라도, 순간의 방

심이 사고로 이어질 수 있는 일이기에 그의 불면으로 인한 집중력과 기능의 저하는 끔찍한 사고로 이어질 수밖에 없는 전조가 된다.

그러나 트레버는 같은 공장 내에서 일하고 있던 이반이란 놈의 음모가 분명하다고 여기며 그놈은 언제나 내 주변을 맴돌고, 때로는 나를 비웃으며 호시탐탐 나를 노리고 있다고 믿고 있다. 그런데 무엇 때문에? 왜? 의문은 의문을 낳지만, 어느 날부터 그의 냉장고에 붙어 있는 의문의 메모는 그를 더 혼란스럽게 만든다. '누군가 내 집에 들어와 이상한 메모를 남기고 간다?' 그는 이 모든 것이 이반의 소행이라고 믿고 그를 추적한다. 그러나 정작 이상한 것은 그가 평소 좋아하는 여인과의 만남이 왠지 낯설지 않다는 것이다. 그는 일을 마치고 마리가 있는 곳으로 가 커피와 음식을 주문하고 거의 입에 대지도 않은 채 돈만 테이블에 올려놓고 간다. 그런 그를 유심히 보던 마리는 그를 자신의 집으로 초대하고, 두 사람은 친밀한 관계로 발전한다. 그녀의 아들과 함께 셋이서 동물원에 가서 사진을 찍다가, 그의 아들이 쓰러져 있는 장면, 그리고 마리가 뛰어오는 장면이 클로즈업되어 느리게 흘러가는데, 이상하게도 낯설지 않다. '이 데자뷰(deja vu: 기시감) 같은 느낌은 뭐지?'

다시 첫 장면으로 돌아가 그가 누군가를 죽이고 그 사실을 은폐하기 위해 바닷가에 시체를 유기하려 했던 순간, 정체 모를 누군가가 다가오고 있음을 눈치챈 트레버는 황급히 시체를 추스르려고 하는데, 좀 전까지 있었던 시체가 사라진다. 당황한 트레버를 향해 다가

〈머시니스트〉

오는 누군가를 바라보니, 바로 자신이 죽인 이반이 거기에 서 있다.

영화 속 트레버는 거의 1년간 제대로 잠을 자지 못하고 있다. 그는 불면증으로 고통받고 있는 것으로 보이는데, 그 이유를 영화 초기에는 알 수 없다. 그는 불면증에 시달리면서 2차적으로 거식증과 강박증도 같이 보이고 있다. 그는 자주 찾는 음식점에 가 커피와 토스트를 주문하지만, 음식은 거의 입에 대지도 않는다. 음식점의 점원인 마리와 대화를 나누기 위해서인지 그는 그녀에게 호의를 보이고, 늘 음식 값보다 비싼 팁을 테이블 위에 올려놓고 간다. 그리고 집에서는 시간이 날 때마다 냉장고에 메모를 남겨가며 세정제를 구입하고 강박적으로 화장실 바닥을 칫솔로 박박 문지른다. 뭔가 생각하고 싶지 않은 기억을 지우기라도 하듯. 위태롭게만 보이는 그의 삶에 무슨 일이 있었던 것일까?

필자도 10대 후반에서 20대 중반까지 불면증에 시달렸던 경험이 있다. 잠이 오지 않는다는 것은 엄청난 스트레스와 고통을 수반한다. 불면증은 단순히 '잠이 오지 않는다'는 의미가 아니라 '잠들 수 없다'는 의미다. 그리고 '잠들 수 없다'는 생각은 불안과 공포로 다가온다. 그때 당시 나는 나의 증상이 뭔지, 그 이유가 무엇인지 전혀 모른 채 잠들기 위한 사투를 벌여야 했다.

그 결과는 나의 완벽한 패배였다. 잠을 자기 위해서 잠들기 전 1시간 동안 운동을 하거나 우유를 마시거나, 술을 마시거나 할 수 있는 모든 것을 했지만 그럴수록 잠은 오지 않고 정신은 더 또렷해졌다.

나는 기억한다, 그 무수한 불면의 밤을. 째깍째깍 거리는 시계소리는 고막을 자극하고, 가끔씩 떨어지는 물소리, 정체 모를 이상한 소음들…. 귀를 막고 시계 배터리를 빼버리고 불을 끄고 누워 잠을 청해보았지만, 귀에서 이명(이상한 소음)이 들리는 것 같은 착각마저도 들었다. 그런 나에게 "그렇게 잠이 오지 않으면 그 시간에 책을 읽거나 공부를 하거나 다른 생산적인 일을 하면 되지 않느냐?" 라고 반문하는 사람도 있었다. 그러나 일단 잠의 노예가 되어버리면 다른 일에 집중할 수가 없게 된다.

그렇게 몇날 며칠 잠들지 못하는 날이 반복되던 어느 날, 나는 모든 걸 포기했다. 아무리 자려고 해도 잠이 오지 않는다면, 무식하게 들릴지 모르지만 그냥 안 자면 된다. 하루 이틀 안 잔다고 죽는 것도 아니고, 결국 언젠간 잠이 올 것이기 때문에, 나는 잠을 포기함으로써 잠으로부터 해방될 수 있었다. 나는 지금도 어쩌면 불면증이 있을는지도 모른다. 종종 밤늦도록 영화를 보고 글을 쓰고 책을 보느라 늦게 잠을 잘 때도 많지만, 나는 그런 생활에 나름 만족하고 있다.

아무튼 나의 불면의 원인은 나중에 생각해보니, 우울과 무기력 때문이었던 것 같다. 대학교 진학이라는 거대한 벽 앞에서 나는 무기력감에 빠져 있었고, 성인이 된 이후에는 앞으로 나의 삶의 목표를 어디에 두어야 할지 갈팡질팡하며 심리적으로 방황하고 있었다.

불면증의 'insomnia'는 '없다'라는 의미의 라틴어 'in'과 '잠'을 뜻하는 'somnus'가 합해진 말이다. 일차성 불면증과 이차성 불면증이 있는데, 일차성 불면증은 뚜렷한 이유 없이 일어나며, 신경계의 과활성으로 여러 문제가 발생한다. 이차성 불면증은 여러 원인에 의해 발생하는데 수면장애(수면 무호흡, 기면증)에 의한 것이거나, 협심증이나 우울증과 같은 것에 기인할 수 있기 때문에 원인을 제거하면 해결이 된다.[4]

일차성 불면증은 적어도 1개월 동안 수면의 시작이나 수면 유지의 어려움, 원기 회복이 되지 않는 수면을 호소하는 것이 주된 증상이다. 일차성 불면증을 겪는 사람들은 잠들기(입면기)의 어려움과 수면중 간헐적인 각성을 가장 빈번하게 호소하고, 드물게는 편하지 않으면서 선잠을 자며 수면의 질이 나쁜 원기회복이 되지 않는 수면만을 호소할 수도 있다. 흔히 수면에 대한 부정적인 조건화와 함께 야간에 증가하는 생리적 또는 심리적인 각성과 연관되어 있다.

수면에 대한 심한 집착과 수면 불능으로 인한 고통은 악순환을 유발할 수 있고, 잠을 자려고 노력할수록 좌절과 고통이 더욱 커져 잠을 잘 수 없게 된다. 자주 잠을 자지 못한 채로 침대에 누워 시간을 보내면 좌절과 조건화된 각성이 유발할 수 있다. 실제로 나도 잠을 자려고 누워 잠을 청하면 청할수록 머릿속이 점점 더 맑아지는 느낌 때문에, 침대에 누워 있던 그 기나긴 밤이 너무나도 고통스러웠던 기억이 있다.

이와 반대로 잠자려고 노력하지 않을 때 더 쉽게 잠이 들기도 한다. 과도한 각성과 부정적인 조건화 상태에 있는 사람들의 경우 그들의 침실과 일상에서 벗어날 때 오히려 잠에 더 잘 들 수 있다. 어찌되었건 만성적인 불면증은 깨어 있는 동안에 편안함을 감소시킨다(기분과 동기의 저하, 주의력과 활력과 집중력의 감소, 피로감과 권태감의 증가 등).

영화 〈인썸니아〉에서도 형사 윌 도머(알 파치노)가 불면증으로 고통받는 장면들이 나온다. 아이러니하게도 '백야'라는 특이한 자연현상으로 인해 밤이 없는 알라스카의 한 마을에서 일어난 살인사건을 조사하기 위해 투입된 베테랑 형사 윌 도머는 어느 날부터 잠들지 못한다. 아주 미세한 빛조차 참지 못하고 창문을 커튼으로 가리고 쿠션 등을 이용해 모든 빛을 차단하고자 하지만, 여전히 그에게는 방이 너무 밝게만 느껴진다. 누군가 그에게 무슨 일이 있냐고 묻자, 그는 빛이 너무 강해서 잠을 잘 수 없다고 한다. 다른 사람에게는 충분히 어두운 방에서 그는 이상하리만치 어둠에 집착하며 잠들지 못하고 있는 것이다.

그들이 잠들지 못하는 이유는 무엇인가?

〈머시니스트〉의 트레버 이야기로 다시 돌아가보자. 그는 음식도 먹지 않고, 집에 있는 순간에도 쉬지 않고 강박적으로 청소를 해댄다. 너무나도 깔끔한 주방과 화장실, 그런데 어느 날 그의 냉장고에 의문의 메모가 남겨져 있다. 사람을 목메다는 그림 밑에는 공란이 있고 단어 마지막은 ER로 끝난다.

"＿＿＿＿ ER"(행맨 게임Hangman Game. 일명 '사형수 게임'이라고도 하는데 사형대를 그려놓고 빈 칸에 들어갈 알파벳 단어를 틀릴 때마다 머리부터 다리까지 그린다. 그림이 완성되면 사형수는 죽고 게임은 끝난다. 단어를 맞히면 그림이 완성되지 않고 게임에서 이긴다.)

그의 집에 침입한 흔적은 없는데, 그를 조롱하듯 메모가 그의 냉장고에 붙여져 있다. 글자를 완성하기 위해 그는 머릿속으로 생각한다. 'ER로 끝나는 단어가 뭐가 있지? Mother? 아니야…뭐지?' 의문의 메모가 하나하나 채워지면서 그는 자신이 점점 진실을 향해 가고 있음을 감지한다.

1년 전 트레버는 어린 남자아이를 실수로 차로 치어 죽인다. 그는 그런 끔찍한 사실을 숨기고 그 사실을 잊은 채 살아가고 있었다. 그러나 그의 양심은 그를 편히 살도록 내버려두지 않았다. '양심(이반)이란 놈을 죽일 수만 있다면 죽여서라도 진실을 가슴 깊이 묻고 살면 그만이다.'라고 생각했을는지 모른다. 그러나 그의 양심은 그렇게 호락호락하지 않았다. 늘 멀리서 그를 지켜보며 비웃던 이반의 모습은 그의 양심이 살아 있음을 보여준다. 결국 그는 자신의 양심과 자책감을 떨쳐버리지 못하고 자수한다. 제대로 잠들기 위해서 자수를 한 그는 수감되어 오랜만에 단잠에 빠진다.

〈인썸니아〉의 형사 윌 도머는 나름 명성이 높은 형사다. 그러나 "털어서 먼지 안 나는 놈 없다."라는 속담처럼 그에게도 약점은 있다. 퇴직이 얼마 남지 않은 베테랑 형사에게 불명예만큼 피하고 싶은 것은 없을 것이다. 사소한 약점이라도 잡히지 않겠다는 생각은 그를 점점 수렁으로 밀어 넣는다. 자신의 파트너가 뇌물받은 사실을 자수하겠다는 말에 그로 인해 자신도 연루될까 두려워 강력히 말리던 그는 고의인지 실수인지 짙은 안개 속에서 파트너를 총으로 오인사격해 죽인다. 파트너는 그에게 "당신 일부러 그런거지?"라고 말하며 그를 원망하며 죽어간다. 아니라고 해명할 기회도 주지 않고 그는 그렇게 죽어버린 것이다. '조금만 잘 버티면 명예로운 삶이 기다리고 있는데, 하필 이런 일이 왜 내게 벌어진 것일까?' '난 그를 죽일 생각이 없었어!' 라며 속으로 항변하지만, 그의 마음은 편치 않다. 부정하면 부정할수록 그는 자신도 모르게 거짓을 말하고 있고 사건은 점점 걷잡을 수 없는 상황으로 치닫는다. 그러나 '이 모든 것을 인정한다면 모든 것이 끝이다!'

〈인썸니아〉의 월 도머와 〈머시니스트〉의 트레버가 겪는 불면에는 차이가 있다. 월 도머는 '자신의 실수로 동료가 죽은 것'으로 인한 불면이라는 것이 본인뿐만 아니라 주변 동료들에 의해서도 목격된 사실이기 때문에 그 원인이 분명하다. 즉 문제가 수면 위로 올라와 있고 부정할 수도 없다. 그의 불면은 백야 현상과 맞물리면서 5~6일 동안 지속된다.

영화에서는 월 도머가 범인과의 격투 끝에 총상을 입고 죽어가면서 불면이 종료되는 것으로 끝나지만, 실제 상황에서 그가 죽지 않았다고 하더라도 그의 불면이 채 일주일이 되지 않았다면 '일시적인' 불면증에 가깝다고 보아야 할 것이다.

단기 불면증은 심각한 생활상의 스트레스, 급성질환, 환경의 변화로 인한 정서적 · 신체적 변화로 인한 것인데 그 원인이 명확하기 때문에 원인이 해결되면 불면증도 해소된다.[5]

불면증의 원인과 치료

우리 모두는 일시적인 불면을 경험할 수 있다. 스트레스를 받거나 흥분되거나 여행 등을 떠나기 전에 기대에 부풀거나, 아플 때, 고도가 높거나 교대 근무나 여행 시차 등으로 수면시간에 변화가 있을 때 그렇다. 그러나 이런 일시적인 불면은 그 원인이 제거되거나 해소되면 사라진다. 여행을 다녀온 후 시간이 지나면 일상이 원래대로의 패턴으로 돌아오는 것처럼 말이다.

다만 불면이 〈머시니스트〉의 트레버의 경우(1년)처럼 만성적일 때는 그 원인에 대해 정확하게 살펴볼 필요가 있다. 만성적인 불면증에는 한 가지 이상의 원인이 존재할 수 있기 때문에 수면 병력, 불면증의 형태, 시작시기, 발생시기, 어떤 치료를 받았는지, 가족력, 불면증의 형태, 주관적인 심각도, 주기 등을 알아봐야 하고 다른 신체질환의 여부, 불안이나 우울 같은 다른 정신장애가 있는지, 알코올이나 진정제, 수면제 등의 사용여부, 낮과 밤이 바뀌어 새벽 4시 이후에 잠드는 것과 같이 사회 규범과 다르게 사는지, 하지 불편 증

〈인썸니아〉

후군, 중추성 수면 무호흡증 등의 여부, 학습되거나 조건화된 불면
증 여부를 먼저 가려내는 것이 중요하다.[6]

　불면증의 치료에는 약물치료와 행동치료, 인지치료 등이 있고, 부
작용이 없다는 점에서 행동치료가 유용할 수 있다. 행동치료에는
수면위생, 자극제어, 수면제한, 이완요법 등이 있고 인지치료를 통
해 새로운 방법으로 생각하고 행동하도록 도와주는 방법 등이 있
다. 보다 자세한 내용은 『수면 건강과 수면장애』(로렌스 J. 엡스타인
M.D., 조윤커뮤니케이션)을 참고하길 바란다.

　〈머시니스트〉와 〈인썸니아〉 모두 죄책감으로 인한 불면을 주제
로 하고 있다. 그들은 그들이 저지른 죄 때문에 그것을 인식하든 못
하든 괴로워하며, 자신을 괴롭히는 그 근원으로 다가간다. 결국 그

뿌리가 자신을 향하고 있다는 사실을 안 순간, 그 고통에서 벗어나 편안한 잠에 빠질 수 있게 된다.

이 두 영화는 나름 재미도 있고 스토리도 구성도 잘 짜여져 있다. 하지만 두 영화의 가장 큰 미덕을 뽑으라면, 두 영화의 주인공들은 잠들지 못해 괴로워하지만, 보는 이는 이 영화를 보면서 어느새 잠이 들어버리게 만드는 마력이 있다는 것이다. 잠들지 못해 괴로워하는 분들이 있다면 권해본다.

영화 속 불면증

▶ 인썸니아

2002년, 감독: 크리스토퍼 놀란, 출연: 알 파치노, 로빈 윌리암스, 힐러리 스웽크 외

'백야(白夜, white night)'라는 기간에 접어든 알래스카의 외딴 마을의 쓰레기 하치장, 그곳에서 17세 소녀의 시체가 발견된다. 어떤 단서도 찾을 수 없는 의문의 살인사건에 LA 경찰국 형사 월 도머(알 파치노)가 투입된다. 도머는 그의 오랜 파트너 햅과 알래스카 지방 경찰 앨리(힐러리 스웽크)와 함께 사건을 수사하기 시작한다. 수사 도중 도머는 용의자를 추적하다가 안개가 심하게 낀 어느 해변에서 자신의 파트너를 용의자로 착각해 사살한다. 스트레스와 점점 심해지는 불면증으로 고생하면서 동료에게 총을 쏜 것이 과연 실수인지 자신조차 의심스러운 상황에서, 도머는 자신을 향해 조여 오는 LA 경찰국 강력반의 내사와 햅이 자신의 부정을 알고 있었다는 사실로 불안해진다. 결국 그는 자신의 문제를 덮기 위해 거짓말을 하게 되고, 상황은 악화일로로 치닫는다. 죄책감과 심리적인 압박감, 불면증에 시달리면서도 도머는 살인 용의자가 소설가인 핀치(로빈 윌리엄스)임을 알게 되고 그를 추적해 격투 끝에 핀치는 죽는다. 도머 역시 죽음을 맞이하면서 기나긴 불면의 밤과도 이별하게 된다.

일차성 불면증Primary Insomnia

A. 적어도 1개월 동안 수면의 시작이나 수면 유지의 어려움, 또는 원기 회복

이 되지 않는 수면을 주로 호소한다.

B. 수면 장해가 사회적, 직업적, 중요 기능 영역에서 임상적으로 심각한 고통

이나 장해를 초래한다.

C. 수면 장해가 수면발작, 호흡관련 수면장애, 일주기 리듬 수면-각성 장애,

또는 수면 관련 장애의 경과 중에만 발생되지 않는다.

* DSM-5에서는 불면장애Insomina Disorder로 명칭이 변경되었다. 변화된 진

단기준은 다음과 같다.

A. 1. 수면 시작의 어려움

  2. 수면 유지의 어려움

  3. 이른 아침(새벽)에 깨어서 다시 잠들기 어려움

B. 위와 동일

C. 수면의 어려움이 주당 3번 이상 발생한다.

D. 수면의 어려움이 적어도 3개월 지속된다.

잠이 너무 많은 것도 병

〈우리는 형제입니다〉

2014년, 감독: 장진, 출연: 조진웅, 김성균, 김영애 외

어린 시절 고아원에서 생이별한 후 방송을 통해 30년 만에 극적으로 상봉한 형제, 상연과 하연. 하지만 너무나도 다른 서로의 모습에 기쁨보다는 어색함이 흐른다. 그 와중에 치매를 앓는 엄마가 온데간데없이 사라지고, 형제는 엄마를 찾기 위해 방방곡곡을 돌아다닌다. 역술인과 목사라는 직업과 살아온 환경이 너무 달라 두 사람의 사이는 더욱 멀어지지만, 사라진 엄마를 찾아 떠난 여정 속에서 두 사람은 뜨거운 형제애를 다시 확인하게 된다.

엄마 찾아 삼만리

가끔 방송사에서 어렸을 때 외국으로 입양되었던 사람들이 한국을 찾아와 가족을 찾는다며 인터뷰하는 경우를 종종 볼 수 있다. 〈우리는 형제입니다〉에서 상연(조진웅)도 이들처럼 30년 전 잃어버린 가족을 찾기 위해 한국에 왔고, 방송을 통해 자신의 가족에 대해 이야기한다.

어눌한 한국말로 자신의 이름과 가족과 헤어지게 된 경위 등을 인터뷰한 후 상연은 방송국 관계자를 통해 가족을 찾았다는 소식을 전해 듣는다. 상봉을 앞두고 떨리는 심정으로 기다리고 있는데, 그가 가족의 이름을 부르자 개량 한복을 입은 한 남자가 그를 맞이하러 나온다. 두 사람은 부둥켜안으며 기뻐하지만, 그 기쁨은 오래가지 않는다. 꿈속에서도 그리던 어머니를 만나기를 학수고대하며 기다렸건만, 이미 치매에 걸린 어머니는 오래전 헤어진 큰아들을 보게 될 것도 모르고 어디론가 사라져 버린다. 평소 수면과다증이 있는 것으로 보이는 작가가 화장실에서 잠깐 잠이 들어버리는 바람에 어머니가 화장실에서 나가는 것을 그대로 방치하고 만 것이다. 치매에 걸린 어머니는 방송국을 빠져나가 효도관광을 떠나는 일행에 묻혀 버스를 타고 여기저기 떠돌게 된다. 그런 그녀가 찾아간 곳은 아이들을 맡겼던 최초의 고아원 '여수고아원.' 그러나 그 여수는 지역명이 아니었다는 것을 그녀는 인지하지 못하고 있었다. 이전의 기억으로 퇴행한 그녀는 수십년 전의 어린 아이들을 키우던 그때의 기억만 있을 뿐이다.

그런데 그런 그녀가 입양이 되어 타국에서 장성한 아들을 한눈에 알아본다는 설정은 이해하기가 어렵다. 치매에 걸리면 기억상실과 같은 인지결손이 발생하는데(치매에 걸리면 복합적인 인지결손이 발생하는데, 기억장해와 인지장해가 발생한다. 인지장해로는 실어증, 실행증, 실인증, 실행기능의 손상이 발생하는데, 실인증은 사물이나 사람 등을 알아보지 못하는 것을 말한다. – 『영화 속 심리학 1』 참조), 이는 새로운 정보를 습득하지 못하거나 치매 이전에 학습한 정보를 회상하지 못하는 것으로 대개 최신정보부터 사라지기 시작한다. 그래서 치매환자들이 가족의 얼굴도 못 알아보는데, 어렸을 때 살던 곳으로 가면 비교적 이전의 오래된 기억은 남아 있기 때문에 기억하는 경우가 종종 있다. 그러나 시간이 지나면서 점점 기억을 잃어간다. 그런데 일반인들도 오랫동안 헤어져 있는 가족의 얼굴을 못 알아보는데, 치매를 앓던 노모가 오랫동안 떨어져 장성한 자식을 단번에 알아본다는 것은 좀 무리인 듯싶다. 물론 치매에 걸렸어도 잠깐은 의식이 돌아올 수도 있지만, 이는 오래된 형광등이 불 꺼지기 전에 위태롭게 깜빡이다가 결국 완전히 소멸하는 단계와 비슷하다고 생각된다.

과다수면의 증상

수면과다증이 있는 것으로 보이는 작가는 자신의 증상으로 인해 엄청난 일이 벌어진 후 심한 죄책감을 느끼며, 형제의 어머니를 찾기 위해 동분서주한다. 이상한 것은 이 사건 이후로 그녀의 증상은 전혀 나타나지 않았다는 점이다. 영화 속에서는 그녀가 주요 인물이 아닌 관계로 그녀의 증상이 자세히 묘사되고 있지는 않다. 그러나 영화 초기에 뭔가 불길한 암시를 주는 것처럼 그녀가 거의 실신한 듯 잠에 빠져 있는 장면이 등장하며, 이런 일이 한두 번 있는 게 아니라는 듯이 "저 여자 좀 어떻게 해봐."라고 감독이 말한다.

〈우리는 형제입니다〉

과다수면은 과도한 수면의 양, 각성의 질의 문제(예: 깨어나기 어렵
거나 깨어 있는 상태에서 각성 유지가 어려움), 수면무력증(잠에서 깨었
을 때 수행에 손상이 생기거나 각성 상태가 감소된 기간) 등의 증상이 나
타난다.

수면 시간은 9시간 이상이며 아침에 깨어나기가 어렵다. 야간 수
면의 질은 정상이나 생리적 졸음이 증가해 있고, 주간의 낮잠은 상
쾌하지 않으며 대개 각성을 높여주지 않는다. 갑작스러운 수면발작
이 아닌 얼마 동안 지속되는 졸음을 느끼게 되고 이런 의도치 않은
수면과 각성의 어려움으로 인해 자극이 낮고 활동이 낮은 상황에서
발생한다(강의, 독서, TV 시청, 장거리 운전 등). 이로 인해 주간의 업
무 수행에 지장을 준다. 특히 자동차 운전 중이거나 기계를 작동하

는 중이라면 위험할 수도 있다.

〈우리는 형제입니다〉에 등장하는 작가는 일하는 도중이나, 화장실에서 손을 씻다가도 스르륵 잠에 빠져든다. 낮은 수준의 각성은 주간활동 도중 작업 효율의 저하, 집중력과 기억력의 감소를 유발한다. 흔히 지루함이나 게으름으로 오인되어 사회적·가족적 관계에 악영향을 미친다.

이들은 빠르게 잠들고 수면 효율은 좋으나 아침에 깨어나기 어렵고 운동실조인 것처럼 보이기도 한다. 이러한 수면-각성 이행에서 지연되는 각성의 장해는 흔히 '수면에 취한 상태'로 언급된다. 지속적인 주간의 졸음에서 깬 후 거의 회상되지 못하거나 전혀 회상되지 못하는 자동행동(일상적이고 복잡하지 않은 행동)이 나타날 수 있다. 예를 들어 자신들이 있었다고 생각한 장소에서 몇 km 이상 떨어진 곳에서 운전하고 있음을 알게 된다거나 몇 분 동안의 '자동적인' 운전을 기억하지 못하는 경우가 종종 있다.

이는 주요 우울장애의 진단기준에 맞는 우울 증상을 갖고 있고, 과다한 졸음의 심리사회적 결과일 수도 있다. 또한 흥분제를 자가 투약하는 등 물질 관련 문제가 있을 수 있다. 따라서 단순히 피로가 누적되어 며칠 잠을 못 잤다거나 해서 일시적으로 일어나는 증상이 아니라는 점에 유의해야 한다.

과다수면의 원인

과다수면은 가벼운 졸음에서 잠깐 잠이 드는 삽화(수면상태에서 갑자기 깨는 일)나 조절 불능의 수면발작까지 넓은 범위의 증상을 보이고, 학교나 일터에서 수면과다증의 발현은 가벼운 장애부터 비극적인 산업재해나 교통사고까지 다양하다.

〈우리는 형제입니다〉에 등장하는 작가도 화장실에서 손을 씻다가 순간 잠에 빠져드는 바람에 치매 노인을 놓치는 치명적인 실수를 한다. 순수한 수면과다증의 증상들도 흔히 나타나며 우울증과 여러 불면증과 흔히 관련되는 피로감, 싫증, 동기결여 등과는 감별되어야 한다.

청소년기에 과다수면이 심각할 경우 야간 수면부족이나 기면병(수면발작Narcolepsy), 우울증 같은 심각한 문제들이 있을 수 있다. 성인의 경우에는 불량한 수면습관과 불충분한 야간 수면이 원인일 수 있고, 의학적 질환에서 수면습관 등 다양한 원인으로 발생할 수 있다. 주간의 수면과다증은 학교에서 처음 나타날 수 있는데, 대개 이런 아이들은 게으른 아이로 여겨질 수 있기 때문에 적절한 의학적 병력과 가족력, 선생님으로부터 설명을 들을 필요가 있다.[7] 수면과다증의 치료는 뒤의 박스처리된 부분을 참고하길 바란다.

일차성 수면과다증Primary Hypersomnia

- 적어도 1개월 동안 지속되는 과다한 졸음이 주된 호소로, 연장된 수면 삽화 또는 거의 매일 일어나는 주간의 수면 삽화로 나타난다.

- 과다한 졸음이 불면증에 의해 잘 설명되지 않으며, 다른 수면장애(예: 수면 발작, 호흡관련 수면장애, 일주기 리듬 수면장애, 또는 수면 관련 장애)의 경과 중에만 발생되지 않으며, 불충분한 수면의 양으로도 설명되지 않는다.

* DSM-5에서는 '과다수면 장애Hypersomnolence Disorder'로 명칭이 변경됨. 주 3회 이상, 3개월 이상 지속되어야 한다고 명시되어 있으며, 9시간 이상의 장시간 수면을 해도 원기가 회복되지 않고, 갑작스럽게 잠이 깬 후에도 완벽하게 잠에서 깨기 힘들다고 기술하고 있다.

수면발작Narcolepsy

- 적어도 3개월 이상 지속되는 저항할 수 없는, 원기 회복이 되는 수면발작

  이 주요 호소다(DSM-5에서는 적어도 한 달에 3번 이상, 3개월 지속으로 변경됨).

- 다음 중 하나 이상의 증상을 보인다.

  ⑴ 탈력발작(짧은 시간 동안 흔히 격렬한 감정과 연관되는, 양측 근긴장의 갑작스

  러운 소실)

  ⑵ 수면과 각성의 이행기 동안 렘수면의 반복적인 침습이 있으며, 수면 삽

  화의 시작이나 끝에 출면기 또는 입면기 환각이나 수면 마비가 있다.

꿈과 현실의 경계

〈사이드 이펙트〉

2013년, 감독: 스티븐 소더버그, 출연: 주드 로, 루니 마라 외

우울증에 시달리던 에밀리는 정신과 의사 뱅크스가 처방해준 신약을 먹고 병세가 호전된다. 그러던 어느 날, 그녀는 한밤중에 주방을 헤매는 등 신약의 부작용으로 몽유병 증세가 나타나고, 그런 상태에서 자신의 의도와 상관없이 남편을 죽이게 된다. 잠에서 깬 그녀는 이런 사실을 전혀 기억하지 못한 채 체포되고 이 모든 것이 약의 부작용이라며 자신의 무죄를 호소한다. 결국 약을 처방한 뱅크스만이 이 일로 인해 대가를 치르게 될 위기에 놓인다.

몽유병이 사람을 죽이다?

에밀리(루니 마라)가 차에서 내려 바쁘게 어디론가 향한다. 출소를 앞둔 남편을 만나러 가는 것이다. 이전에 두 사람에게 무슨 일이 있었던 것인지는 모르겠으나, 두 사람은 행복해보인다. 새로운 인생을 설계하는 남편을 만나 에밀리는 안정을 찾는 것처럼 보이나, 실은 에밀리는 이전부터 우울증에 시달리고 있었다.

그녀는 정신과 의사 뱅크스(주드 로)에게 신약을 처방받는다. 신기하게도 이

후 그녀는 우울한 기분도 줄고 멍해지거나 하는 일도 없어지고 부부관계도 활발해지는 등 이전과 다른 모습에 스스로 만족해한다.

그러던 어느 날, 시끄러운 음악에 남편이 잠에서 깬다. 아직 새벽인데도 분주하게 아침을 차리고 있는 에밀리를 본 남편이 무슨 일이냐고 물어도, 이름을 불러도 아무 대꾸 없이 상을 차리고 우유를 따른다. 그런데 컵에 우유가 넘치는지도 모르는 것 같이 행동하면서 멍한 표정으로 기계처럼 움직인다 (몽유병이 있는 경우 자동적인 행동을 보이고 약간의 대화는 가능하나, 잠에서 깨우기는 어렵다고 함).

신약으로 에밀리는 우울증에는 호전을 보이고 있으나, 부작용으로 몽유병 증세를 보인다. 남편과 같이 정신과 의사를 만나보고, 자연스럽게 나아질 것이라는 희망은 곧 절망이 되어 버린다.

자신의 아내인 에밀리에게 기쁜 소식을 들려주고자 한걸음에 달려온 남편은 집에 들어와 에밀리를 부른다. "에밀리?" 분명 인기척이 있었던 것 같은데, 자신의 부름에 응답이 없다. 부엌에 가보니 에밀리가 음식을 하고 있다. 토마토를 칼로 자르고 있는데, 그녀에게 다가가 그녀를 조용히 부르는 순간, 에밀리는 집고 있던 칼로 남편의 배를 찌른다. 칼날이 다시 그의 복부를 향하고 그는 외마디 비명과 함께 쓰러진다. 곧이어 등 뒤에 꽂히는 칼날.

"에밀리… 엠블란스… 를…"

그러나 에밀리는 아무 대답이 없다. 다음날 아침 신고를 받은 구급차와 경찰차가 오고, 에밀리는 수갑이 채워진 채 영문도 모르는 멍한 얼굴로 경찰차에 오른다.

살인의 기억?

몇 년 전 해외 토픽에서 본 사건이 있다. 노부부가 누군가에 의해 살해당한 것이다. 갑작스러운 죽음에 모두들 놀라움을 금치 못하고 있는데, 경찰은 용의자로 노부부의 사위를 지목한다. 여러 가지 정황들이 그가 범인임을 가리키고 있었던 것이다. 그러나 그는 이 사실을 전혀 기억하지 못했다.

더욱 놀라운 사실은 그의 집과 장인 장모의 집과의 거리는 수십 킬로미터나 떨어져 있어 자동차로 운전하면 2시간이 넘는 거리였다고 한다. 그는 의식이 온전하지 못한 상태에서 2시간가량 운전하고 가서 자신의 장인과 장모를 죽이고 돌아와 다시 잠이 들어버렸다는 것이다.

사실인지 거짓인지 알 길 없는 이 끔찍한 사고가 실제 미국에서 벌어진 일이었다. 만약 그가 한 행동이 수면중에 발생한 것이고 의도적인 것이 아니며 자신이 한 일을 기억하지 못하고 있다면 몽유병, 즉 수면중 보행장애를 의심해봐야 할 것이다.

위의 사건처럼 에밀리도 처음에는 단순한 수면중 보행장애로 인한 이상 행동으로 몰고 가는 분위기였다. 그리고 그 원인은 신약의 부작용인 것으로 사건이 종결되어가는 듯싶었다. 그래서 신약을 처방한 의사 뱅크스가 책임을 지면 일단락되는 것이지만, 뱅크스는 자신의 잘못이라고 받아들일 수 없다.

자신이 희생양이 되지 않기 위해 그는 에밀리와 사건에 대해 조사하고, 그녀와 그녀에게 약을 처방했던 의사와의 관계(에밀리와 여의사와의 동성애와 은밀한 거래 등)를 알아내고, 그녀가 한 행동들이 실은 약의 부작용이 아니라 모두 연기였다는 것을 밝혀낸다. 그러나 이미 법정에서 판결을 받고 난 이후라 사건을 이전으로 돌리는 것은 불가능해졌다(〈법적 근거〉: 에밀리와 관련한 형사판결로 살인혐의에 대해 무죄 또는 치료감호처분이 확정된 것이라면 재심을 고려해볼 수 있는데, 현행 형사소송법 제439조(불이익변경의 금지)에 "재심에는 원판결의 형보다 중한 형을 선고하지 못한다."라고 되어 있으므로 에밀리에 남편 살해행위와 관련한 중한 형사처벌은 현행법상 불가능할 것으로 보이며, 에밀리가 허위의 증거를 조작한 것에 해당한다면 수사기관에 대해 위계에 의한 공무집행방해죄의 죄책을 질 가능성은 없지 않을 것으로 생각됨 [대법원 2007.10.11, 선고, 2007도6101, 판결] 참조)

그가 할 수 있는 일은 치료감호소에 있는 에밀리와 협상을 하는 것이다. 그는 에이미가 보호관찰소에 수감 생활을 견디지 못한다는 사실을 알고, 자신을 도우면 그곳을 벗어날 수 있는 방법을 알려주겠다고 제안한다. 그러면서 에밀리와 여의사간의 사이를 이간질한다. 두 사람은 서로를 오해하고, 결국 에밀리는 자신이 파놓은 함정에 빠진다.

치료감호소에서 약을 처방받고(실제로는 정신적으로 아무 문제가 없음) 멍한 눈으로 세상 밖을 바라보고 있는 에밀리, 그녀는 지금 무슨 생각을 하고 있을까?

수면중 보행장애의 원인과 치료

수면중 보행장애란 뇌는 수면상태에 있지만, 몸은 움직일 수 있는 현상을 말한다. 수면중 보행 삽화에는 단순히 침대에 앉거나, 주위를 둘러보거나 하는 정도에서 잠자리를 벗어나서 방을 나가거나 건물 밖으로 나가기도 하며, 욕실에 들어가거나, 먹고 말하고 달리거나, 흥분해 도피하기 등의 행동을 보일 수 있다. 때로는 기계를 작동시키기도 하며, 소아기에는 부적절한 장소에 소변을 보는 등의 행동을 보일 수 있다. 이런 행동은 몇 분에서 반시간 동안 지속되고 보통은 잠자리에 잠이 들면서 끝난다.

〈사이드 이펙트〉의 에밀리는 몽유병인 것처럼 위장하기 위해 남편을 죽이고 태연하게 잠을 잔다. 흔히 다음날 아침에 다른 곳에서 깨어나는 경우도 있고 아침에 일어나서 밤에 있었던 일을 기억하지 못하고 드물지만 폭행하거나 살인하는 등 범죄를 저지르기도 한다. 에밀리는 이 점을 노리고 마치 자신이 수면중 보행장애의 상태에서 죄를 지은 것처럼 위장한 것이다.

수면중에 보행하면서 말을 하거나 질문에 답하기도 하지만 발음이 부정확하고 진정한 대화는 힘들다고 한다. 들어가 자라는 다른 사람의 요청을 따르기도 하지만 이들을 잠에서 깨우기는 어렵다.

소아 수면 보행증은 뇌의 수면각성주기 조절이 미숙해서 일어나는 것으로 보이는데, 수면중 보행증 환자는 움직임을 담당하는 뇌

〈사이드 이펙트〉

의 부분은 깨어 있으나 자각이나 인지 기능을 하는 부분은 수면상
태에 있는 것이다. 대부분의 아이들이 성장하면서 신경계가 발달하
면 몽유증이 사라지고 성인의 1% 정도가 수면 보행증을 가지고 있
는데 수면부족, 스트레스, 불안, 간질, 술을 많이 마실 경우에도 발
생할 수 있다.

　소아의 경우는 자연스럽게 사라지기 때문에 아이들을 편하게 만
들어 다시 잠들게 하면 되고 아이들을 깨울 필요는 없다. 내 경우도
어렸을 때 몽유병 증세를 잠깐 보인 적이 있었던 것 같다. 그러나
지금은 적어도 내 기억으로는 멀쩡하다. 그러나 성인의 경우 얼마
나 위험한 상황인지, 잘 다치는지의 여부에 따라 치료를 결정해야
한다.

수면중 보행장애로 진단받았을 경우에는 먼저 집 안을 안전하게 하는 것이 필요하다. 뾰족하거나 위험한 물건을 치우고 문단속을 잘하고 자동차 열쇠를 숨기는 등의 방법을 통해 위험에 노출되지 않도록 하는 것이 중요하며, 치료기법으로는 행동치료의 일종인 이완요법이 있고 자가최면 등이 효과가 있다고 하지만, 문제가 발생할 경우 전문가에게 도움을 요청해야 한다.

최근 5년간(2008~2012년) 국민건강보험공단의 통계자료에 의하면 '수면장애'가 12만 9천명(1.57배)이 늘었고 연평균 11.9배가 증가한 것으로 나타났다.

수면장애의 원인으로는 비만 인구의 증가, 환경의 급격한 변화, 스트레스 증가, 현대인의 과도한 업무에 따른 수면습관의 변화, 나쁜 수면위생(숙면을 위해 가져야 할 습관) 등이 일차적인 원인이며, 정상적인 노화과정에 따른 수면 구조의 변화에 의해서도 발생할 수 있다.

수면장애의 치료법으로는 약물치료와 인지행동치료, 기구를 사용한 치료 등이 있다. 약물치료는 보편적으로 수면제나 멜라토닌 작용제, 항우울제 등을 사용하며, 인지행동치료는 수면위생, 이완치료, 수면제한 등의 치료를 진행한다.

수면중 보행장애Sleepwalking Disorder 진단기준

- 수면 동안 침대에서 일어나서 걸어다니는 반복적인 삽화가 있고, 대개 주요 수면 시간의 초기 1/3에서 발생한다.
- 수면중 보행하는 동안 개인은 멍청하게 응시하는 얼굴을 보이고, 대화하려는 다른 사람의 노력에 대한 반응을 보이지 않고, 깨우기가 무척 어렵다.
- 깨어났을 때 삽화에 대해 기억상실이 있다.
- 수면중 보행 삽화에서 깨어나서 몇 분이 지나면 정신 활동이나 행동에는 아무런 장해가 없다.

* DSM-5에서 수면중 보행장애는 수면중 경악장애Sleep Terros와 함께 비렘 수면 각성장애Non-Rapid Eye Movement Sleep Arousal Disorder에 통합되었다.

신체형 장애Somatoform Disorder

(DSM-5에서는 신체 증상과 관련 장애Somatic Symptom and Related Disorder로 명칭이 변경됨)

신체형 장애는 의학적 상태를 시사하는 신체적 증상이 나타나지만 이 신체 증상은 의학적 상태나 물질에 의한 직접적인 효과, 다른 정신장애(공황장애) 등으로 설명이 어렵다(즉 물질이나 다른 정신장애로 인한 것이 아니다). 증상은 사회적, 직업적, 중요한 기능에서 임상적으로 심각한 고통이나 장해를 일으킨다.

신체형 장애는 꾀병과는 달리 신체증상이 의도적(수의적으로 조절하는)이지는 않다. 신체형 장애는 신체증상을 잘 설명해주는 의학적 상태를 진단할 수 없기 때문에 의학적 상태에 영향을 주는 심리적 요인과는 다르며, 이런 장애를 가진 사람들은 흔히 일반 내과에서 보게 되는 경우가 많다.

(DSM-5에서는 신체증상이나 신체증상을 걱정하는 것에 대한 심리장애를 포함하고 있는데, 이 장애군에는 허위성 장애, 전환장애, 신체증상 장애, 질병불안 장애 등이 포함되었고, 허위성 장애는 새로 포함된 반면 신체변형 장애는 강박장애로 포함시키면서 이 장에서는 제외했다.)

* 신체화 장애Somatization Disorder: DSM-5에서는 신체증상 장애Somatic Symptom Disorder로 명칭을 변경하면서 동통장애Pain disorder가 포함되었다.

＊ 전환장애Conversion Disorder : 신경학적 상태나 다른 일반의학적 상태를 시사하지만, 설명하기 어려운 수의적 운동 기능이나 감각 기능에 영향을 주는 증상과 장해를 포함한다. 심리적 요인이 이러한 증상이나 장해와 연관될 가능성을 시사한다.

＊ 건강염려증Hypochondriasis Body : 개인의 신체적 증상이나 기능에 대한 잘못된 해석을 근거로, 개인이 심각한 질병에 걸렸다는 두려움이나 생각에 집착하는 것을 말한다(DSM-5에서는 질병불안 장애Illness Anxiety Disorder로 명칭이 변경됨).

＊ 허위성 장애Factitous Disorder : 환자 역할을 하기 위해 의도적으로 만들거나 조작하는 신체적 증상이나 심리적 증상을 특징으로 한다. 허위성 장애는 그 동기가 아픈 사람의 역할을 하려는 심리적인 욕구에서 생긴다(DSM-5부터 신체형 장애에 포함되었고 인위성 장애로 명칭이 변경됨).

＊ 신체변형 장애Body Dysmorphic Disorder: 가상적으로 또는 과장되게 신체

적 외모에 결함이 있다고 집착하는 것을 특징으로 한다(DSM-5에서는 강박장

애에 포함됨).

허위성 장애Factitous Disorder

20대 어머니의 끔찍한 비밀

얼마 전 미국에서 있었던 일이다. 한 블로그를 통해 아이를 사랑으로 돌보는 20대 어머니가 화제가 되어 사람들의 심금을 울렸다. 그러던 어느 날, 아이가 갑자기 죽었고, 많은 사람들이 아이의 어머니를 동정하며 애도를 표했다. 그런데 얼마 지나지 않아 범인이 그토록 아이를 사랑하던 어머니였다는 사실이 알려지면서 미국뿐 아니라 세계 각국의 사람들이 경악을 금치 못했다.

아이의 사인은 매일같이 치사량의 소금을 먹었던 것이었다. 그 소금을 어머니가 먹인 것으로 드러났다. 다른 사람도 아닌 아이의 어머니가 아이를 죽인 범인이라는 사실은 너무나도 충격적이었다.

이 여인은 '뮌하우젠 증후군'이라는 증상을 앓고 있었다고 한다. '뮌하우젠'이란 병명은 18세기에 유럽을 돌아다니며 자신의 군대 모험담을 꾸며대고 다녔던 독일의 폰 뮌하우젠 남작의 이름을 딴 것으로, 정신장애의 진단 및 통계 편람(DSM-IV)에서는 '허위성 장애'로 명명된다. DSM-5에서는 신체형 장애에 포함되었는데, 의도적으로 병을 만들어내는 점과 동정을 이끌어내는 점이 분명치 않다고 보았기 때문으로 보인다.[8]

허위성 장애는 그 동기가 아픈 사람의 역할을 하려는 심리적인 욕구

허위성 장애는 꾀병과는 구별되어야 한다. 꾀병은 개인이 증상을 의도적으로 만드는데, 그 이유는 자신이 처한 상황 때문에(예: 재판 혹은 군대 징집 등을 피하기 위해) 의도적으로 만드는 것이지만, 허위성 장애는 아픈 사람의 역할을 하기 위한 심리적인 욕구이며 이 행동에 대한 외적인 자극이 존재하지 않는다. 꾀병은 어떤 환경(예: 인질로 잡혀 있는 경우)에서는 적응적이라고 간주될 수 있지만, 허위성 장애는 비적응적이며 정신병리를 함축하고 있다.

따라서 앞의 20대 어머니의 이해할 수 없는 행동은 사람들의 관심과 애정을 얻기 위한 행동이었지만, 이런 증상을 의도적으로 꾸민 것은 아니라는 것이다. 미치지 않고야 부모가 아이를 죽여 얻는 이득은 없다.

우리나라에서도 이와 비슷한 일이 있었다. 하나밖에 없는 아이를 병으로 잃고 난 어머니가 그 슬픔을 잊지 못해 아이를 입양했다. 그런데 공교롭게도 그 아이도 같은 병으로 죽음을 맞이했다. 그리고 그 후에 입양한 아이에게도 같은 일이 벌어졌다.

이 여자는 아이를 너무도 사랑하고 지극정성으로 돌보는 어머니로 주변 사람들에게 칭송을 받아왔던 터였는데, 실은 아이들을 죽음으로 몰고 간 장본인이었다는 사실이 뒤늦게 밝혀져 충격을 안겨주었다.

이 여인은 어려서부터 사랑을 받지 못하며 자랐는데, 우연히 자신의 아이가

병에 걸려 죽음에 이르자 사람들에게 동정과 관심을 얻게 되었고, 이런 심리

적인 보상이 그녀로 하여금 해서는 안 되는 행동을 하게 만들었다는 것이다.

허위성 장애 진단기준

환자 역할을 하기 위해 의도적으로 만들거나 조작하는 신체적 증상이나 심리적 증상을 특징으로 한다. 허위성 장애는 그 동기가 아픈 사람의 역할을 하려는 심리적인 욕구다.

A. 신체적이거나 심리적인 징후와 증상을 의도적으로 만들고 가장한다.
B. 행동의 동기는 환자 역할을 하기 위해서다.
C. 행동의 외적인 유인 자극이 없다.

유형

주로 심리적인 징후와 증상이 있는 것

주로 신체적인 징후와 증상이 있는 것

심리적 · 신체적 징후와 증상이 같이 있는 것

DSM-5에서 변화된 점(허위성 장애를 '인위성 장애'로 변경함)

DSM-5에서는 자신과 타인의 관점을 나누어 증상을 기술했다.

자신에게 부여한 인위성 장애와 타인에게 부여한 인위성 장애로 구분해 기술했는데, 예를 들어 타인에게 부여한 인위성 장애는 DSM-IV에서 달리 분

류되지 않는 허위성 장애 중 대리인에 의한 허위성 장애로 포함되었다. 즉

간접적으로 환자 역할을 하려는 목적으로 돌보아주고 있는 다른 사람으로

하여금 신체적인 혹은 심리적인 증상을 의도적으로 만들거나 가장하는 증상

이 같이 포함되었다.

내 몸이 말하는 진실은?

〈신의 아그네스〉

1985년, 감독: 노만 주이슨, 출연: 제인 폰다, 앤 밴크로프트, 멕 틸리 외

젊은 수녀 아그네스가 자신이 낳은 아기를 죽인 초유의 사태가 발생한다. 재판소는 정신과 의사 마샤 리빙스턴을 수도원으로 보낸다. 루스 수녀 원장은 신에 의한 수태를 주장하지만, 닥터 마샤는 이 사건을 논리적으로 추적해간다. 그러면서 아그네스가 친모에게 어려서 폭행과 학대를 받았다는 사실을 알게 된다. 아그네스는 수녀원의 비밀통로를 통해 누군가를 만나고 원치 않는 아이를 잉태했으나, 그녀는 하느님에 의해서 아이를 가졌다고 믿으며 신에게 아이를 돌려주기 위해 죽이게 된다.

신의 응답인가 저주인가?

내가 고등학생이었을 때 〈신의 아그네스〉라는 책을 접했다. 천사 같은 아그네스의 얼굴과 신비로운 분위기에 매료되었다고 할까? 나는 그렇게 아그네스를 알게 되었고, 영화는 책을 읽고 나서 몇 년 후에 보게 되었다. 그러나 끝까지 종교와 범죄 사이를 묘하게 줄타기하면서 명확한 종결을 보여주지 않았던 결말 때문에, 이 이야기는 나에게는 미스터리로 남아 있었다.

그런데 현 시점에서 다시 보게 된 25년 전의 영화는 어렸을 적 성적 학대와 그로 인한 충격으로 인한 심리적 외상, 그리고 해리성 기억상실(『영화 속 심리학 1』 참조), 신체화라는 여러 가지 증상과 종교라는 요소들이 결합된 이야기라는 것을 알게 되었다.

한 여성이 피를 흘리며 쓰러져 있고, 이를 발견하고 방으로 뛰어 들어가는 수녀들이 보인다. 수녀들이 발견한 것은 하혈을 하고 있는 어린 수녀 아그네스(멕 틸리)와 그녀의 옆에 놓인 쓰레기통에 버려진 갓난아기다. 수녀원에서 수녀가 출산을 했다는 사실에 수녀원은 충격에 빠진다. 아이를 출산한 아그네스는 정신을 잃고 쓰러진 후 그날의 기억을 하지 못한다(신체화 장애에서 해리성 기억상실이 일어날 수 있음).

정신과 의사인 마샤 리빙스턴(제인 폰다)은 아그네스의 정신감정을 위해 수녀원을 방문한다. 그녀가 만난 순백색의 수녀 옷을 입은 아그네스는 갓 스물이 넘은 듯한 천사 같은 모습이었다.

마샤는 그날 있었던 일에 대해 아그네스에게 묻지만, 아그네스는 이를 공격적으로 받아들이며 그녀의 질문을 거부한다. 그러자 마샤는 "그럼 지금부터는 나한테 궁금한 걸 물어보는 게 어때요?"라며 분위기를 전환시켜 아그네스의 관심을 끌어들이는 데 성공한다. 관점의 차이일 뿐인데, 아그네스는 정말 어린아이 같은 호기심 어린 눈빛으로 그녀를 바라보며 마샤에게 질문을 하기 시작한다. 두 사람의 관계는 그렇게 시작된다.

누가, 왜, 어떻게 아그네스가 임신하도록 만들었을까?

정말 아그네스는 이 사실을 전혀 기억하지 못하는 것일까?

마샤는 점점 아그네스에 대한 애착과 집착을 보이며 사건을 추적해간다. 그러면서 알게 된 한 가지 사실은 아그네스에게 집착을 보이는 수녀원장(앤 밴크로프트)의 태도였다. 그녀는 마샤에게 적대적인 태도를 보이며 일방적으로 아그네스를 감싸려고 할 뿐 진실에 가까워지는 것을 피하려고 했다. 결국 마샤는 수녀원장이 아그네스의 친이모라는 사실을 알게 되고 아그네스가 어머니에게 어려서 심한 학대, 특히 성적인 학대를 받아온 사실을 알게 된다. 아그네스의 어머니는 아그네스의 성기를 담뱃불로 지지는 등의 해서는 안 될 행위를 했고, 아그네스에게 못생기고 태어나서는 안 될 아이라는 낙인까지 찍었다.

아그네스는 그런 학대를 당하면서 극심한 고통을 극복하지 못하고 해리증상을 보이게 된 것이다. 그리고 그녀가 고통스러워할 때마다 그녀의 손에서는 마치 예수가 십자가에 못 박혀 피를 흘리듯 피가 흘러내렸다. 이를 두고 수녀들은 그녀가 예수의 은총을 받아 생긴 성흔이라고 주장하지만, 정신과 의사인 마샤에게 이런 주장이 먹혀들 리 없다. 매우 특이한 현상이긴 하지만, 아그네스는 극심한 고통을 신체증상으로 나타내고 있던 것이다.

나중에 아그네스는 마샤에게 어린 시절을 떠올리면서 "나는 너무 추하고 못생겼고… 태어나지 말았어야 했다."라고 울부짖는다. 고통으로 울부짖는 아그네스를 마샤는 그저 안아줄 뿐이다.

마샤는 아그네스가 수녀원의 비밀통로를 통해 누군가와 접촉을 한 사실을 알게 되고 그 누군가로 인해 아그네스가 임신하게 되었다는 것을 알게 된다. 그러나 그 남자의 존재에 대해서는 그 누구도 알지 못하고, 결국 사건은 미궁으로 빠져들게 된다.

영화는 마지막까지 아그네스의 남자의 정체를 밝히지 않고 비밀스럽고 미스터리한 채로 끝나는 것이 신의 존재에 대한 여지를 주고자 하는 것 같다는 생각이 들었다. 너무나도 연약하고 상처받기 쉬운 영혼의 소유자인 아그네스에게 음험하고 사악한 누군가가 그녀에게 해서는 안 될 행위를 했다는 사실은, 아그네스는 물론 그녀를 사랑하는 다른 사람에게도 받아들이기 힘들 수 있기에 그들은 이 불편한 진실을 덮어두자고 암묵적으로 합의했는지도 모른다.

신체화 장애의 원인과 치료

내가 본 내담자들 중 젊은 나이에 신체적인 문제를 호소하며 상담을 하러 온 사람이 있었다. 나이는 30대 중반이었는데, 온몸에 아프지 않은 데가 없었다. 그리고 심리적으로 불안정해서 자녀들에게도 일관된 태도를 유지하기 어렵다고 했다. 그녀의 표정은 우울해보였고, 심리검사를 해보니 우울증이 의심되었다. 그런데 이 여성의 경우 성격적인 문제가 증상의 이면에 깔려 있었다. 이 여성은 '히스테

〈신의 아그네스〉

리성 성격적 특성'을 가지고 있었다. 히스테리성 성격적 특성은 타인에게 관심과 애정을 받기를 원하며, 표현이 매우 극적이고 과장되어 있으며, 피상적인 특징을 보인다.

이들에게 중요한 것은 타인의 관심과 사랑이다. 그래서 이런 사람들에게는 좀더 다정히 대하고 배려와 관심을 보여줄 필요가 있다. 그런데 이런 욕구가 충분히 충족되지 못했을 때 이들은 우울과 분노를 느낄 수 있지만, 성격 특성상 이를 의식화하기보다는 억압함으로써 불편하고 부정적인 정서를 느끼지 않으려고 한다. 그러다 보니 이유 없이 몸이 아픈 경우가 많고, 신체적으로 호소를 하면 사람들이 그나마 관심을 보여주기 때문에 이런 패턴이 계속 유지되는 경향이 있다.

정신과 등에 신체증상을 호소하면서 오는 경우가 많은데, 이들이 먼저 찾는 곳은 정신과가 아니라 내과나 신경과 등이다. 소화가 안 된다거나, 심장이 안 좋다거나, 두통이 심하다거나 등등의 이유로 병원을 찾지만 대부분은 그 원인을 찾기가 어렵다. 그래서 이차적으로 정신과로 의뢰되어 오는 경우가 많고, 그들은 자신이 왜 정신과에 오게 되었는지 의아해하는 경우가 많다.

프로이트Sigmund Freud는 히스테리성 장애란 기저의 정서적 갈등이 신체적 증상과 근심으로 전환된 것이라고 보았다. 다시 말해 정서적인 갈등이나 불안과 같은 불편하고 부정적인 정서를 억압함으로써 이런 증상이 신체적인 것으로 표현된다고 보았다. 전술했듯이 히스테리성 성격적 특성을 가진 사람들이 신체증상을 호소하는 경우가 많다.

또한 신체증상을 호소하는 것을 통해 어떤 보상(사람들이 보이는 관심 등)을 얻을 수 있기 때문에, 이러한 '이차적 이득'을 학습하게 되어 더 많은 증상이 나타날 수도 있다. "우는 아이 떡 하나 더 준다."라는 옛 속담도 있듯이 여기저기 아프다고 호소하면 타인에게 일시적으로라도 관심을 끌어들일 수는 있다. 물론 이런 행동이 반복되면 더이상 주변인들에게 호응을 얻지 못할 것이다. 그리고 이들 중에 감정 표현에 어려움을 보이는 사람들이 많은데, 이런 이유로 이들이 의사소통의 방식으로 신체적인 증상을 사용한다는 것이다. 예를 들어 어린아이들이나 인지적 능력이 부족한 사람들의 경우 언어로 자신의 생각이나 감정을 표현하는 것이 어렵기 때문에 신체증상을 통해 감정을 소통하려고 한다.

아이들을 키워본 부모라면 아마도 내 이야기에 크게 공감할 것이다. 아이들은 거의 예외 없이 환경의 변화가 있을 때(유치원이나 학교에 처음으로 입학했을 때) 아픈 경우가 많다. 갑작스러운 변화에 스트레스를 받지만, 이것이 정확히 무엇 때문인지 이 불편감이 어떤 것인지 정확히 인식하고 표현하기 어렵고 대처방법을 강구하지 못하기 때문에 몸이 먼저 호소를 하는 것이라고 볼 수 있다. 그렇기 때문에 아이가 이유 없이 아프다거나, 짜증을 내고 지랄 맞게 행동한다면 이 아이가 말로 표현하지 못하는 스트레스의 근원이 있는지 먼저 살펴봐야 한다.

몸은 거짓을 말하지 못한다

전술했듯이 신체증상을 보이는 이들은 자신들의 문제를 의학적인 문제로 보기 때문에 심리상담이나 정신과적 상담 받기를 거부하는 경우가 많다.

내가 경험한 내담자는 두통과 불면, 눈 떨림 등의 증상을 호소하며 병원에 내원했다가 의뢰된 60대 후반의 여성이었다. 처음에는 자신의 신체적인 증상만을 호소했으나, 이야기를 듣다보니 남편과의 관계에 대해 불만을 털어놓기 시작한다. 이제 자식들도 다 출가하고 쉬는가 보다 했는데, 남편이 병에 걸리는 바람에 병 수발하느라 죽겠다는 것이다. 아픈 사람한테 화를 낼 수도 없고 지금까지 시집살이 하고 산 것도 억울한데, 이 나이에 또 시집살이를 하려니 너무 힘들다고 호소했다. 그렇게 자신의 이야기를 털어놓고 나니 한결 기분이 좋아졌다면서 이 여성은 돌아갔다. 그러고 나서도 몇 차례 상담을 하고 나서는 얼굴 표정이 많이 밝아졌다.

그런데 몇 주 후에 얼굴 표정이 굳어진 채로 와서는 이전과 같이 신체적인 증상을 다시 호소했다. 그러면서 다음 주에 남편과 여행을 간다는 말을 하는데 너무나도 침울하게 보였다. 그래서 "여행 가기 싫으신가봐요."라고 물어보니 갑자기 입을 틀어막고 웃으며 말한다. "맞아요. 선생님한테 거짓말을 못 하겠네요. 자식들이 보내준다고 해서 거절하기도 그렇고… 정말 가기 싫거든요." 그녀는 그런 마음을 들킨 것이 민망하면서도 한편으로는 자신의 심정을 간접적으로 토로한 것에 만족한 듯이 보였다.

이들의 치료에는 통찰, 노출, 약물치료 등이 적용된다. 정신역동적 치료에서는 신체증상을 가진 개인들로 하여금 자기 내부의 두려움을 인식하고 해결하게 해 결과적으로 불안을 신체적으로 전환시킬 필요성을 감소시킨다. 행동주의에서는 반복 노출을 통해 불안을 유발하는 단서에 덜 불안하게 함으로써 고통스러운 사건에 신체적 경로를 통하지 않고 직접적으로 대면하는 방식을 사용하며, 강화를 사용해 '아픈' 행동에 대한 보상은 제거하고 건강한 행동에 대한 보상을 증가시킴으로써 신체적 증상을 감소시키기도 한다. 이를 '차별 강화'라고 하는데, 부정적인 행동에는 반응해주지 않고 긍정적인 행동에만 반응해줌으로써 점차 긍정적인 행동이 증가하도록 하는 행동수정의 원리를 이용한 것이다. 그리고 직면을 사용해 증상에 의학적 근거가 없음을 직접적으로 알려주는 것이 이들이 아픈 역할로부터 빠져나오는 데 도움이 될 수 있다.[9]

어느 날 갑자기 누군가가 다급히 상담실을 두드리면서 "소장님, 누가 왔는데 나와 보셔야겠어요."라고 하길래 나가보니 소파에 기대어 거의 눕다시피 앉아 있는 50대 중반의 여성이 눈에 들어왔다. "어떻게 오셨나요?"라고 질문하자 다짜고짜 죽을 것 같다면서 상담을 하자는 것이다. 그래서 그녀의 이야기를 들어보니, 갱년기 증상이 있는 것 같았다. 그래서 갱년기 증상일 수도 있으니 병원에 좀 가보시라고 했다. 그러자 그 여인, 갑자기 표정이 밝아지면서 너무나 고맙다는 말과 함께 달라고도 하지 않은 상담료를 지불하려고 했다. 역시 전문가라서 다르다면서…. 물론 그 여인은 신체증상만 있었던 것은 아니라 남편의 사업실패로 인한 생활고 등으로 어려움을 겪고 있었고, 우울감과 갱년기가 동시에 오면서 이중고를 겪고 있었던 것으로 보인다. 어찌되었건 이 여성은 근처 한의원에서 진료를 받은 뒤 한약을 처방받고 기분이 좋아져서 나를 한 번 더 찾아왔다.

내가 경험한 바로는 심각하지 않은 신체증상을 호소하는 사람들은 이야기를 잘 들어주는 것만으로도 치료적 효과를 보이는 경우가 많다. 이들이 타인의 관심을 얻기 위해 증상을 과장하든 안 하든 실제로 신체적인 증상으로 인해 고통을 받는 경우가 많기 때문에 그 부분에 대해서 공감해주면, 상당수의 사람들은 치료자에게 감사의 표현을 하기도 하고, 그동안 표현하지 못했던 감정들을 표출함으로써 일종의 카타르시스를 느끼고 시간이 흐를수록 자신의 문제를 현실적으로 인식하는 경우가 많다.

주변에 이런 분들이 있다면 "그동안 참 고생이 많았겠다. 많이 힘들었지…."라고 건네는 위로의 말 한마디가 그들에게는 보약이 될 것이다.

신체화 장애 진단기준

A. 30세 이전에 시작되고 수년에 걸쳐 지속되어온 여러 신체적 호소에 대한 과거력이 있고, 이로 인해 치료를 받게 되거나 사회적, 직업적, 혹은 다른 중요한 기능영역에서 심각한 장해가 초래된다.

B. 다음의 모든 진단기준이 충족되어야 하며, 증상은 어느 시기에서도 나타날 수 있다.

⑴ 4가지 동통 증상: 머리, 복부, 등, 사지, 흉부, 직장, 월경중이나 성교중, 배뇨중에 나타나는 동통 증상

⑵ 2가지 위장관 증상: 임신, 설사, 생소한 음식을 먹지 못하는 기간 이외에 일어나는 오심, 팽만감, 구토

⑶ 1가지 성적 증상: 성적 무관심, 발기 부전, 사전 또는 사정 부전, 월경 불순, 월경 과다, 임신 기간 전반에 걸친 구토

⑷ 1가지 가상 신경학적 증상: 협응 운동이나 균형의 장해, 마비 혹은 국소적 쇠약, 연하 곤란 또는 목의 소괴, 발성 불능, 요 정체, 환청, 접촉이나 통정에 대한 무감각, 복시, 시력 장해, 난청 또는 경련과 같은 전환 증상; 기억 상실과 같은 해리 증상; 실신 이외의 의식 상실

C. ⑴ 또는 ⑵

⑴ 적절한 조사 이후 기준 B의 각 증상들이 일반적인 의학적 상태나 물질

의 직접적인 효과로 인한 것으로 잘 설명되지 않아야 한다.

(2) 관련되는 일반적인 의학적 상태가 있을 경우 신체적 호소나 이로 인한

사회적, 직업적 장해가 과거력, 신체 검사, 검사 소견에 의해 예상되는 정

도보다 훨씬 심해야 한다.

D. 증상은 의도적으로 만들어지거나 가장된 것이 아니어야 한다.

* DSM-5 신체증상 장애 진단기준과 비교

A. 한 개 이상의 일상생활을 방해하는 고통을 수반하는 신체증상

B. 신체증상과 관련되는 건강을 염려하는 것과 관련되는 과도한 생각, 감정,

행동이 적어도 다음 중 한 가지에 해당된다.

(1) 자신의 증상의 심각성에 대한 지속적으로 지나치게 높은 수준의 불안

(2) 건강과 증상에 대한 지속적으로 지나치게 높은 수준의 불안

(3) 이런 증상과 건강 염려에 과도한 시간과 에너지 낭비

C. 한 가지 증상이 지속적으로 나타나지 않음에도 증상이 적어도 6개월 이상

나타난다.

= 세분할 것: 현저한 고통이 수반될 경우 동통장애Pain disorder가 추가됨

(DSM-Ⅳ에서는 독립된 진단명이었으나, DSM-5에서는 신체증상 장애에 포함됨).

뚱녀는 힘들어!

〈미녀는 괴로워〉

2006년, 감독: 김용화, 출연: 주진모, 김아중, 성동일, 김현숙 외

키 170cm, 몸무게 100kg에 육박하는 거구의 강한나는 미녀 가수 '아미'
의 목소리를 대신하는 얼굴 없는 가수다. 하루하루 살아가기도 퍽퍽한 삶
에서 그나마 한 줄기 빛이 되어주는 건 그녀를 인정해주는 한상준뿐이다.
한나는 그를 짝사랑하지만, 자신의 외모 때문에 그에게 다가서지 못하고
가슴앓이만 한다. 그러던 어느 날, 그녀는 자신을 헐뜯는 아미와 상준의
이야기를 우연히 듣게 되고 그 충격으로 죽음을 결심한 순간, 그녀를 찾
는 다급한 전화로 인해 그녀는 새로운 인생을 준비한다.

뚱녀에게는 힘든 요즘 세상

이런 노래 가사가 있다. '마음이 고와야 여자지, 얼굴만 예쁘다고
여자냐….' 하지만 요즘에 주위를 둘러보면 가사를 이렇게 바꿔야
할 것 같다. '몸매가 고와야 여자지, 얼굴만 예쁘다고 여자냐…' 현
대 사회에 들어와서 '다이어트'라는 말을 빼고 대화하기가 어려워
지고 있다.

후덕한 얼굴과 몸매를 선호하던 과거의 여성상은 키가 크고 서구

적이며, 팔과 다리는 길고, 빼빼 마른 몸매에 허리는 잘록하며, 가슴과 엉덩이는 비정상적으로 큰 몸매로 바뀌었다(성 진화론자들에 의하면 여성의 육체는 수백 만년간 성간선택Intersexual selection을 위해 진화되었고 그 결과 완벽에 가까운 신체를 갖추었다고 한다. 믿거나 말거나!).[10] 결국 현대 여성들의 다이어트와 성형에 대한 집착은 이런 여성을 선호하는 남성들에 의해 잘 보이기 위함이다.

100kg의 거구 강한나(김아중), 그녀는 목소리는 아름답지만 비만으로 인해 무대에 서지 못하는 얼굴 없는 가수다. 그런 그녀에게 한상준(주진모)은 늘 살갑게 대해주고 그녀를 신경써준다.

그녀는 자신의 모습이 부끄러워 사랑조차도 고백하지 못하고 멀리서 그를 바라보며 마음을 달랜다. 그리고 그를 위해서라면 뭐든 최선을 다하고 싶다. 그런 그녀와 한상준의 모습을 보고 누군가가 그녀를 한상준 앞에서 모멸감을 느끼게 한다.

늘 남자들에게 이용만 당하고도 화 한 번 내보지 못하고 속으로만 삭이던 한나는 죽기로 결심한다. 그러나 죽는 것도 마음대로 되지 않는다. 이럴 바엔 죽을 때 죽더라도 살이라도 빼고 예뻐지고 나서 죽어야되는 거 아닌가 하는 생각이 그녀의 머리를 스쳐 그 길로 그녀는 성형외과로 향한다.

날씬한 몸을 원하십니까?

TV 홈쇼핑에서는 군살이 없는 근육질의 남녀들이 몸매가 드러나는 운동복을 착용하고 런닝머신이나 운동기계들을 타면서 이런 말을 한다. "날씬한 몸을 원하십니까?" 이 말은 마치 "날씬하지 않으면 살기 힘든 세상입니다." "저나 여기 있는 사람들처럼 날씬해져보세요!!"라는 말로 들린다.

이런 광고에 부응해 많은 여성들은 다이어트를 종교처럼 신봉하고, 살을 빼고 예뻐지기 위해 성형에도 매달리기 시작했다. 그리고 언제부턴가 "살 빠졌다."라는 말이 칭찬이 되어버렸다. "살 빠졌어, 뭐 좋은 일 있나봐?"라는 말이 어색하게 들리지 않는다.

아름다움을 추구한다는 것은 이상할 일이 아니다. 우리는 본능적으로 아름다움을 추구하고 아름다운 대상을 배우자로 찾기 위해 노력한다. '아름다움'이란 건강하고 좋은 유전자를 가졌다는 지표이기 때문에 이를 선호한다는 것은 당연한 결과일 수 있다. 그러나 아름다움의 조건은 시대에 따라 달라질 수 있으며, 왜곡된 미의 기준은 누군가에게는 고통이 될 수 있다. 중세시대의 여성들이 잘록한 허리를 갖기 위해 지나치게 꽉 끼는 코르셋을 입고 허리를 졸라매서 각종 건강상의 문제를 야기했던 것이나 중국의 여성들이 미의 기준으로 삼았던 전족은 이런 왜곡된 미의 전형적인 예라고 볼 수 있다.

〈미녀는 괴로워〉

여성들은 왜 다이어트에 집착하는가?

최근에는 남녀노소 가리지 않고 다이어트를 하고 있지만, 남자보다는 여자가 상대적으로 다이어트에 압도되어 있는 것 같다. 주변에 많은 여성들과 음식을 먹을 때 "아, 이렇게 많이 먹으면 안 되는데… 너무 많이 먹었다."라며 후회하는 이야기를 자주 듣는다. 먹는 즐거움을 충분히 누리지도 못하고, 늘 '살 빼야 한다.' '뚱뚱해지면 안 된다.'라는 강박이 자리하고 있는 것이다. 그리고 그것은 '뚱뚱한 여자는 여자도 아니다.' '뚱뚱한 여자는 가치가 없다.'라는 생각이 그 기저에 있기 때문이다.

심지어는 전혀 뚱뚱하지도 않고 저체중인 사람이 자신은 살을 빼야 한다며 다이어트에 돌입하는 경우도 심심치 않게 보게 된다. 이런 경우는 자신에 대한 건강한 '신체상'을 형성하고 있지 못한 경우일 수 있다. 정작 살을 빼고 외모에 신경을 써줬으면 하는 사람은 자신의 외모에 이상하리만치 자신감을 갖는 경우가 있고, 반대로 정상적인 외모를 가지고 있는 사람이 자신의 외모를 왜곡해 지각하며 지나치게 다이어트나 성형에 집착하는 경우가 있다.

영화 〈미녀는 괴로워〉는 뚱녀 한나가 전신 성형과 다이어트를 통해 새로운 인생을 살게 되는 장면을 보여줌으로써 다이어트와 성형에 대한 장밋빛 환상만을 심어준다. 요즘처럼 성형이 성행하는 세상에서 성형의 장단점에 대해 논하는 것은 의미가 없다. 다만 외모가 변했다고 인생이 바뀐다고 말하는 것은 위험할 수 있다. 외모가 변해서 자신감을 얻고 살아간다는 것에 반대할 이유는 없지만, 그 것이 전부는 아니기 때문이다.

> 한나는 성형과 다이어트에 성공한다. 이전에는 너무 뚱뚱해서 집중되었던 시선이 이제는 너무 아름다워서 집중되는 것이다. "너무 아름다우세요." 라는 점원의 이야기에 충동적으로 자동차를 구매한다. 최초의 외모 칭찬을 받고 너무 흥분한 나머지 자동차 접촉 사고를 일으키는데, 자신에게 항의하 던 택시 운전기사는 그녀의 얼굴을 보고 나서 태도를 바꾼다. "어디 다친 데 없으세요?" 그리고 신고를 받고 온 경찰은 "택시 운전기사를 보며 아저씨 가 잘못한 것 같아요."라며 한나의 편을 들어주며 넌지시 연락처를 묻는다.

다소 과장된 듯하지만 실제로 일어날 법한 일이라, 웃기면서도 쓸쓸한 기분이 드는 것은 어쩔 수 없다. 여자란 자고로 예뻐야 남자 들에게 인정받는다는 것은 부인하기 어렵다.

여성들이 외모에 남성들보다 집착할 수밖에 없는 이유는 남성보 다 관계지향적인 여성들이 상대의 반응에 의해 자신의 가치를 평가 하는 특성이 강하기 때문이라고 한다. 반대로 남성들은 자신의 능 력이나 다른 영역에서 자신의 가치를 인정받을 수 있는 부분들이 더 많기 때문에 상대적으로 외모에 덜 집착한다는 것이다. 실제로 거울상을 지각할 때, 남성들은 여성들에 비해 자신을 멋지게 지각하는 반면, 여성들은 자신들의 단점에 주목하는 경향이 더 강하다고 한다. 그러나 이는 상대적으로 여성들이 사회적인 활동이 남성들보다 위축되어 있고, 성공할 확률도 상대적으로 적기 때문에 외모에 기댈 수밖에 없는 것으로도 생각해볼 수 있다.

아름다움은 '선'이다

분명 아름다운 외모는 신이 준 선물이다. 나는 배우 김수현의 얼굴만 봐도 기분이 좋아진다. 내가 관상가는 아니지만, 김수현의 얼굴을 보면 정말 '복'을 불러들이는 얼굴이라는 생각이 든다. 그러나 배우 김수현이 더욱 빛나는 이유는 나이에 어울리지 않는 겸손함과 대선배들과 연기를 하면서도 전혀 기죽지 않는 당당함, 그리고 타고난 재능에 성실함이 뒷받침되어 있기 때문일 것이다. 결국 시간이 흐르면서 외모의 아름다움만이 아닌 그 사람의 성격, 지식, 능력과 재능 등 다른 요인들이 차지하는 비율이 커지게 되고 이런 요소들이 적절히 조화를 이룰 때 진정한 아름다움이 형성될 수 있다.

내가 만난 상담자들 중 한 명은 성형과 다이어트에 지나친 집착을 보였다. 이런 증상을 보이기 시작한 것은 고등학교 때부터였다고 한다(실제로 우리나라 청소년들의 상당수가 자신의 신체를 부정적으로 인식하는 경향이 있고, 실제보다 뚱뚱하거나 마르게 인식하며 이상적인 신체 이미지와 불일치한다고 보고했다고 한다).[11] 그녀는 시도 때도 없이 자신의 얼굴과 몸매를 보며 성형을 해야겠다, 살을 빼야겠다는 등 말을 했고, 실제로 성형도 여러 번 했다. 그녀는 '내가 살을 빼고 얼굴을 고치면, 내 인생도 바뀔 거야.'라는 생각을 가지고 있었고, 지금 자신이 가지고 있는 여러 문제(진로나 결혼 등의 선택)를 외모로만 치환해 외모가 바뀌면 구질구질한 인생으로부터 구원받을 것이라는 믿음을 가지고 있었다.

하지만 외모에만 집중할 것이 아니라 자신의 나이에 맞는 능력을 키우기 위해 부단히 노력해야 한다. 아무것도 할 줄 모르고 얼굴만 예쁜 여자의 매력은 오래가지 않을 것이다. 심지어 연애도 기술이 필요하며, 결혼을 하려 해도 시간과 노력이 필요하다. 외모에만 집착해 좋은 시절을 이런 고민만 하고 시간과 비용을 낭비하기에는 너무 아깝다. 이렇게 자신의 신체적인 결함에 너무나 지나친 집착을 보인다면, 신체변형 장애를 의심해봐야 할 것이다.

신체변형 장애의 원인과 치료

신체변형 장애의 필수증상은 외모의 결함에 대한 집착이다. 다른 사람이 보기에는 극히 정상적임에도 불구하고 스스로는 자신의 외모가 기형적이라고 믿는 것이다. 특히 이들은 얼굴에 집착하는데,

눈이 들어갔다거나 코가 비뚤어졌다거나 광대가 너무 튀어나왔다거나 하는 등으로 외모가 기형적이라고 생각한다. 그래서 성형수술을 통해 이런 모습을 바꾸려고 하지만 성형을 한다고 해서 결과에 만족하지 못하기 때문에 다시 다른 부분(엉덩이나 가슴, 손이나 발 등)에 집착하게 된다.[12]

자신의 얼굴에 광대가 너무 나왔다며 성형에 집착하는 내담자가 있었다. 심하게 돌출된 경우가 아님에도 이 사람은 자신의 광대에 지나치게 집중하고 있었다. 솔직히 그녀가 말을 하기 전에는 그녀의 광대가 돌출되었는지 알아채지도 못했다. 그런데 스스로 단점이라고 사람들에게 말하면서 타인들도 그녀의 광대에 집중하게 되고, 그럼으로써 그녀의 광대에 대한 콤플렉스는 점점 더 심화되었다.

결국 그녀는 수술을 결심하고 수술을 감행했다. 수술 후 그녀를 다시 만났는데, 얼굴 표정이 밝지 않았다. 기대에 못 미친다는 것이다. 광대뼈를 깎아내니 광대는 들어갔는데, 문제는 그 광대를 둘러싸고 있던 근육과 피부층이 아래로 늘어져버려 이전보다 나이가 들어 보인다는 것이다. 결국 또 다른 걱정이 시작되었다.

이들이 이런 집착을 보이는 원인으로 생물학적 입장에서는 이들에게 기분장애와 강박장애의 가족력이 있고, 세로토닌과 관련이 있다고 본다.

인지적 입장에서는 신체변형 장애가 건강염려증과 유사한 인지적 특성이 관여한다고 보는데, 다른 사람이 우연히 자신의 신체적 특징에 대해 언급함으로써 그것에 주목하게 된다. 그리고 이에 대해 과도한 주의를 기울이면서 점점 더 그 신체적 특징을 부정적으로 지각하고 불리한 환경적 사건을 모두 이 신체적 결함으로 귀인하게 된다고 본다. 앞서 언급한 사례도 자신의 특정 부위에 관심을 집중하고 외모 탓을 하면서 자신의 나이에 맞는 발달과제들은 보류하고 있었다. 즉 자신의 외모 때문에 진로 선택이나 연애, 결혼 등을 할 수 없다고 하면서 외모가 나아지면 자연스럽게 모든 것이 해결될 것이라고 믿고 있었다.

이들도 다른 신체형 장애 환자들처럼 자신들의 증상을 심리적인 것으로 보지 않기 때문에 심리적 치료를 거부하고 성형수술 등에 집착한다. 이들에게 우울이나 불안장애가 동반된다면 이에 대한 치료도 병행되어야 한다.

인지행동적 개입으로 노출 및 반응억제법이 효과적으로 알려져 있는데, 이 치료방법은 원래는 강박장애 치료에 적용되는 기법 중 하나다. 자신의 외모가 기형이라는 불쾌한 생각이 지속적으로 침투하고 이를 확인하거나 교정하려는 반복적인 행동을 보인다는 점에서 신체변형 장애가 강박장애의 일종이라는 주장이 제기되어왔다.[13] 최근 DSM-5에서는 이러한 주장이 반영되어 신체변형 장애는 강박장애에 포함되었다. 위와 같은 신체변형 장애의 근본적인 원인은 아니더라도, 우리는 거의 매일 다수의 매체를 통해 아름다움에 대해 무차별적이고 침투적으로 일원화된 미의 기준을 강요받고 있다. TV나 다른 매체들을 통해 접하는 주먹만 한 얼굴과 비현실적인 몸매를 가진 연예인들, 방송인들을 보면서 그들처럼 되지 않으면 안 될 것 같은 생각이 드는 것이 사실이기 때문이다.

그러나 이런 완벽한 외모의 소유자들일지라도 자신의 외모에 만족하는 사람은 극히 드물다. 배우 장동건도 자신의 큰 눈이 콤플렉스라는 망언을 해서 사람들로 하여금 부러움과 비난을 동시에 산 적도 있었다. 우리 모두에게 조금씩 불만족스러운 부분들이 있을 것이라 생각한다. 필자도 늘 키와 몸매가 콤플렉스였다. 김혜수처럼 키도 크고 글래머러스한 몸매를 가지고 싶다는 소망을 가지고 있었다. 그러나 아무리 노력해도 절대로 될 수 없는 경우가 있는 법이다 (내가 김혜수 같은 몸매를 가지려면 아마도 죽어서 다시 태어나야 할 것이다!). 그러나 이런 집착은 시간이 흐르면서 점차 자신의 신체에 대한 만족으로 돌아서거나 포기의 순간이 오기 마련이다. 대개는 시간이 흐르면서 어쩔 수 없이 받아들여야 할 것은 받아들이게 되고, 외모만이 아닌 자신이 가진 다른 장점들에 주목하게 되는 것이다.

신체변형 장애Body Dysmorphic Disorder 진단기준

(DSM-5에서는 '신체이형장애'로 명칭이 변경되었고 '강박장애'에 포함됨)

A. 외모에 대한 가상적 결함에 집착, 만일 가벼운 신체적 이상이 있는 경우라면 지나치게 관심을 갖는다.

B. 집착이 사회적, 직업적, 또는 다른 중요한 기능 영역에서 임상적으로 심각한 고통이나 장해를 초래한다.

* DSM-5와 비교

A. 타인이 알아볼 수 없거나 혹은 미미한 정도인 하나 혹은 그 이상의 신체적 결함을 의식하고 이에 대해 지나치게 몰두하고 집착한다.

B. 이 장애 발생기간 동안 개인은 반복적인 행동을 수행한다(e.g. 거울보기, 피부 뜯기 등).

C. 이런 집착은 사회적, 직업적, 또는 다른 중요한 기능 영역에서 임상적으로 현저한 고통이나 손상을 초래한다.

D. 몸이 뚱뚱하다거나 몸무게에 대한 걱정이 아님. 즉 섭식장애의 진단기준과 부합되지 않는다.

섭식장애Eating Disorders

(DSM-5에서는 급식 및 섭식장애Feeding and Eating Disorder로 명칭이 변경됨)

섭식장애는 섭식행위에서의 현저한 장해다. 이 장에서는 신경성 식욕부진증 Anorexia nervosa과 신경성 폭식증Bulimia nervosa을 포함한다. 신경성 식욕부 진증은 최소한 정상체중 유지를 거부하는 것이 특징이고, 신경성 폭식증은 반복되는 과식(폭식)과 이에 뒤따르는 부적절한 보상적 행동이 특징이다(보상 적 행동에는 스스로 유도하는 구토, 하제나 이뇨제 등 기타 약물 남용, 단식이나 지나 친 운동들이 포함됨). 체형과 체중에 대한 지각의 장해가 신경성 식욕부진 및 신경성 폭식증 모두 나타난다.

단순비만은 국제질병분류(ICD)에 일반적인 의학적인 상태로 포함되었으나, DSM-IV에서는 단순비만이 심리적 또는 행동적 증후군과 일정한 연관성이 있다는 증거가 확실하지 않기 때문에 포함시키지 않았다. 그러나 비만의 특 정한 사례의 원인과 경과에 있어서 심리적인 요인이 중요하다는 증거가 있 을 때는 의학적 상태에 영향을 주는 심리적 요인을 기록함으로써 이러한 사 실을 나타낼 수 있다.

DSM-IV에서는 유아기 또는 초기 소아기에 처음 진단되는 급식장애 및 섭식 장애(즉 이식증Pica, 반추장애Rumination disorder, 그리고 유아기 또는 초기 소아기의 급식 장애)는 '유아기 또는 초기 소아기의 급식 및 섭식장애' 편에 포함되었으나, DSM-5부터는 섭식장애로 편입되었고, 폭식증Bing-eating disorder이 추가되었다. 또한 유아기 소아기 급식장애Feeding Disorder of Infancy or Early Childhood는 회피/제한적 음식 섭취 장애Avoidant/Restrictive Food Intake Disorder로 명칭이 변경되었다.

음식과의 사투

〈301 302〉 〈아름답다〉

1995년, 감독: 박철수, 출연: 방은진, 황신혜, 김추련, 박철호 외

아파트 302호에는 신경성 식욕부진증으로 음식을 먹지 못하는 윤희가 살고 있다. 막 이사 온 301호의 송희는 유난히 마른 윤희에게 매일같이 새로운 음식을 준다. 자신에게는 최선의 선물이라고 생각했던 음식을 윤희가 먹지도 않고 버렸다는 사실을 알고 송희는 분노하며 공격적으로 음식을 만들어 나른다. 윤희는 정육점을 운영하는 의붓아버지에게 성폭행을 당한 이후 음식을 보기만 해도 토해내는 증상이 생겼고, 음식과 섹스를 거부한 것이다. 301호 여자와 302호 여자의 보이지 않는 싸움이 시작된다.

음식과 사투를 벌이는 그녀들의 이야기

이 영화가 만들어진 지 벌써 20년이 지났다. 이 영화가 소개될 때만 해도 새로운 내용의 신선한 영화라며 각종 영화 소개 프로그램이나 평론가들은 영화에 주목했다. 물론 지금도 적어도 섭식장애 관련해서는 이 영화만 한 영화가 없긴 하다. 섭식장애를 소개하기 위해 관련 영화들을 찾아보고 여러 영화들을 소개받기도 하고 직접 보기도 했지만, 섭식장애만을 다루는 영화는 그리 많지 않았다. 오래된 영

화라 화질도 좋지 않고 영화의 배경이나 음악 등도 다소 어색하긴
하지만, 그래도 섭식장애를 소개하는 데 있어서는 가장 설득력이
있을 것 같다는 생각으로 선택할 수밖에 없었다.

302호에 사는 윤희(황신혜)는 어렸을 적 외상으로 인해 음식을 거부하게 된
다. 작가로 나름 활약하고 있는 그녀의 겉모습은 날씬하고 아름답게 보인다.
그러던 어느 날, 옆집 301호로 이사 온 송희(방은진)가 이사 왔다며 음식을
가지고 302호의 문을 두드린다. 깔끔하게 정돈되어 있는 윤희의 집에는 왠
지 사람 사는 냄새가 나지 않는다. 이런 저런 얘기를 하며 윤희와 친하게 지
내고 싶어하는 송희는 그날 이후로 윤희에게 갖가지 음식을 만들어 나른다.
그러나 정작 윤희는 송희가 들고 오는 음식만 보면 구토가 일어난다. 그녀의
방문이 달갑지 않은데, 송희는 이런 사정도 모르고 윤희에게 음식을 만들어
주며 관심을 표한다.

음식의 의미

우리는 사람들과 헤어질 때 습관적으로 "언제 식사 한번 해요."라는
말을 하곤 한다. 그리고 맛있는 음식을 먹을 때 사랑하는 사람을 떠
올리며 '다음에 같이 와야지!'라고 생각한다. 기쁜 일이 있거나 축
하할 일이 있을 때도 맛있는 음식으로 기쁨을 같이 나눈다. 심지어

상을 당했을 때조차도 우리는 잔칫집을 방불케 할 정도로 찾아오는 조문객들에게 술과 음식을 대접한다. 이렇게 음식은 우리의 희노애락과 같이 하는 것이다.

섭식장애는 현대에 들어와서 발생한 '현대병'이라고 할 수 있다. 과거 먹을 것이 없었던 가난한 시절에는 상상하기도 어려웠을 법한 일이다. 그러나 생활이 풍요로워지면서 각종 먹거리가 넘쳐나고, 풍만한 몸이 과거에는 부의 상징이었다면 현대에 와서는 자기관리에 실패하고 게으르고 한심한 '뚱보'라는 이미지로 바뀌고 있다.

더욱이 '비만'이 모든 병의 근원이라는 인식이 확산되면서 뚱뚱함은 혐오의 대상이 되고, 날씬함만이 유일한 미의 가치로 추앙되고 있다. 이런 생각들이 음식을 거부하는 데 일조하고 있음은 분명하다.

음식은 생존에 필수적인 요소이고, 어린아이에게는 엄마의 사랑과 동등한 의미일 수 있다. 그리고 음식은 사람과 사람 간의 사이의 거리를 나타내기도 하는데, 특히 우리나라에서는 먹고 마시는 것으로 친밀감을 형성하고 확인하려는 경향이 강해 음식으로 인한 스트레스가 발생할 여지가 더 많다고 볼 수 있다.

섭식장애란 음식을 먹는 데 심한 장애를 보이는 것으로 크게 음식을 거부하는 거식증과 지나치게 많이 먹는 폭식증, 이렇게 2가지로 분류할 수 있다.[14]

거식증과 폭식증의 원인과 치료

섭식장애와 관련해서 떠오르는 사례가 하나 있다. 가끔 상담을 하다보면, 갑작스럽게 찾아오는 사람들이 있다. 그만큼 다급하다는 것이다. 나를 찾아왔던 그 사람은 50대 초반으로 보이는 여성이었다. 눈물을 흘리면서 하는 말이 자신의 딸이 1년째 거의 아무것도 먹지 못하고 있다는 것이었다. 병원에 입원도 시켜봤고, 심지어 굿도 해봤지만 소용이 없었다는 것이다. 마지막으로 상담이라도 받아보자는 심정으로 왔다고 하면서 상담시간을 잡아달라고 했다. 그렇게 시간을 잡고 상담 시간에 내담자를 기다리고 있는데, 갓 스물이 넘은 한 여성이 엄마의 부축을 받고 상담실로 들어왔다.

긴 생머리에 하얗고 뽀얀 피부의 여성은 1년간 아무것도 먹지 않은 사람치고는 그렇게 마르지도 않았지만, 기력이 없어 보였다. 많이 힘들 것 같은데, 심지어 웃으면서 자기는 괜찮다고 하며 다만 엄마에게 미안하다고 했다. 그렇게 괜찮다며 웃는 모습이 마음에 걸려 "왜 웃고 있는데, 난 그게 슬프게 느껴지지?"라고 혼잣말처럼 내가 내뱉은 말이 그녀의 심중에 와 닿았는지, 그녀는 갑자기 눈물을 흘리면서 울기 시작했다. 눈물이 주체할 수 없이 흐르고 또 흘러내려서 한동안 말을 잇지 못했다. 눈물이 멈출 때까지 나는 기다렸다. 충분히 울 만큼 울어야 하고 억지로 눈물을 멈추게 해서는 안 된다.

한참 지나서 감정을 수습한 내담자는 조금 전과는 달리 진지한 표정으로 자신의 이야기와 가족 이야기를 하기 시작했다. 몇 회기 내내 자신의 가족과 부모에 대해 이야기를 했었던 것 같다. 그렇게 한 달 두 달이 지나가자 억눌렸던 감정들이 해소되었고, 그제야 현실적인 목표를 설정하는 것이 가능해졌다. 우리는 머리를 맞대고 어떻게 하면 이 힘든 상황을 벗어날 수 있을지 고민했고, 지금 이 시점에서 할 수 있는 가장 현실적인 목표를 정할 수 있었다.

상담은 너무나도 잘 진행되었고, 정확히 6개월이 지나서 상담은 종료되었다. 매 회기마다 눈물을 흘리던 어머니 얼굴에는 웃음꽃이 피었고, "언제 아팠나 싶었다."라면서 "감사하다."라는 말을 남기고 두 사람은 상담실을 떠났다.

거식증의 핵심적인 특징은 날씬해지고자 하는 욕구다. 이들은 살찌는 것을 병적으로 두려워해 음식을 거부한다. 그러나 음식의 섭취는 '성적'인 것과 연관되기도 한다. 음식을 먹는다는 것이 다른 물질이 자신의 몸으로 들어온다는 의미에서 성적인 것과 동일시되고 임신과 무의식적으로 연결된다는 것이다.

영화 〈301 302〉에서 302의 윤희는 어려서 의붓아버지에게 성폭행을 당한 경험이 있고 이로 인해 괴로워하며 음식 먹기를 거부해 온 것이다. 이처럼 음식에 대한 극도의 혐오감과 구토는 성적인 것을 반영한다. 또한 배고픔을 조절할 수 있다는 것은 성적인 욕구도 조절할 수 있다는 의미로 받아들여질 수 있다.

정신병리가 나름의 적응적인 의미를 가진다는 점에서 음식의 결

〈301 302〉

핍으로 인해 성장이 멈추거나 지연되는데, 이로 인한 이차적 이득
은 음식이나 체중 다이어트에 대한 관심을 집중시킴으로써 그 시기
에 해야 할 고민이나 과제들에서 벗어날 수 있게 된다는 것이다. 그
러면서 한편으로 이들은 자신이 날씬한 외모를 가짐으로써 자신의
삶이 변화될 것이라는 생각을 가지고 있다.

　냉장고에 연예인 사진을 붙여 놓고 살을 빼면 자신도 그런 삶을
살게 될 것이라는 근거 없는 믿음을 가지고 심각한 다이어트에 돌
입한 여성을 본 적이 있다. 그때 그녀의 몸무게는 겨우 48kg이었다
(키는 168cm). 이렇게 지나친 다이어트로 인해 이차적인 문제가 발
생하고, 이로 인해 대인관계에도 문제가 발생하지만 이들에게는 사
람보다 다이어트와 날씬함이 더 중요하다.

이들이 이렇게 된 이유 중 하나로 어렸을 때 어머니와의 관계의 문제로 보는 견해가 있다. 어머니가 유아의 요구에 민감하게 반응하지 않고 비일관되게 아이를 양육할 경우, 유아는 안전감과 확신을 갖지 못하며 건강한 자기감을 형성하기 어려워진다는 것이다.

아이가 자신에 대한 주체를 상실하면 어머니를 기쁘게 하기 위해 진정한 자기가 아닌 허위 자기를 발달시키면서 어머니의 사랑을 받기 위해 노력하는데, 이런 역할을 지속적으로 강요받다 보면 자기 자신을 발전시키고자 하는 욕구가 좌절되면서 점점 엄마에 대한 원망은 커지게 된다. 그러다가 사춘기가 오면서 진정한 자기가 등장하면서 부모에 대한 복수로 거식증이 나타날 수 있다.[15]

거식증과 폭식증의 차이

폭식증 환자들은 거식증과는 달리 비교적 정상체중을 유지하며 폭식을 하고 하제(설사약)를 사용한다. 폭식을 하고 하제를 사용하면서 마른 사람은 거식증의 폭식 유형으로 분류되는데, 이는 거식증과 폭식증의 경계가 불분명함을 의미한다. 실제로 두 장애가 상당한 관계가 있다고 보는 이유는 거식증 환자들 중 40~50%가 폭식증을 가지고 있고 시간이 지나면서 거식증이 폭식증으로 발전한다는 것이다.

그러나 거식증 환자는 통제력이 강한 것에 비해 폭식증 환자는 충동 분출을 지연시키지 못한다. 이는 자아와 초자아가 약하기 때문이다. 폭식증 환자들은 충동적이고 자기파괴적인 성관계나 여러 가지 약물을 남용하는 경우도 많다. 거식증 환자들이 폭식하고 싶은 강한 열망을 더이상 방어하고 조절할 수 없을 때 폭식증으로 전환되는 경우가 종종 있다.

영화 〈301 302〉에서 301의 송희는 302의 윤희와 달리 지나치게 음식에 집착한다. 이런 음식에 대한 집착으로 이혼을 당하고 301로 이사를 오게 된 것이다. 자신에게는 유일한 낙인 음식하기와 먹기, 타인에게 음식을 제공하기가 은희를 만나면서 좌절되고 이에 대한 분노감으로 은희에게 공격적으로 음식을 공수한다.

폭식증 환자들은 부모에 대한 무의식적인 공격욕구가 있으며, 내재된 분노가 음식으로 대치되어 음식을 파괴한다. 내가 아는 사람 중에 가끔 폭식을 하는 사람이 있는데, 한 번에 먹는 양이 엄청나다. 어떻게 저 많은 음식이 한꺼번에 들어가는지 믿기지 않을 정도다. 음식이 맛이 있어서라기보다는 흡사 '음식을 해치운다'는 표현이 적절할 것이다. 음식은 하나의 대상, 물질임을 고려할 때 특정한 대상을 먹어치움으로써 그 존재를 파괴하고 자신의 몸의 일부로 소화하고 흡수시켜버리는 것이다.

다시 말해 거식증 환자는 다른 사람에 대한 자신의 공격적인 감정을 먹기를 거부하는 것으로 통제하는 반면, 폭식증 환자는 폭식을 함으로써 사람들을 상징적으로 파괴하고 통합시키는 것이라고 볼수 있다.

전재홍 감독의 영화 〈아름답다〉에는 아름다운 여성 은영(차수연)이 등장한다. 은영은 불나방처럼 달려드는 남자들을 퇴치하는 게 그녀의 하루 일상일 만큼 온몸으로 받는다(남자들의 관심을 지나칠 정도로 받는 여자들은 단순히 미모가 뛰어나서가 아니라 뭔가 다른 능력이 있는 것이 분명하다!). 이로 인해 그녀에겐 피로감이 누적되고, 그런 그녀를 주변의 여자들은 시기한다.

그러던 어느 날 은영은 자신을 짝사랑하던 남자에게 성폭행을 당하고, 이후 그녀의 삶은 180도로 변한다. "너무 아름다워서, 너무 예뻐서 그랬다."라는 남자의 말이 그녀에게는 너무나 끔찍하게 들린다. '그렇다면, 내가 살을 찌워서 못나 보이면, 남자들이 나에게 관심을 가지지 않겠지?' 이런 생각으로 은영은 무지막지하게 음식을 먹어대기 시작한다. 거의 학대 수준으로 자신을 망가뜨린다. 음식을 너무 먹다 토하고 쓰러지기를 반복한다. 은영은 그렇게 세상의 남자들에 대한 분노를 음식을 통해, 먹어치우는 것으로 복수하고 있는 것이다.

폭식증 환자들은 엄마로부터 분리해 나오는 데 자신의 신체를 과도기적 대상처럼 이용한다고 한다(과도기적 대상이란 아이들이 엄마로부터 떨어져나갈 때 심리적으로 자기 자신을 위로하기 위해 이용하는 인형이나 담요 같은 것들을 말함). 다시 말하면 음식을 섭취하는 것은

〈아름답다〉

엄마와 연결되고 싶은 소망을, 음식을 토해내는 것은 엄마와 분리
하려는 노력을 나타내는데, 대부분의 폭식증 환자들은 자신을 타인
과 분화하지 못하고 자신의 내적 삶을 외부행위로부터 구분하지 못
한다. 그들은 스스로를 긍정적으로 존중하지 못하고 오로지 체중에
만 관심을 쏟게 된다.[16]

섭식장애의 치료에는 인지행동치료가 유용한 것으로 알려져 있
다(물론 다른 기법들과 공조하는 것이 필요하다). 왜냐하면 이들이 지닌
체형과 체중에 관한 신념이 섭식에 영향을 미치고 이들의 장애와
관련된 신념이 잘못된 행동들을 유지시킬 수 있기 때문이다.

앞에서 예로 들었던 내담자의 경우에는 스스로가 자신에 대해 가
지고 있는 자아상이나 신체상을 점검하도록 했더니, 자신에 대한

인식이 매우 부정적이었다. 스스로 자신이 '뚱뚱하니, 다이어트를 해야 한다.'라고 생각하고 있었다. 현대미의 기준은 부적절할 정도로 마른 여성에 초점이 맞추어져 있다. 실제로 불가능한 몸매를 선호하고 있는데(매스미디어에서 조장하고 있다), 실제로는 1%도 존재하지 않는 미인에 대한 기준을 만들어놓고 이를 따르도록 강요하는 것과도 영향이 있으며, 스스로의 내적 기준, 미에 대한 기준이 부재한 상태에서 외부의 기준을 스스로의 기준인양 무차별적으로 함입함으로써 발생하는 부작용일 수 있다.

우리는 이런 기준에 대해서 심도 있는 논의를 하고, 이런 인지적인 오류에 대한 변화가 있고 난 뒤에야 현실적이고 구체적인 목표를 설정할 수 있었던 것이다. 우리가 세운 목표는 '억지로 먹는 것'이 아닌 '토하지 않는 것'으로 방향을 전환했고 이 방법은 아주 효과적이었다.

먹는 것에 집착해 오히려 먹는 것에 대한 거부반응과 음식이 들어올 때마다 반사적으로 구토가 일어남으로 인해 음식에 대한 혐오를 증가시키기보다는 음식에 대한 관심을 토하지 않는 것으로 변환함으로써 스트레스를 줄이고, 토하지 않게 됨으로써 음식에 대한 거부가 점점 줄어들면서 소량의 음식을 먹는 것이 가능해졌다. 그러나 '절대 무리해서 먹지 않을 것'을 주문했고, 꾸준히 식사일기를 적도록 해 얼마나 변화가 있는지를 스스로 확인하게 했다. 물론 이 내담자의 경우 스스로가 열심히 노력했기에 가능한 것이었다.

영화 속 음식과의 사투

▶ 아름답다

2007년, 감독: 전재홍, 출연: 차수연, 이천희, 최무성 외

    은영은 빼어난 미모의 소유자다. 그래서 길을 가다가도 벤치에 앉아 있을 때도 시도 때도 없이 달려드는 남자들 때문에 하루가 고단하다. 오늘도 누군가가 자신에게 꽃 배달을 시켰다. 자신을 좋아하는 많은 남자들 중 하나로 여기고 무심히 지나쳐버린다. 그러다가 바닥에 떨어진 백합 한 송이를 집으로 들고 들어온다. 자신의 마음을 받아주지 않는 은영을 찾아온 한 남자(백합을 주고 간 남자)가 그녀를 성폭행한다. 사랑해서 그랬다고 남자는 자수하지만, 은영은 충격에서 벗어나지 못하고 엽기적인 행각을 벌이기 시작한다. 자신이 아름답기 때문에 이런 일을 당한 것이라 생각하고, 미친 듯이 음식을 먹고 토하고 급기야 길거리에서 쓰러지고 만다. 그런 그녀를 뒤에서 바라보며 그녀를 돕는 순경 은철(이천희)은 점점 은영에 대해 집착하게 되고 결국 두 사람은 파국을 맞는다.

신경성 식욕부진증Anorexia Nervosa 진단기준

A. 연령과 신장에 비해 체중을 최소한의 정상 수준이나 그 이상으로 유지하기를 거부한다.

B. 낮은 체중임에도 불구하고 체중 증가와 비만에 대한 극심한 두려움이 있다. (DSM-5에서는 체중증가를 막기 위한 지속적인 행동이 포함됨)

C. 체중과 체형이 체험되는 방식이 왜곡되고, 체중과 체형이 자기 평가에 지나친 영향을 미치며, 현재 낮은 체중의 심각함을 부정한다.

D. 월경이 시작된 여성에게서 무월경, 즉 적어도 3회 연속적으로 월경주기가 없다(만일 월경 주기가 에스트로겐과 같은 호르몬 투여 후에만 나타날 경우 무월경이라고 간주한다).

＊ DSM-5에서는 D 항목이 삭제되었다.

세분화된 유형

- 제한형: 신경성 식욕부진증의 현재 삽화 동안에 규칙적으로 폭식하거나 하제를 사용하지 않는다(즉 스스로 유도하는 구토 또는 하제, 이뇨제, 관장제의 남용이 없음).

- 폭식 및 하제사용형: 신경성 식욕부진증의 현재 삽화 동안 규칙적으로 폭식하거나 하제를 사용한다(즉 스스로 유도 구토 또는 하제, 이뇨제, 관장제의 남용).

신경성 폭식증Bulimia Nervosa 진단기준

신경성 폭식증의 필수 증상은 폭식 후 체중증가를 막기 위한 부적절한 보상 방법을 시도하는 것으로, 신경성 폭식증이 있는 개인들의 자기 평가는 체형과 체중에 의해 지나치게 영향을 받는다.

A. 폭식의 반복적인 삽화. 폭식의 삽화는 다음 2가지 특징이 있다.

　(1) 일정한 시간 동안(예: 2시간 이내) 대부분의 사람들이 유사한 상황에서 동일한 시간 동안 먹는 것보다 분명하게 많은 양의 음식을 먹는다.

　(2) 삽화 동안 먹는 데 대한 조절 능력의 상실감이 있다(예: 먹는 것을 멈출 수 없으며, 무엇을 또는 얼마나 많이 먹어야 할 것인지를 조절할 수 없다는 느낌).

B. 스스로 유도한 구토, 또는 하제나 이뇨제, 관장약, 기타 약물의 남용, 또는 금식이나 과도한 운동과 같은 체중증가를 억제하기 위한 반복적이고 부적절한 보상 행동이 있다.

C. 폭식과 부적절한 보상 행동 모두 평균적으로 적어도 주 2회씩 3개월 동안 일어난다(DSM-5에서는 주 1회로 감소함).

D. 체형과 체중이 자아 평가에 과도한 영향을 미친다.

E. 이 장애가 신경성 식욕부진증의 삽화 동안에만 발생되는 것은 아니다.

- 폭식의 음식 종류는 다양하지만, 맛이 달고 칼로리가 많은 아이스크림이나 케이크 같은 음식이 포함되나 탄수화물 같은 어떤 특정 영양소에 대한 갈망보다는 음식의 비정상적인 양에 있다.

- 자신들의 식사문제를 창피하게 여기고 이 증상을 감추려고 한다. 일반적으로 빠르게 음식을 먹어치우고 고통스러울 정도로 팽만감을 느낄 때까지 지속된다.

- 폭식은 불쾌한 정동, 대인관계에서의 스트레스, 제한된 식사 후의 심한 배고픔, 체중, 체형, 음식과 관련된 느낌에 의해서 유발한다.

- 폭식하는 동안 광적인 상태에 빠지면서 폭식중이나 이후에 해리상태가 나타날 수도 있다. 폭식으로 인한 보상행위로 하루 또는 그 이상 금식하기도 하고, 과도하게 운동을 하기도 한다.

* 시도 때도 없이 폭발하는 남자!

* 박수칠 때 떠나라!

Part 2

영화 속
충동조절 장애

(달리 분류되지 않는) 충동조절 장애^{Impulse—Control Disorders}

(DSM—5에서는 파괴적, 충동—조절, 품행장애^{Distructive,}
Impulse—Control and Conduct Disorder</sup>로 명칭이 변경됨)

충동조절 장애의 필수 증상은 개인이나 다른 사람에게 해가 될 수 있는 행위를
수행하려는 충동, 욕동, 유혹에 저항하지 못하는 것이다. 개인들은 행위를 수행
하기 전에 긴장감이나 각성 상태가 고조되는 것을 느끼고 행위를 할 때 기쁨이
나, 충족감, 안도감을 경험한다. 행위 후에 후회, 자기 비난, 죄책감이 동반되는
경우도 있고, 그렇지 않은 경우도 있다.

- 간헐적 폭발성 장애^{Intermittent Explosive Disorder}: 심각한 폭력이나 재산의 파

  괴를 초래하는 공격적 충동에 저항하지 못하거나 저항에 실패한다.

- 병적 도벽^{Kleptomania}: 개인적인 용도로나 금전적인 가치로 볼 때 필요가 없

  는 물건을 훔치려는 충동에 저항하는 데 반복적으로 실패한다.

- 병적 방화^{Pyromania}: 기쁨이나 만족을 위해, 긴장 완화를 위해 불을 지르는

  양상이 특징이다.

- 병적 도박^{Pathological Gambling}: 반복적이고 지속적인 부적응적 도박 행동이

  특징이다(DSM—5에서는 중독장애로 분류됨).

- 발모광^{Trichotillomania}: 기쁨이나 만족을 위해, 긴장 완화를 위해 자신의 털을

  반복적으로 뽑아 심한 모발 손실이 되는 것이 특징이다(DSM—5에서는 강박

  관련 장애로 분류됨).

DSM-IV에서는 '충동조절 장애' 범주에는 임상적 증상이 유사하고 병리생리학과 유사할 것이라는 가정에 기초한 장애들이 묶여 있다. 여기에는 병적 도박, 병적 도벽, 간헐적 폭발성 장애, 발모광, 병적 방화가 포함된다('강박적 인터넷 사용' '강박적 성 행동' '병적 피부 뜯기' '강박적 구매' 등의 장애가 동일한 범주에 속한다고 제시되어 있다).[17]

그러나 이 장애들이 동일한 범주로 묶이는 것에 대해서는 논란의 여지가 많았다. '이것들을 모두 충동장애라고 할 것인가? 아니면 도박은 중독으로 봐야 하지 않는가? 어떤 장애들은 강박적 문제라고 봐야 하지 않는가?'라는 의문이 있었고, 실제로 이러한 논란을 의식한 것인지 DSM-5에서는 병적 도박은 '중독장애'로, 발모광은 '강박장애'로 분류했다.

(DSM-5는 이 장애군에 간헐적 폭발성 장애, 병적 도벽, 병적 방화, 반항성 장애, 품행장애, 반사회성 장애 등이 포함되며, 병적 도박과 발모광은 각각 중독장애와 강박장애로 편입되었다.)

건강보험심사평가원이 조사한 바에 따르면, 충동조절 장애로 병원에 진료를 받는(외래, 입원 포함) 인원이 2009년 3,720명에서 4년 만에 32.6%가 증가했다고 한다. 분노 사건이 증가하는 원인으로 핵가족, 한 자녀 출산으로 과거 대가족일 때 어른들과 형제에 의해 좌절 등이 적절히 통제되는 시스템의 부재 등을 원인으로 보고 있다.[18]

시도 때도 없이 폭발하는 남자!

〈앵그리스트 맨〉

2014년, 감독: 필 알덴 로빈슨, 출연: 로빈 윌리엄스, 피터 딘클리지 외

시도 때도 없이 분노를 폭발하는 헨리. 어느 날 주치의 대신 진료를 맡은 셔런 길은 헨리의 분노에 찬 언행에 화를 참지 못하고 그의 인생이 90분 밖에 남지 않았다고 말해버린다. 헨리는 그 말을 믿지 않지만 계속 신경이 쓰이고, 진짜 자신에게 남은 시간이 90분밖에 안된다면 무엇을 해야 할지 고민하다가 가족과 화해를 시도한다. 헨리의 갑작스러운 화해에 가족들은 당황했지만, 그들도 그의 삶이 얼마 남지 않음을 알게 되면서 진정으로 화해하고, 헨리는 가족 곁에서 행복한 죽음을 맞이한다.

분노하는 사회

요즘에는 하루가 멀다 하고 사건사고가 끊임 없이 발생하는 것 같다. 층간소음 때문에 이웃끼리 얼굴 붉히는 건 다반사고, 심지어 흉기를 휘둘러 사람을 죽이거나, 주차문제로 시비를 걸다가 급기야는 자매가 흉기에 찔려 차례로 죽는 사건도 있었다.

무엇이 이들을 이렇게까지 분노하게 한 것일까? 어떤 이들은 사회가 병질되어가면서 사람들이 미쳐가고 있는 것이라고, 대한민국은 지금 분노하고 있다며 걱정들을 늘어놓고 있다. 이들은 충동과 분노를 조절하지 못하고 이를 그대로 발산하며 자신과 타인의 안전을 위협하고 있다.

분노는 나의 힘!

서정주 시인의 '자화상'의 시에 이런 말이 나온다. '나를 키운 건 팔할이 바람이다.' 그럼 나를 키운 건 뭘까? 자신 있게 말하건대 나를 키운 건 팔할이 '분노'다. 사람들은 '분노'를 부정적으로 인식하지만, 나는 분노 이면의 긍정적인 힘을 믿는 사람이다.

지금은 아들보다 딸이 더 좋다는 사람들도 많지만, 내가 태어날 시절만 해도 '남아선호사상'이 팽배해 있던 시절이었다. 아들을 낳기 위해 딸을 주루룩 낳는 것이 당연한 분위기였고, 딸은 부모에게 별 의미가 없거나 쓸모없는 존재로 자라서 시집가면 그만인 '출가외인'일 뿐이었다. 딸인 나는 태어나면서부터 인정받지 못했고 언니와 동생 사이에서 살아남기 위해서 필사의 노력을 기울여야만 했다.

그래서인지 사춘기도 비교적 빨리 왔고(내 기억으로는 초등학교 4학년 무렵), 사춘기 이후의 나의 삶은 전쟁과도 같은 삶의 연속이었다. 그동안 눌러왔었던 울분이 터지기 시작하면서 집에서 나는 언제 터질지 모르는 시한폭탄과도 같은 존재였다. 지금 생각해보면 정말이지 화낼 일도 아닌데, 왜 그렇게 화를 냈는지 웃음이 날 정도다. 그렇지만 나는 지금도 가슴 깊이 분노가 쌓여 있는 것 같다. 그러나 이 분노는 한편 나의 에너지의 원천이기도 하다.

'내가 딸이라서 불필요한 존재가 아니라는 것을, 부모의 기대 없이도 잘 해낼 수 있다는 것을 반드시 보여주리라!' 분노는 나를 채찍질하고 나를 단련시켜 때로는 불합리함, 또는 그렇게 행동하는 사람들과 싸울 때 엄청난 힘으로 나를 밀어붙였다.

아무튼 분노는 무조건 삭혀서 병을 키우거나 아무 생각 없이 발산(여기서 발산의 의미는 인지적인 관여, 즉 심사숙고하지 않고 즉각적이고 반사적으로 반응하는 것을 의미)해 자신과 남을 파괴하는 부적절한 감정이 되어서는 안 된다. 적절히 수용될 수 있는 상황에서 건강하게 표현하는 방법을 강구할 필요가 있다.

우리가 흔히 부정적인 감정이라고 여기는 슬픔이나 우울, 분노, 좌절감은 무조건적으로 억압하거나 억제해야 하는 감정이 아니다. 건강한 삶은 희노애락을 적절한 순간에 잘 표현하는 것이라 볼 수 있다.

예를 들어 공공의 적을 향해 우리가 느끼는 '분노'는 분명 '선'이라 할 수 있을 것이다. 자신의 어두운 그림자를 인식하고 받아들일 수만 있다면, 오히려 그 분노를 적절히 활용할 수 있는 힘을 얻을 수 있지 않을까 생각해본다.

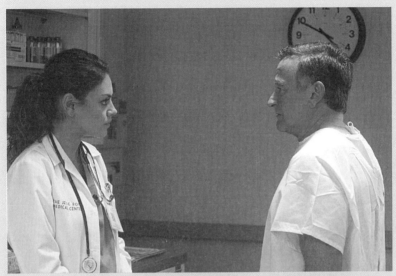

〈앵그리스트 맨〉

그러나 헨리(로빈 윌리암스)의 경우는 시도 때도 없이 터져 나오는 분노와 짜증 때문에 삶이 힘들다. 그리고 병 때문인지, 그 지랄맞은 성격 때문인지 그는 곧 죽게 될 운명에 놓인다. 1년차 레지던트의 "당신의 수명은 90분밖에 남지 않았다."라는 우발적인 발언은 현실이 되었다.

삶이 끝도 없이 펼쳐질 것이라는 생각은 인간을 오만하게도 만들고, 끝도 없는 구렁텅이로도 밀어 넣는다. 삶의 소중함을 느끼지 못하기 때문이다. 나도 입버릇처럼 "지겹다." "지긋지긋하다."라는 말을 자주 한다. 반복되는 일상에 좋은 일보다는 힘든 일이 많기 때문에 사는 게 너무 버겁게 느껴질 때가 많은 게 사실이다. 그러나 내게 주어진 삶이 얼마 남지 않았다면, 이 시간을 어떻게 허비하지 않고 보낼 것인가를 고민하게 될 것이다. 생각해보면 우리는 모두 시한부 삶을 살고 있는데 말이다.

충동조절 장애의 원인과 치료

미국 전체 인구의 5~15%가 충동장애에 해당한다는 조사 결과가 있는데, 최근 우리나라에서도 '분노조절 장애' 혹은 '충동조절 장애'라는 용어가 자주 등장한다.

최근 2015년 1월경, 주차문제로 시비를 벌이던 50대 남자와 30대 남자 간에 싸움이 벌어졌고(일명 '노원 주차시비'로 알려진 사건), 분을 이기지 못한 30대 남자가 자신의 차에 있던 야구방망이를 무차별적으로 휘둘러 50대가 심하게 다친 사건이 있었다. 무엇이 그를 순간 미치광이로 만들었는지 모르겠으나, 50대 남자의 두개골이 깨져 의식을 잃을 때까지 폭행을 멈추지 않았다는 것은 분명 분노와 같은 충동을 억제하지 못한 것에 기인한 것으로 보인다. 그가 한 행동은 그가 다른 정신적인 문제를 내포하지 않는 한, 충동조절의 문제(간헐적 폭발성 장애)로 밖에는 정의할 수 없다.

충동조절 장애의 원인은 유전적 · 생물학적 · 환경적인 원인에서 기인한다. 그러나 우리가 유심히 보아야 할 것은 이런 병리적 현상이 이전과 비교해보았을 때 현저하게 우리 사회에서 증가하고 있다는 점이다. 유전적인, 그리고 생물학적인 소인을 가지고 있다고 하더라도 환경이 이를 뒷받침하지 않는다면, 이들은 그런 대로 평범한 생활을 하면서 살 수 있지 않을까?

우리 사회는 급속도로 발전에 발전을 거듭하고 있고, 삶은 점점 복잡해지고 있다. 층간소음이나 주차문제는 불과 10년 전만 해도 흔하게 경험할 수 없었던 일들이다. 준비 없이 너무 많은 상황들이 벌어지는데 스트레스는 가중되고 있고, 스트레스에 스트레스가 더해지면서 개인이 가지고 있는 내적 자원이 고갈되고 있다. 누구라도 가끔 미쳐버릴 것 같은 충동을 느끼는 사회에 우리가 살고 있는 것이다.

버나드로 몽고메리의 『전쟁의 역사』라는 책을 보면 이런 이야기가 나온다. "원시인들에게 가장 상식적이고 명백한 전쟁의 동기는 인구과밀이다." 즉 인구가 갑자기 늘어난다는 것은 음식과 물과 같은 물질의 공급이 부족해질 수 있기 때문에 전쟁이 발생하곤 했다는 것이다. 음식과 물 등을 확보하고 불필요한 인구 증가를 막기 위해 전쟁이라는 수단으로 개체수를 조정하려고 했다는 의미일 수 있다. 그러나 현대사회에 들어와서는 전쟁이라는 수단을 통해 인간의 원초적 공격성을 발산하기 어렵게 되어버렸다. 그에 비해 현대사회는 점점 더 과밀해지고 복잡해지고 있고, 이미 포화상태를 넘어서 시한폭탄을 안고 사는 수준까지 와 있는 것인지도 모른다.

게다가 대부분 한자녀만을 키우고 있는 핵가족으로 가족의 구성원이 축소되면서 아이들이 제대로 된 가정교육과 훈육을 받지 못하고 그저 학교와 학원 교육으로 내몰리고 있다. 참고 견디고 인내하는 방법을 배울 틈 없이 우리는 그렇게 사회로 아이들을 밀어내고 있는 것인지도 모른다.

"늦었다고 할 때가 가장 이르다."라는 말은, 지금 이 시점에서 우리가 앞만 보며 달릴 것이 아니라 잠시 숨을 고르고 자신과 주변을 돌아보아야 한다는 뜻을 함의한다고 생각한다.

간헐적 폭발성 장애Intermittent Explosive Disorder 진단기준

A. 심각한 공격적 행위나 재산 파괴를 초래하는 공격적 충동을 저지하지 못하는 불연속적인 삽화

B. 삽화 동안 나타나는 공격성의 정도가 촉발적인 정신사회적인 압박감에 비례하지는 않는다.

＊DSM-5와 비교

A. (1) 언어적 공격(분노발작Temper Tantrum, 장광설Tirades, 언어적 논쟁과 싸움과 같은 것들), 신체적(물리적) 공격이 재산, 동물, 타인에 대한 것으로 2주에 한 번 꼴로 평균 3개월 동안 지속한다.

(2) 재산피해나 파괴, 동물이나 다른 사람에게 상해를 입힐 수 있는 신체적 폭행을 포함한 폭발적 행동을 12개월 이내에 3회 보인다.

박수칠 때 떠나라!

〈타짜〉〈타짜2〉

2006년, 감독: 최동훈, 출연: 조승우, 김혜수, 백윤식, 유해진, 김윤석 외

가구공장에서 일하며 남루한 삶을 사는 고니는 가난에서 벗어나고 싶어한다. 어느 날 그는 가구공장 한편에서 박무석 일행이 벌이는 화투판에 끼게 되고 결국 3년 동안 모아두었던 돈 전부를 날린다. 그들이 전문도박꾼 타짜들이란 사실을 안 고니는 그들을 찾아 나서고, 도박으로 시비가 붙은 한 창고에서 우연인 듯 필연처럼 전설의 타짜 평경장을 만난다. 잃었던 돈의 5배를 따면 화투를 그만두겠단 약속을 하지만 설계자 정마담을 만나면서 평경장과의 약속을 어기고 타짜의 길로 접어든다.

2014년, 감독: 강형철, 출연: 최승현, 신세경, 곽도원 외

삼촌 '고니'를 닮은 대길은 우연한 사고로 고향을 등지고, 서울 강남의 하우스에서 '타짜'의 인생을 살게 된다. 그러다 같은 패의 음모로 한순간에 모든 것을 잃게 되고, 삼촌 '고니'의 파트너였던 고광렬을 만난다. 그러던 중 대길은 악덕 사채업자 장동식을 만나 전설의 타짜 아귀와 목숨을 건 한 판 승부를 벌인다.

박수칠 때 떠날 수 있다면, 당신은 신의 손

도박을 하면 패가망신을 한다는 말이 오래전부터 구전되어온 것만 봐도 도박의 역사는 유구하다. 그리고 오랜 역사를 통해 지금까지도 사회적으로 물의를 일으키고 있다는 것은 이것이 단순히 개인의 의지의 문제가 아니라 '병적'이라는 것에 초점을 두어야 한다. 병적 도박은 단순히 충동조절의 문제가 아니라 '중독'의 의미가 있기 때문이다. 이 때문에 DSM-5에서는 병적 도박을 물질관련 중독장애와 함께 중독의 문제로 보고 분류하고 있으며, 비물질관련 장애 Gambling Disorder로 포함시키고 있다.

> 고니(조승우)는 단순히 가난에서 벗어나고 싶은 청년이었다. 우연히 전문 도박 사기꾼들의 꾐에 넘어가 몇 년간 모아놓은 돈을 모두 탕진하면서 그의 인생이 바뀌게 된다. 잃은 돈의 5배만 벌수 있다면, 그 이후로는 도박은 절대 하지 않겠다던 그의 다짐은 설계자 정마담(김혜수)을 만나면서 헌신짝처럼 버려진다.

한 번 도박에 맛을 들이고 한 번에 거액의 판돈을 딸 수 있다는 유혹은 떨쳐버리기 어렵다. 학습심리의 '강화' 이론에 의하면, 도박은 '연속적 강화'가 아닌 '간헐적 강화(부분강화)'에 속한다.

여기서 강화는 후속 반응으로 인해 선행 반응이 증가되는 것으로 '정적 강화'(정적이란 더한다는 의미)는 즐거운 결과로 인한 선행반응의 증가를, '부적 강화'(부적이란 뺀다는 의미)는 혐오스러운 결과의 제거로 인한 선행 반응의 증가를 의미한다. 이는 곧 '보상'의 의미이며, 간헐적 강화는 어떤 행위를 증가시키기 위한 보상을 매번 주는 것이 아니라 간격이나 비율에 의해 보상이 주어지는 것이다. 단순하게 생각하면 보상을 매번 주는 것이 효과적일 것 같지만, 실은 매번 보상을 준다는 것이 쉽지도 않고 어떤 행위에 대해 매번 보상

〈타짜〉

을 주게 되면 보상을 주지 않았을 때 그 행위는 급속히 감소된다(예를 들어 설거지 한 번 할 때마다 돈을 받았는데 어느 순간부터 돈을 받지 않는다면 설거지를 하지 않을 가능성이 높다). 이를 '소거'라고 한다.

그래서 어떤 행위를 증가시키기 위해 초기에는 연속적 강화를 사용하다가 이후에는 간헐적 강화를 사용하기도 한다. 간헐적 강화의 대표적인 예는 '월급'이다. 한 달에 한 번 우리는 월급을 받는다. 월급을 받기 직전에는 긍정적인 행동(일을 열심히 함)이 증가하다가 월급을 받고 나서 이런 행동이 감소하는 경향이 있다.

그러나 이렇게 정확한 간격이나 비율이 없이 언제 어떤 보상이 올지 모르지만 한 번 주어지는 그 보상이 엄청나다면, 그 보상은 단 한 번만으로도 엄청난 효과를 가져올 수 있다. 도박은 이런 강화의

116

원리와 일맥상통한다.

도박사들은 일확천금을 꿈꾸며 베팅을 한다. 그러나 한두 번 실패를 하면 대부분의 사람들은 이런 허상을 알아채고 그만두는 반면, 병적인 도박꾼들은 이를 그만두지 못한다. 내가 아는 사람 중에 재미삼아 했던 도박으로 수천 만 원 이상을 잃은 사람이 있다. 하루 만에 엄청난 돈을 잃고 한동안 충격에 빠졌지만, 그 이후로는 절대 도박을 하지 않는다고 한다. 대부분은 이런 실수가 인생에 있어서 큰 교훈으로 남는다는 것이다. 이런 교훈을 얻지 못하고 도박에 빠져 패가망신을 하고도 정신을 차리지 못한다면, 이는 병적인 도박이라고 봐야 한다.

고니(조승우)는 도박의 달콤한 유혹을 뿌리치지 못하고 이런 생활에 빠져든다. 그러나 전설의 타자들을 만나게 되고 그들의 삶이 결국 비참한 죽음을 맞이하거나 손이 잘리는 등의 최후로 귀결된다는 것을 알면서 환멸을 느낀다. 자신의 사람들을 구하기 위해 마지막으로 목숨을 건 도박판을 벌이고, 그는 자신과의 약속을 지킨다. 그 후 10여 년이 흘렀을까, 고니는 전설의 타자로, 가장 화려한 순간 도박에서 손을 뗀 '신의 손'으로 남는다.

그의 조카인 대길(최승현)은 피는 못 속인다고 어려서부터 남다른 머리와 손재주를 가지고 있었지만, 배움이 부족한 그저 동네 ○○반점에서 자장면이나 나르면서 시간을 보낸다. 그러던 어느 날, 도박으로 가산을 탕진하고 빚더미에 오른 할아버지를 찾으러 왔다가 동네 폭력배의 싸움에 휘말리게 되면서 그는 어쩔 수 없이 고향을 등진다. 그리고 아는 형의 소개로 들어간 강남 하우스에서 그는 타자의 길을 걷게 된다. 그러나 화려한 삶 뒤에는 언제나 음모와 배신이 있는 법, 그는 주변 동료들의 배신으로 모든 것을 잃게 된다. 심지어 자신의 장기조차 강제로 떼이는 상황이 벌어지고 첫사랑이자 자신의 목숨을 구해준 허미나(신세경)의 인생조차 나락으로 떨어졌다는 사실을 알게 되고 마지막 결전을 벌일 계획을 세운다.

악덕 사채업자와 악랄하기로 유명한 전설의 타자와의 한판 대결에서 승리하지만, 그는 그의 삼촌 고니가 그랬던 것처럼 타자의 길을 접는다. 그에게는 아끼고 보호해야 할 미나가 있기 때문이다.

병적 도박의 원인과 치료

병적 도박은 도박하려는 욕구에 저항하거나 통제하기 어려운데, 이런 점이 강박장애의 과도하고 불필요하며 원치 않는 의식과 표면적으로 유사한 점이 있다. 흔히 도박과 관련된 행운을 불러오기 위한 특정한 의식(예: 도박할 때 특정한 옷 입기)을 하는 점과 병적 도박이 너무 과도해서 사회적, 직업적 기능이 크게 손상되고 개인적 고통이 초래된다는 것도 강박장애와 비슷하다고 할 수 있다. 실제로 병적 도박은 기분장애, 불안, 기타 충동조절 장애와 높은 유병률을 보인다.

118

〈타짜 2〉

그리고 전술한 바와 같이, 정적 강화의 원리에 의해서도 병적 도박에 대한 설명이 가능하다. 그리고 '부적 강화의 원리(불쾌한 자극을 없애는 방식으로 선행을 증가시키는 것. 예를 들어 공부를 열심히 하면 화장실 청소를 하지 않게 해줌으로써 공부를 열심히 하도록 만드는 것)'로도 설명이 가능하다. 병적 도박자들이 지루함을 견디지 못하고 자극을 추구하는데, 이런 부적 정서나 스트레스를 피하기 위해 도박을 한다는 것이다.

병적 도박에 대한 치료로는 약물치료와 인지행동치료가 효과적인 것으로 알려져 있다.

인지행동치료에서 인지적 측면은 불합리한 인지에 대한 인식, 인지적 재구조화가 포함되고, 행동적 측면은 도박을 촉발하는 요인을 확인하고 도박과 관련 있는 강화에 대적할 다른 자원을 개발하도록 하는 것이다. 인지행동치료와 결합한 심상둔감법은 이완법을 훈련하고 나서 도박행동을 지속시키는 촉발제에 대한 심상화를 하도록 지시함으로써 증상의 감소가 나타난다고 한다.[19]

병적 도박Pathological Gambling 진단기준

A. 다음 중 5개(또는 그 이상) 항목을 충족시키는 지속적이고 반복적인 비적응적인 도박 행동을 말한다(DSM-5에서는 4개 또는 그 이상, 12개월 동안 지속됨).

(1) 도박에 집착한다.

(2) 바라는 흥분을 얻기 위해 액수를 늘리면서 도박하려는 욕구가 있다.

(3) 도박을 조절하거나 줄이거나 중지시키려는 노력이 반복적으로 실패한다.

(4) 도박을 줄이거나 중지시키려고 시도할 때 안절부절못하거나 과민해진다.

(5) 문제로부터 탈출하기 위한 수단으로, 또는 불쾌한 기분을 덜기 위한 수단으로 도박한다(예: 무기력감, 죄책감, 불안감, 우울).

(6) 도박으로 돈을 잃은 후 흔히 만회하기 위해 다음 날 도박판에 되돌아간다.

(7) 도박에 관여된 정도를 숨기기 위해 가족들, 치료자, 또는 타인들에게 거짓말을 한다.

(8) 도박 자금을 조달하기 위해 위조지폐, 사기, 도둑질, 착복 같은 불법 행위를 저지른다(DSM-5에서는 항목이 삭제됨).

(9) 도박으로 인해 중요한 관계가 위태로워지거나 직업적, 교육적 기회나 출세의 기회를 상실한다.

(10) 도박으로 야기된 절망적인 경제 상태에서 벗어나기 위해 돈 조달을 남에게 의존한다.

* 괜찮아, 이것도 사랑이야!

* 유쾌, 상쾌, 통쾌한 변태들의 반란?

Part 3

영화 속
성적 역기능과 변태성욕

성관련 장애^{Sexual Disorder}

DSM-Ⅳ에서는 성기능, 성정체감, 변태성욕이 한 장애군으로 묶였으나, DSM-5에서는 성관련 장애를 성기능 부전, 변태성욕, 성불쾌감장애^{Gender Dysphoria}로 각각 분리하고 있다.

- 성기능 부전^{Sexual Dysfunction}: 성적 욕구의 장해, 성반응의 주기를 특징짓는 정신생리적 변화의 장해가 특징이다. 심한 고통과 대인관계의 어려움을 일으킨다.
- 변태 성욕^{Paraphilias}: 비정상적인 대상, 행위 및 상황, 그리고 반복적이고 강한 성적 충동, 성적 환상 및 성적 행동으로 특징지어진다. 이는 사회적, 직업적, 또는 기타 중요한 기능 영역에서 심각한 고통이나 장해를 일으킨다.
- 성 정체감 장애^{Gender Identity Disorder}: 강하고 지속적인, 반대 성에 대한 동일시가 특징으로, 생물학적으로 지정된 자신의 성에 대한 지속적인 고통을 동반한다(『영화 속 심리학』에서 다룬 적 있음, DSM-5에서는 'Gender Dysphoria'로 명칭이 변경됨).

성기능 부전(성기능 장애)

성기능 부전은 성 반응 주기를 특징 짓는 성적 과정에서의 장해, 또는 성교에 동반되는 동통으로 특징지어진다. 성 반응 주기는 다음의 4단계로 나눈다.

1. 성욕구 단계: 성행위에 대한 공상과 성행위를 하고자 하는 욕구로 이루어진다.

2. 흥분 단계: 성적 쾌감에 대한 주관적인 지각과 이에 동반되는 생리적 변화로 구성됨. 남성의 경우 남근의 팽창 및 발기가 나타나고, 여성은 골반에서 혈액의 응혈, 질 윤활액의 분비와 질 확장, 외부 성기의 팽창이 일어난다.

3. 절정 단계: 성적 쾌감이 최고조에 이르고 성적 긴장이 해소되며 회음근과 생식기의 주기적인 수축이 일어난다. 남성에게서는 사정을 참을 수 없는 주관적 느낌 후에 정액이 분출되고, 여성에게서는 질벽 외부의 3분의 1의 수축이 일어난다. 남성과 여성에서 항문의 괄약근이 규칙적으로 수축된다.

4. 해소단계: 근육의 이완과 전반적인 만족감이 나타난다. 남성은 생리적으로 상당한 기간 동안 더이상 발기가 안 되고 절정 불응상태가 되나, 여성은 거의 즉각적으로 추가적인 자극에 반응할 수 있다.

* 성욕장애Sexual Desire Disorder
  • 성욕 감퇴장애Hypoactive Sexual desire disorder(성적 공상 및 성행위에 대한 성적 욕망의 문제)
  • 성적 혐오장애Sexual Aversion disorder(성적 대상과의 모든 성적 접촉에 대한 극심한 혐오나 회피)

* 성적 흥분장애Sexual Arousal Disorder
  • 여성 성적 흥분장애Female Sexual arousal disorder(성적 흥분에 따른 윤활부종반응이 지속, 반복적으로 나타남)
  • 남성발기 장애Male Erectile disorder(성행위가 끝날 때까지 적절한 발기가 되지 않음)

* 절정감 장애Orgasmic Disorder
  - 여성 절정감 장애Female Sexual Arousal disorder(성적 흥분기에 뒤따르는 절정감

    을 느끼지 못함)

  - 남성 절정감 장애Male Orgasmic Disorder

  - 조루증Premature Ejaculation(약간의 성적 자극으로도 사정이 이루어짐. 개인이 원

    하기 전에 발생함)

* 성교통증Sexual Pain Disorder
  - 성교 통증Dyspareunia(성교와 관련된 지속적인 통증)

  - 질경련증Vaginismus(질의 외측 1/3을 차지하고 있는 근육의 불수의적 수축으로 인

    해 성행위 방해)

* DSM-5에서는 생식기-골반/삽입 장애Genito-Pelvic Pain/Penetration Disorder
가 추가되었고 성별 특정 성기능 부전이 추가되거나 삭제되었다. 여성의 경우
성적 욕망과 흥분장애는 두 단계를 구분하기가 용이하지 않은 관계로 DSM-
IV에서는 각각 따로 명명되었으나, DSM-5에서는 하나로 통합되면서 여성 성
적 관심/흥분 장애Female Sexual Interest/Arousal Disorder로 명칭이 변경되었다.
생식기-골반 통증/삽입 장애가 추가되었고, 성적 혐오장애는 드물게 나타나고
이와 관련된 내용을 지지하는 연구 등의 부족으로 이 장에서 제외되었다.

괜찮아, 이것도 사랑이야!

〈괜찮아, 사랑이야〉

2014년, 연출: 김규태, 극본: 노희경, 출연: 조인성, 공효진, 이광수 외

인기 추리작가지만 강박장애가 있는 장재열과 정신과 의사면서 어렸을 때의 충격으로 인해 대인기피증과 성혐오증을 가진 지해수, 틱장애를 가진 박수광 등 다양한 정신장애를 가진 사람들이 만나 서로 갈등하고 이해하고 사랑하는 과정을 그린 로맨틱 드라마. 사랑만으로 이 모든 걸 다 극복할 수 있을는지.

사랑(love)과 성(sex)에 대한 단상

성sex은 남녀 간의 사랑 중 육체적이고 본능적인 부분을 담당한다고 할 수 있고, 남녀를 하나로 묶어주는 매개라고도 할 수 있다. 그러나 '성'에 대한 생각들은 상당 부분이 부적절하게 왜곡되어 있고, 지나치게 상품화되거나 성관련 범죄들로 얼룩져서 그 이미지가 마냥 좋지만은 않다. 그러나 중요한 것은 성(욕)은 인간의 가장 원초적인 욕구 중 하나이고, 이것 없이 우리는 존재할 수 없었다는 점이다.

그런데 내가 강의를 하면서 알게 된 사실 중 하나는 성인들에게 필요한 '성 교육'에 관한 자료가 별로 없다는 것이다. 대부분의 성에 대한 교육은 남녀의 생물학적 차이와 피임 방법, 성병 등 성과 관련된 지식을 다루고 있지만, 어떻게 하면 남녀가 서로에게 만족스러운 성생활을 즐길 것인가에 대한 자료는 부재했다(결국 개개인이 알아서 해야 하는 상황이었다). 이런 내용은 대체로 여성 잡지의 뒷부분에서나 볼 수 있는데, 이런 내용이 실제로 근거가 있는지는 알길이 없고, 단순히 호기심을 끌어당기기 위해 쓰인 것 같다는 느낌을 받게 된다(대개 여성 잡지 뒷부분을 장식하는 '남편에게 사랑받는 법' 따위의 제목으로 호기심을 유발하는데, 이런 식으로 상업적으로 소비되고 마는 내용은 전문적이지도 그 효과성도 입증하기 어렵다).

그러나 스킨십, 그리고 섹스는 단순한 성행위가 아니라 서로가 서로를 사랑함을 비언어적으로 표현하는 또 다른 언어다. 이 언어가 왜곡되고 모순되어 서로에게 상처가 되지 않는 방법을 모색할 필요가 있다.

드라마 〈괜찮아, 사랑이야〉의 여주인공 지해수(공효진)는 정신과 의사다. 그녀는 자신을 찾아오는 많은 환자들을 만나 상담하면서 그들을 치료하지만, 정작 자신의 문제는 해결하지 못하고 있다. 그것은 그녀가 지나칠 정도로 성행위를 혐오한다는 사실이다. 그녀와 3년 동안 사귀어 온 남자친구가 있지만, 제대로 된 스킨십 한 번 해보지를 못했다. 그와 관계를 유지하기 위해 스스로 무던히 노력하며, 다른 사람들이나 다른 연인들처럼 지내보고 싶지만 그 생각(?)만 하면 끔찍할 뿐이다. 두 사람은 자신들의 기념일에 특별한 시간을 가지기로 약속한다. 그러나 해수는 아직도 자신이 없다. 그러면서 "이런 걸 고민하는 인간은 나밖에 없을 거야."라며 혼잣말을 한다. 많은 사람들에게는 자연스러운 것이 누군가에게는 너무나 힘든 무엇일 수도 있는 것이다. 사실 해수에게는 어렸을 적 기억하고 싶지 않은 외상이 하나 있다. 그녀의 어머니가 외도를 하고 있으며, 그 남자와 만나는 장면을 목격한 것이다. 드라마에서는 엄마가 다른 남자를 만나는 장면과 그와 포옹하는 장면 정도만 나왔기 때문에 그걸 보고 아이가 충격을 받을 정도인지는 의문스럽지만, 드라마이기 때문에 이 장면이 상당히 순화되었을 수 있다. 해수는 이런 사실을 알게 된 후, 심리적인 충격을 받고 사랑에 대한 믿음과 성에 대한 부정적인 인식이 생긴 것으로 드라마에서는 묘사되고 있다. 실제로 어린아이들이 부모의 성행위를 목격하고 나서 성에 대해 부정적인 인식이 생길 수 있다고 한다. 부모가 아이들 앞에서 스킨십을 자연스럽게 하고 애정표현을 자주하는 것은 좋지만, 부부관계를 들키는 것은 과히 좋지 않기 때문에 조심할 필요가 있다.

지해수처럼 성에 대해 혐오감을 느끼면서 지속적으로 성적 접촉에 대한 지속적인 회피를 하는 것을 성적 혐오장애라고 하며, 이로 인해 고통과 대인관계에서 어려움이 생긴다.

〈괜찮아, 사랑이야〉

성적 혐오장애의 이해

지해수와 같이 성적 혐오장애를 가진 사람들은 성적인 상황에서 공황발작을 경험할 수 있다고 한다. 불안, 공포감, 기절, 오심, 심계항진, 현기증 등이 나타난다. 이로 인해 성적인 상황뿐 아니라 일반적인 관계에서조차도 문제가 생길 수 있고, 특히 부부생활에서 문제가 발생함으로 인해 결혼생활의 불만족으로 이어질 수 있다. 지해수처럼 성적인 부분에 극도의 혐오를 보인다면, 남성과의 데이트가 상당히 불편함을 줄 것이며 친밀한 관계, 더 나아가 성적으로 발전할 가능성이 있는 관계를 회피함으로써 갈등이 발생하고, 이런 부정적인 경험은 대인관계의 기피로 이어질 수도 있을 것이다. 결혼한 경우라도 성적 상황이나 가능성 있는 대상을 은밀히 회피하기 위해 일찍 잠을 자러 간다거나 외모에 일부러 신경을 쓰지 않거나 일에만 몰두하는 등의 행동으로 상황을 모면하려고 할 수 있다.

이런 부부들 중에선 상대 배우자를 이성의 부모로 무의식적으로 생각하는 경우가 많은데, 부부관계를 무의식적으로 근친상간으로 여기기 때문에 성관계를 회피한다는 의견이 있다.[20]

내가 겪은 사례의 경우는 30대 중반의 여성이었다. 초등학생 아이를 둔 여성이었는데, 얼굴은 핏기가 없었고 무척이나 피곤해보였다. 그녀는 자신이 불면증으로 고생하고 있다면서 약을 처방받기 위해 정신과에 내원했다. 수수하고 평범해 보이는 외모의 여성이었지만, 묘한 분위기를 풍기고 있었다. 긴 생머리에 짧은 미니스커트, 적어도 무릎 위로 10cm는 올라온 청치마를 입고 있었다. 평범한 듯한 외모였는데 매우 여성스러웠다.

상담이 끝나고 걸어가던 그녀의 뒤태를 지금도 기억한다. 내가 자신을 쳐다본다는 것을 느꼈을까, 아님 다른 사람의 시선을 의식한 것일까, 살짝 뒤를 돌아보는 듯한 시선(제레미 아이언스 주연의 영화 〈M. 버터플라이〉(1993)의 여장 남성이 상대 남성을 유혹할 때 이런 포즈를 자주 취한다). 같은 여자임에도 '저 여자 매력 있는데…?' 뭐 이런 생각을 했었던 거 같다.

그런데 몇 회기가 지나도록 별다른 변화가 없다면서 사실은 자신이 성적으로 문제가 있다고 은밀하게 고백해온다. 부부관계가 너무 힘들어서 남편을 자꾸 피하게 되고, 남편은 이로 인한 불만족이 상당해서 부부싸움이 잦다는 것이다. 남편에 대해서는 미안하지만, 자기는 너무 싫다면서… 남편에게는 차라리 애인을 만들라고 이야기를 할 정도라는 것이다. 그러나 그녀의 외모나 하는 행동으로 봐서 (그녀 자신이 의식하든 아니든 간에 상당히 성적으로 유혹적인 자태)는 전혀 그런 문제가 있을 것이라고는 생각되지 않았다.

위의 경우는 '성적 혐오장애'가 의심되었고, 단순히 우울증이나 불면증 치료만 받을 것이 아니라 근본적인 문제에 대한 탐색이 필요한 것으로 보였다. 이 문제가 부부관계에서만 일어나는 것인지, 전반적으로 일어나는 문제인지(결혼 전에 이성과의 관계에서도 그랬는지)를 먼저 살펴봐야 할 것으로 보이며, 부부간의 관계의 역동을 들여다볼 필요가 있다. 다른 문제가 우선시된다면 그 문제를 먼저 해결해야겠지만, 일단 이 여성의 경우 부부간 불화가 심화되기 전에 부부상담을 받아야 할 것으로 생각되었다.

성욕장애Sexual Desire Disorder

성욕 감퇴장애Hypoactive Sexual Desire Disorder

A. 성적 공상 및 성행위에 대한 성적 욕망이 지속적이거나 반복적으로 장해

가 있는 것. 장해나 결여에 대한 판단은 연령과 생활 상황 등 성적 기능에 영

향을 미치는 요인들을 평가해 임상적으로 결정한다.

B. 이 장해가 심한 고통이나 대인관계의 어려움을 일으킨다.

성적 혐오장애Sexual Aversion Disorder

A. 지속적이거나 반복적인, 성적 대상과의 모든 성기적 성적 접촉에 대한 극

심한 혐오나 회피

B. 이 장해가 심한 고통이나 대인관계의 어려움을 일으킨다.

변태 성욕Paraphilias

(DSM-5에서는 Paraphilic disorder, 즉 변태성욕 장애로 명명하면서
변태성욕과 변태성욕 장애를 구분함)

– 변태성욕의 필수 증상은 인간이 아닌 대상, 자신이나 상대방의 고통이나 굴욕감, 소아나 동의하지 않은 사람들과 같은 상황에서 성적인 흥분을 강하게 일으키는 공상, 성적 충동, 성적 행동이 반복되며 적어도 6개월 이상 지속된다.

– 일부 개인들에게는 변태성욕적 환상이나 자극이 성적 흥분에 있어서 필수적인 것일 수 있으나, 이런 상상이나 자극 없이도 성적 기능은 가능하다.

– 변태성욕적인 상상은 상대방에게 해를 입히는 방식으로(성적 가학증이나 소아기호증) 동의하지 않는 상대에게 행동화할 수 있고, 이러한 개인들은 체포되거나 투옥될 가능성이 높다.

– 소아에 대한 성적인 가학증은 성범죄의 상당부분을 차지하고 있고, 노출증, 소아 기호증, 관음증을 지니고 있는 사람들이 체포된 성범죄자들의 대부분을 차지하고 있다.

– 이런 비정상적 행위가 개인의 주요한 성적 활동이 되며, 이러한 사람들은 스스로 원해서가 아닌 자신들의 행동으로 인해 문제가 초래될 경우에만 정신과를 찾는다.

변태성욕에는 노출증Exhibitionism, 물품음란증Fatishism, 마찰도착증Frotteurism, 소아기호증Pedophilia, 성적 피학증Sexual masochism, 성적 가학증

Sexual Sadism, 복장도착적 물품음란증Transvestic Fetishism, 관음증Voyeurism

등이 포함된다.

DSM-5에서는 변태성욕과 변태성욕 장애를 구분하면서 '변태성욕' 그 자체로

만 정신장애로 보지 않는다. 변태성욕 장애는 개인에게 고통이나 손상을 야

기하거나 만족을 위해 타인에게 위험을 초래하거나 개인적 고통을 수반하지

만, 변태성욕은 변태성욕 장애의 기준을 충족시키지 않는다(즉 변태성욕 장애는

진단기준 A와 B를 모두 충족하나, 변태성욕은 B의 기준을 충족하지 않음).

성적 일탈의 문제를 병적으로 보느냐 아니냐는 논란의 여지가 있고 사회 · 문

화적 차이가 존재한다. 따라서 DSM-IV와 DSM-5의 차이는 'disorder'가 붙

느냐 아니냐의 차이로, Voyeuristic disorder(타인의 개인적 사생활 염탐하기),

Exibitionistic disorder(자신의 생식기 보여주기), Frotteurisitic disorder(동의하지

않은 대상에 대한 접촉, 문지름 등을 하는 행위), Sexual Masochism disorder(굴욕,

굴종, 고통을 당하는 것), Sexual Sadism disorder(굴욕, 굴종, 고통을 가하는 행위),

Pedophilic disorder(소아에 대한 성적 집착), Fetishistic disorder(비생식기적 몸

의 일부에 집착하거나 무생물을 사용함), Transvestic disorder(반대성의 옷을 입고

흥분을 느끼는 것)와 같이 기본적인 개념의 차이는 없지만 '장애disorder'임을

분명히 명시하고 있다.

유쾌, 상쾌, 통쾌한 변태들의 반란?

⟨페스티발⟩ ⟨블루 벨벳⟩ ⟨떠오르는 태양⟩

2010년, 감독: 이해영, 출연: 신하균, 엄지원, 심혜진, 성동일 외

경찰 장배는 순찰에는 관심도 없고 무료한 일상을 보낸다. 그런 그에게 최근 같이 사는 여자친구가 자신에게 관심을 보이지 않고 혼자서 섹스를 즐기는 태도에 자존심이 상한다. 어떻게든 그녀에게 자신의 남성다움을 어필하고 싶지만 오히려 역효과만 일어난다. 그러던 중 평범하게 보이는 이웃들에게 이상한 일들이 벌어지고, 장배는 우연히 이런 장면을 목격하면서 이들 사이에 갈등이 생긴다. 지금까지 남들에게 숨겨왔던 자신들만의 성적 취향을 드러내기 시작한 것이다.

성적 가학증과 피학증 커플 이야기

영화 ⟨페스티발⟩에서 순심(심혜진)은 한복집을 운영하며 홀로 고등학생 딸, 자혜(백진희)를 키운다. 늘 한복차림의 그녀는 머리부터 발끝까지 조신하고 여성스럽기만 한 조선시대 여성처럼 보인다. 그런 그녀의 눈에 범상치 않은 한 남자 기봉(성동일)이 눈에 들어온다. 보일러 수리 등을 하면서 철물점을 운영하고 있는 기봉이 그녀의 집에 보일러 수리를 하기 위해서 온다. 그녀는 좀처럼 그에게서 눈을 떼지 못한다. 자신을 주시하는 눈빛을 눈치 챈 듯 두 사람 사이에서 심상치 않은 기류가 흐르는데, 순심은 기봉에게 다가가 말한다.

"이거 자꾸 고장 나면 어떡하죠?"

"자꾸 고장 나면, 제가 책임지고… 혼나겠습니다."

남자에게 어떤 대답을 듣게 될지 기다리던 순심은 예상 외의 대답에 웃음보가 터진다. 그러면서 자연스럽게 그의 볼을 아주 살짝 때린다. 처음에는 이 장면이 무엇을 의미하는지 이해가 가지 않았다. 그런데 이 장면은 간접적으로 두 사람의 특이한 성적 취향을 암시하고 있는 것이었다. "책임지고 혼나겠다."라는 의미심장한 발언과 순심이 웃으며 그의 뺨을 때린 것은 순심은 기봉의 말 속의 숨은 뜻을 정확히 이해했다는 의미였을 것이다.

무언가에 홀린 듯 순심은 기봉의 가게에 발을 들이게 되고 우연히 그곳에서 기봉의 비밀을 알게 된다. 그러면서 두 사람은 두 사람만의 비밀을 간직하게 된다.

"SM(Sadism과 Masochism의 줄임말)인가 뭔가 그런 사람들은 막 그러고 막 그러나?" 순심이 기봉에게 묻자, 기봉은 막 그러고 그러는 건 아니고 서로 충분히 대화를 통해서 이야기를 나누고 서로 원하는 바에 맞추는 것이라며, 평소 생각하는 게 있거나 떠오르는 것이 있으면 여기에 적으라면서 수첩을 순심에게 건넨다.

물 만난 물고기처럼 순심은 지금까지 경험해보지 못한 세계에 푹 빠지면서 이전의 자신에서 벗어나 진짜 자신이 원했던 모습으로 변화하기 시작한다. 긴 머리를 자르고 고무신을 벗어던지고 하이힐을 신고…

순심과 기봉은 둘만이 은밀히 만나며 서로의 성적 취향을 공유한다. 스스로도 잘 몰랐지만 정숙하게만 보였던 순심에게 숨겨져 있던 성적인 공격성이, 반대로 기봉에게는 성적인 피학성이 드러나며, 두 사람은 마치 게임처럼 놀이를 즐긴다. 잔인한 그림과 장면들로 연출된 지하실, 순심은 점점 과감한 옷차림을 하고 나와 자신이 예전에 배웠던 아쟁을 연주하고 돈 주고도 듣기 힘든 연주를 기봉은 강아지 마스크를 쓰고 목줄이 매인 채로 그녀의 옆에서 박수를 쳐준다. 그리고 그녀가 이끄는 대로 행동하며 그녀가 주는 음식을 정말 개처럼 받아먹는다.

영화에서 순심과 기봉의 행위는 음란하지도 살벌하지도 않고 그저 우스꽝스러울 뿐이다. 배우들의 능청스러운 연기는 관객에게 새로운 웃음을 선사한다. 그러나 현실에서도 이런 장면들이 연출된다면, 과연 우리는 영화 속 주인공을 보듯이 웃을 수 있을까? 이 영화는 개인적인 성적 취향과 이런 개개인의 취향을 즐길 수 있는 자유에 대해서 코믹이라는 코드를 사용해 유쾌하게 풀어내고 있다.

사실 변태성욕이나 성적 일탈에 대해 병적인지 아닌지를 구분한다는 것은 쉽지 않은 일이다. 이런 이유로 DSM-5에서는 '변태성욕'과 '변태성욕 장애'를 명확히 구분하고 있는데, 그 기준은 이들의 행동이 자신과 타인에게 고통이나 손상을 초래하느냐 아니냐에 달려 있다. 물론 이 기준도 명백하게 구분하기 어려운 점이 있지만, 적어도 성적 일탈이 개인의 취향에 머무르면서 자신과 타인에게 해를 입히지 않는 정도이고, 그것이 개인적으로나 사회적으로 물의를 일으키지 않는다면, 개인의 자유에 맡겨야 한다는 생각이 반영된 것으로 보인다. 그러나 영화 〈블루 벨벳〉의 주인공들처럼 가학행위가 여러 문제를 일으킨다면, 이는 정신장애로 간주되어야 할 것이다.

영화 〈블루 벨벳〉에서 여주인공과 그의 남편은 피-가학적 성행위를 하는데, 여주인공의 몸은 여기저기 피멍투성이고 남성에 의해 고통을 당하지만, 그녀는 그런 고통을 받으면서도 도망치지 않는다. 오히려 자신을 사랑해달라면서 애원하는 모습이 섬뜩하기까지 하다.

성적 가학증과 피학증의 원인

이런 성적 가학증이 왜 생기는 것인지에 대해 여러 의견들이 있지만, 성적 가학증 성향의 사람들은 신체적 혹은 성적 학대를 받았던 소아기의 장면을 역전시키고자 무의식적인 시도를 하고, 이를 통해 유아기적 외상을 극복했다고 느낀다는 의견이 있다.

반대로 성적 피학성향의 사람들은 무의식적으로 거세를 당하는 대신, 희생물이 됨으로써 덜 가혹한 상황을 받아들이는 것으

〈블루 벨벳〉

로 이해된다. 그리고 가학증적 소망에 대한 갈등을 느끼면서 이에 대한 처벌을 받는다고 생각한다는 것이다. 또한 학대에 대한 순종은 분리불안에 대한 방어로 이해되는데, 가학-피학적 관계라도 있는 것이 낫다고 생각한다는 것이다.[21] 우리나라 영화 중에 10여 년 전 충격을 주었던 영화가 있다. 〈거짓말〉이라는 영화인데, 실제로 그 영화에는 남성이 여성을 신체적으로 학대하는 장면들이 등장한다. 남성은 다양한 도구들을 사용하고, 여성은 남성이 원하는 대로 매를 맞는 장면이 나온다.

성적피학증에서도 극히 위험스러운 형태로 '저산소 도착증'이라는 것이 있는데, 영화 〈떠오르는 태양〉에서 두 남녀의 정사 장면에서 이 행위가 등장한다. 이들은 성적인 쾌감을 극대화하기 위해 올

가미, 노끈, 비닐봉투, 마스크, 화학물질 등의 다양한 도구를 사용해 산소를 박탈한다. 그러나 심할 경우 목숨을 잃게 될 수 있다. 어렸을 때 누구나 해본 적이 있을 것이다. 손목에 피가 흐르지 않게 하고 있다가 손목에 주었던 압력을 풀면, 다시 피가 돌면서 온몸에 전기가 지르르 흘러 짜릿하면서도 찌릿찌릿한 그 느낌 때문에 친구들끼리 재미삼아 하고는 했었다. 뭐 그런 느낌과 비슷할까? 영화에서도 여성이 남성으로 하여금 목을 조르게 하고 이로 인해 점점 더 자극을 받게 되고, 목을 조르는 행위가 점점 더 강해지자 결국 숨을 쉬지 못해 죽음에 이른다. 따라서 이런 변태 행위들을 모두 긍정적으로 받아들이기에는 무리가 있다고 본다.

두 남자의 이야기 - 물품음란증과 복장도착증

영화 〈페스티발〉에서 오뎅장수 상두(류승범)와 교등학교 교사인 광록(오달수)는 평범한 일상을 사는 평범한 사내들이다. 그러나 두 남자는 자신들의 변태적인 성욕을 교묘하게 감추며 살고 있다. 상두는 자신에게 관심을 보이는 여고생(백진희)에게 냉담하게 대한다. '어린 것이 발랑 까져가지고는…'라며 냉담하게 대하지만, 그에게는 특별한 취미가 있다. 여성의 속옷 모으기다. 여성 속옷가게에서 여성의 속옷을 고르는 그의 손길에서 왠지 전문가의 냄새가 난다. 그러던 어느 날, 같은 속옷가게에서 그가 사려는 속옷을 동시에 집는 남자를 만나는데 광록(오달수)이다. 두 사람은 잠시 서로를 바라보다가 그 속옷을 뺏기지 않으려고 속옷을 서로 자기 쪽으로 잡아당긴다. 상두가 "이거 내가 아까 고르려고 먼저 고른 거거든요!"라고 큰 소리로 외치자, 광록은 무안해하며 손을 놓는다. "예뻐 보여서요."

이 남자들 뭐하는 짓인가? 여친에게 선물이라도 하려고 하나 싶었지만, 왠지 그들이 여성의 속옷을 바라보는 그 눈빛이나 손놀림이 예사롭지 않다. 마치 자신이 입을 것을 고르는 양, 속옷의 바느질과 옷감을 한땀 한땀 면밀히 주시하는 것이다. 그러고 보니 여자에게는 관심이 없어 보이는 상두가 왜 하필 오뎅장수(영화에서 오뎅이 남성의 무엇을 상징하고 있는 듯)를 하고 있나? 근엄하고 교양 있어 보이는 교사인 광록은 왜 여기에 왔을까? 의구심이 든다.

여고생(순심의 딸, 백진희)은 자신에게 냉담하기만 한 상두가 이상하기만 하다. 그래서 성인물품 판매자인 덕구(문세윤)의 도움을 받아 그의 집에 침입하는 데 성공한다. 그냥 평범한 남자가 사는 집이라고 하기엔 너무나도 많은 여성들의 물품들, 신발, 속옷 등이 질서정연하게 정리되어 있고 방 구석에 의자에 앉아 있는 여성이 보인다. 깜짝 놀라 들어가보니, 사람이 아닌 인형이다. 마치 사람인양 상두의 사랑을 독차지할 것만 같은 인형에게 여고생은 질투심을 느끼며 그녀(인형)의 뺨을 후려친다. 아마도 상록은 물품음란증이 있는 것으로 보인다.

이런 사실도 모르고 집으로 돌아온 상두는 자신이 애지중지하던 여인(인형)이 망가진 것을 발견하고 혼비백산해 덕구를 찾아간다. 이건 국산이 아니라 A/S가 어렵다던 덕구는 애원하는 상두를 보고 마음을 고쳐먹고 마치 의사라도 된 것처럼 인형을 살려내기 위해 실력을 발휘한다.

상두는 범인이 여고생임을 알고 화를 내지만, 이를 통해 두 사람은 서로를 이해하기 시작한다. 상두는 여성에게 거절당하고 싶지 않고 상처받고 싶지 않았을지도 모른다. 자신의 이야기를 털어놓고 나니 마음이 한결 가볍다. 그리고 굳이 이런 방법이 아닌 보통 사람들처럼 자신도 사랑을 나누고 싶다는 생각이 든다.

아까 여자 속옷가게에서 사온 속옷을 들고 집으로 들어오는 광록, 아내에게 속옷선물을 한다. 아내는 기뻐하지만, 광록의 표정이 좀 이상하다. 얼마 후 아내가 집을 비운 사이 아내에게 선물했던 여성 속옷을 입고 있는 광록, 그는 복장도착자다. 나중에 이런 사실을 아내가 알고 광록에게 묻는다.

"당신 여자가 되고 싶어서 그런 거 아니지?"

"아냐, 그런 것하고는 달라."

그렇다. 광록은 복장도착자로, 이성의 속옷을 입음으로써 성적 흥분을 하거나 그 자체를 즐기는 것이다. 남자인데 여자가 되고 싶어 하는, 성정체성 자체가 흔들리는 것과는 구분할 필요가 있다.

이 영화에서 인상적인 장면은 광록이 순심과 여고생을 상담하면서 그가 입었던 빨간 속옷과 순심의 한복 밑으로 보이는 킬힐이다. 두 사람 모두 자신의 욕망을 그렇게 숨기고 겉으로만 우아한 척, 고상한 척하는 모습이 묘하게 대비된다.

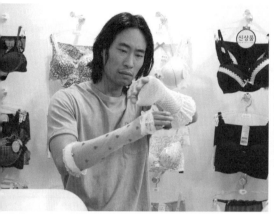

〈페스티발〉

물품음란증과 복장도착증의 원인

물품음란증 환자들은 성적 흥분을 얻기 위해 여자의 속옷이나 구두 등 무생물이나 성기가 아닌 다른 신체 부분을 사용한다. 프로이트는 처음으로 물품음란증에 대해 기술을 하면서 거세불안을 원인으로 보았다. 성적 감정을 불러일으키는 물건(페티쉬fetish)은 상징적으로 여성의 성기를 뜻하며, 이런 전치현상을 통해 거세불안을 극복하고자 한다고 보았다.

어린 유아가 어머니로부터 위안을 받을 수 없게 될 경우, 유아는 자신의 신체가 이상이 없음을 경험하기 위해 변치 않고 믿고 의지할 수 있는 무언가, 즉 물건을 필요로 하게 된다는 것이다. 따라서 물품음란적 대상에 대한 강렬한 성적 욕구는 자기감의 상실에 대한 극심한 불안을 반영한다고 볼 수 있다.[22]

성도착증의 경과 및 예후

성도착증은 소아기 또는 사춘기 초기에 시작해 청소년기와 초기 성인기에 보다 구체화되고 정교화된다. 이 장애는 만성적이고 평생 지속되지만, 나이가 들어가면서 줄어드는 경향이 있다고 한다.

개인의 내밀하고 은밀한 성적 취향에 대해 그것이 문제가 있는지 아닌지를 가리기는 쉽지 않다. 그리고 이런 얘기를 터놓고 하기도 사실상 어려우며, 이들은 그런 행위 자체가 문제가 될 것이라고 여기지 않기 때문에 치료를 받으러 오지도 않는다는 것이 문제다. 따라서 이들 대부분은 법적인 문제로 인해 강제로 정신과에 내원하는 것으로 알려져 있다.

다만 치료를 한다면 정신분석적 정신치료나 통찰 정신치료 등이 효과적일 수 있고, 성도착증의 원인이 성기능 장애일 경우 성치료도 보조치료로 사용될 수 있으며, 혐오치료나 행동치료도 효과가 있다고 보고되고 있다. 성욕이 과다할 경우 약물치료(세로토닌계 약물)가 병행되어야 한다.[23]

아름다운 성을 위한 두 남녀의 이야기

영화 〈페스티발〉에서 장배(신하균)와 지수(엄지원)는 오래된 연인으로 현재 동거중이다. 장배는 밑도 끝도 없는 남성적인 자신감으로 사는 남자다. 그런데 지수가 자신에게 관심이 없는 것만 같다. 남자로서 너무나도 자존심이 상한다. 그런데 어느 날, 지수 이름으로 온 택배를 지수 대신 장배가 받는다. 뭔가 좀 이상하다 싶어 뜯어보니 요상한 모양의 기구가 안에 들었고 배터리를 끼우고 스위치를 키니 징~ 소리와 함께 요동친다. '이게 무엇에 쓰는 물건인고?' 그는 고민에 빠진다. '내가 남자로서 매력이 없는 것일까?'

그러면 그럴수록 그는 자신의 남성성과 섹스에 집착한다. 장배의 그런 무지막지한 태도가 싫은 지수는 장배를 멀리하면 할수록 장배의 자존심은 점점 더 떨어진다. "그는 내 ××가 얼마나 대단한 줄 아냐? 유학 갔다온 내 친구가 내꺼 보고 화들짝 놀라면서 니 ××는 정말 대단하다. 미국 애들도 너보다는 작다…." 이런 이야기를 밥알을 튀기며 떠들어댄다. "또 그 얘기냐."라며 외면하는 지수. 그러면서 그녀가 말한다. "네가 이렇게 된 게 언제부턴지 아냐? 진급에 실패하고부터인 것 같다."

그녀의 말에 장배는 상처를 입고, 그녀를 떠날 결심을 한다. 생각해보니 그녀의 말대로 그는 자신의 열등감을 이런 식으로 보상하고 싶었던 것이다. 그런 자신의 약점을 정확하게 들키고 나니 더이상 그녀와 같이 있을 수 없다고 생각하고, 집안 정리를 한 뒤 자신의 짐을 챙겨 나간다. 그런 사실을 알고 지수가 장배를 찾아가고, 두 사람은 서로의 사랑을 다시 확인한다.

장배에게 성행위란 자신의 남성성을 확인하고 자존감을 확인하는 하나의 방식으로 작용하는 것으로 보인다. 영화에서 장배는 자신의 자존감을 높이기 위해 음경확대수술을 받기에 이른다. 그러나 지수는 일방통행의 관계가 아닌 서로 소통하는 관계를 원하는 것으로 보인다. 그래서 장배가 성에 집착하고 자신의 '사이즈'에만 신경을 쓰는 것이 못마땅한 것이다.

어쩌면 많은 커플이 소통하지 못하고 각각 자신의 문제로만 협소하게 바라보기 때문에 문제가 발생하는 것인지도 모르겠다. 그래서 최근 종합편성채널 모 프로그램에서 이런 말 못할 고민들을 수면으로 올려 패널들이 자연스럽게 대화를 하면서 서로의 생각과 의견을 좁혀가는 것이 많은 이들에게 깊은 인상을 주고 신선한 반향을 일으킨 것이 아닌가 싶다.

영화 속 변태성욕

▶ **블루 벨벳**

1986년, 감독: 데이빗 린치, 출연: 이사벨라 로셀리니, 카일 맥라클란 외

대학생 제프리(카일 맥라클란)는 집 뒤를 산책하다가 잘려진 누군가의 귀를 발견하고 경찰서에 신고하지만, 윌리엄 형사(조지 딕커슨)는 아무런 조사도 하지 않고 이를 무마하려고 한다. 제프리는 형사의 딸 샌디(로라 던)로부터 '블루 벨벳'을 노래하는 매력적인 여가수 도로시(이사벨라 로셀리니)가 살인 용의자였음을 알게 되고, 그는 도로시의 아파트에 몰래 들어가 옷장 속에 숨는다. 하지만 도로시에 의해 발견되고, 도로시는 제프리에게 옷을 벗으라고 명령한다. 얼떨결에 그녀가 하라는 대로 하다가 그녀와 관계까지 맺는다. 그리고 그는 마약밀매자 프랭크(데니스 호퍼)가 도로시를 학대하면서 성적인 만족을 느끼는 장면을 목격하게 된다. 프랭크는 도로시에게 연민의 정을 느끼고 그녀와 비정상적인 관계를 맺게 되면서 점점 그의 삶도 혼란 속으로 빠져든다.

▶ 떠오르는 태양

1993년, 감독: 필립 카우프만, 출연: 숀 코넬리, 웨슬리 스나입스 외

LA에 있는 일본 기업의 회의실에서 백인 여자가 주검으로 발견된다. 경찰 웨브 경위(웨슬리 스나입스)가 수사에 나서는데 일본어가 능숙하고 일본인들과도 긴밀한 접촉을 하고 있는 코너(숀 코넬리)를 만나면서 두 사람은 선후배 사이가 되어 살인 사건을 둘러싼 일본의 조직을 파고드는데, 그 사건에는 '야쿠자'가 배후에 있음을 알게 되고 두 사람은 이들과 대결을 시작한다.

성과 관련된 이상행동들

성적 피학증Sexual Masochism

A. 굴욕을 당하거나 매질을 당하거나 묶이고 기타 다른 방식으로 고통을 당하는 행위(가상적이 아닌 실제적인)를 중심으로, 성적 흥분을 강하게 일으키는 공상, 성적 충동, 성적 행동이 반복되며, 적어도 6개월 이상 지속된다.

B. 이러한 공상, 성적 충동, 행동이 임상적으로 심각한 고통이나 사회적, 직업적, 또는 다른 중요한 기능 영역에서 장해를 초래한다.

성적 가학증Sexual Sadism

A. 희생자의 심리적 또는 육체적 고통(굴욕을 포함)을 통해 성적 흥분을 얻는 행위를 중심으로, 성적 흥분을 강하게 일으키는 공상, 성적 충동, 성적 행동이 반복되며, 적어도 6개월 이상 지속된다.

B. 이러한 공상, 성적 충동, 행동이 임상적으로 심각한 고통이나 사회적, 직업적, 또는 다른 중요한 기능 영역에서 장해를 초래한다.

복장도착적 물품음란증Transvestic Fetishism

A. 옷 바꿔입기를 중심으로 성적 흥분을 강하게 일으키는 공상, 성적 충동, 성적 행동이 반복되며, 적어도 6개월 이상 지속된다.

B. 이러한 공상, 성적 충동, 행동이 임상적으로 심각한 고통이나 사회적, 직업적, 또는 다른 중요한 기능 영역에서 장해를 초래한다.

* 세분할 것
성 불쾌감이 있는 것: 개인이 자신의 성 역할이나 성 정체감에 대해 지속적으로 불편감을 느낄 때.

물품음란증Fetishism

A. 무생물적인 물건(예: 여성 속옷)을 중심으로 성적인 흥분을 강하게 일으키는 공상, 성적 충동, 성적 행동이 반복되며 적어도 6개월 이상 지속된다.
C. 기호물이 옷 바꿔 입기에 사용되는 여성 의류(복장도착증), 또는 촉감으로 성기를 자극하려는 기구(진동기)에 국한되지 않는다.

마찰 도착증Frotteurism

A. 동의하지 않은 상대방에 대한 접촉이나 문지름을 중심으로, 성적 흥분을 강하게 일으키는 공상, 성적 충동, 성적 행동이 반복되며, 적어도 6개월 이상 지속된다.

소아기호증Pedophilia

A. 사춘기 이전의 소아나 소아들(13세 이상)을 상대로 한 성행위를 중심으로 성적 흥분을 강하게 일으키는 공상, 성적 충동, 성적 행동이 반복되며, 적어도 6개월 이상 지속된다.

C. 나이가 적어도 16세 이상이며, 진단기준 A에 언급된 소아 또는 소아들보다 적어도 5세 연상이어야 한다.

* 주의: 12세 또는 13세 소아와 성관계를 맺고 있는 후기 청소년기의 청소년들은 포함시키지 않는다.

노출증Exhibitionism

A. 생각지도 않는 낯선 사람에게 성기를 노출시키는 행위, 성적인 흥분을 강하게 일으키는 공상, 성적 충동, 성적 행동이 반복되며, 적어도 6개월 이상 지속된다.

B. 이러한 성적 공상, 성적 충동, 성적 행위가 임상적으로 심각한 고통이나 사회적, 직업적, 또는 기타 중요한 기능 영역에서 장해를 초래한다('상대방이 동의하지 않은 상태'에서가 추가됨).

(DSM-5에서는 사춘기 이전에 아동에게 성기 노출/성인에게 성기 노출/아동과 성인 모두 중 하나를 명기하도록 하는 항목이 추가됨)

관음증Voyeuism

A. 옷을 벗는 과정에 있거나 성행위 중에 있는, 전혀 눈치채지 못한 옷을 벗은 대상을 관찰하는 행위를 중심으로, 성적 흥분을 강하게 일으키는 공상, 성적 충동, 성적 행동이 반복되며, 적어도 6개월 이상 지속된다.

B. 이러한 공상, 성적 충동, 행동이 임상적으로 심각한 고통이나 사회적, 직업적, 또는 다른 중요한 기능 영역에서 장해를 초래한다(상대방이 동의하지 않은 상태에서).

(DSM-5에서는 18세 이상이라는 C 항목이 추가됨)

노출증과 관음증 관련 사건

2014년 여름, 제주지검장 김 모 씨가 '공연음란죄'라는 생소한 죄명으로 경찰 조사를 받은 바 있다. 공연음란죄는 흔히 바바리맨으로 불리는 '노출증' 환자에 대한 법적인 죄목명이다. 그는 밤 11시에 한 음식점 앞에서 자신의 성기를 노출했다는 혐의를 받았고, 처음에는 그런 일이 없다고 했으나 이후 주변의 CCTV에 그의 얼굴이 선명하게 노출됨으로써 그의 존재가 부각되었다. 한 지역의 검사를 대표하는 신분에 있는 사람이 그와 같은 행동을 했다는 것이 대한민국을 술렁이게 만들었고, 각종 포털과 뉴스와 신문, 각종 지상파에서는 이 이야기를 가십거리로 다루기도 했다.

'노출증'은 전술했던 것처럼 우리에게는 속칭 '바바리맨'으로 친숙하다면 친숙하고 때로는 웃음이나 개그의 소재로도 자주 활용되었던 것이기에, 이 행위가 사회적으로 물의를 일으킬 수 있다는 것은 사람들을 놀라게 했다. 이 행위를 목격하고 위협을 느낀 한 여고생의 신고로 인해 지금까지 탄탄대로를 걸어오던 모 지검장의 몰락은 보는 이의 마음을 안타깝게 했다. 그냥 자기 것을 노출해 보여준 것인데 뭐가 문제냐고 할 수 있겠지만 이를 본 여성들은 특히 어린 나이의 소녀들에게는 큰 충격이 아닐 수 없으며, 노출증 환자들이 성행위를 하려는 목적이 아니라고 하나 실제로 범죄로 이어지는 경우도 많기 때문에 쉽게 간과할 문제가 아니라는 점에도 시사점이 있다.

노출증 환자는 자신의 성기를 낯모르는 여성이나 소녀에게 노출시킴으로써 자신이 거세되지 않았다는 사실을 스스로 확인하면서, 자신의 충격적 행동에 대한 여성들의 반응을 보고 거세불안을 극복하고 여성을 정복했다는 느낌을 얻는다고 한다. 노출증적인 행동이 전형적으로 환자가 여성에게 모욕당했다고 느낀 경험이 있은 후 생겨나는 경우가 많고, 이때 환자는 모르는 여성에게 충격을 줌으로써 이 모욕감에 복수를 하는 것이라는 설명이 있다.

성기노출은 한편으로 환자에게 가치감과 긍정적인 남성적 정체감을 회복하도록 해주는 기능이 있다. 이러한 환자들은 대개 자신이 남성적이라는 것에 대해 심각한 불안을 보이는 경우가 많고, 이는 거세불안만으로 설명이 부족하며 노출증 환자에게 있어서 핵심적인 것은 성적 정체감에 대한 위협이라는 것이다(솔직히 나는 이 '거세불안'이라는 것이 이토록 남성들의 무의식에 깊게 자리하고 있는지는 의문스럽다).

관음증은 역시 모르는 여성의 사생활을 파괴하고 여성에 대해 공격적이지만, 비밀스러운 승리를 쟁취하려는 시도로 이해할 수 있다. 관음증적인 경향은 유년기 최초의 것으로 기억되는 중요한 장면에 대한 고착과 연관되어 있다고 보이는데, 부모의 성교 장면을 목격하거나 엿듣게 된 초기의 외상적 경험이 소아의 거세불안을 촉발하고 성인이 되어서 수동적으로 경험된 외상을 능동적

으로 극복하기 위해서 되풀이해 그 장면을 재연한다는 것이다.[24]

* 공연음란죄는 공공장소 등에서 일반 사람의 성욕을 자극해 성적 흥분을 유발하거나 성적 수치심을 해치는 행위를 하는 것을 말한다.[25]
(이와 관련한 처벌규정은 형법상 공연음란죄, 경범죄처벌법상 과다노출죄가 있음. 형법 제245조(공연음란) 공연히 음란한 행위를 한 자는 1년 이하의 징역, 500만 원 이하의 벌금, 구류 또는 과료에 처한다. 〈개정 1995.12.29.〉)

* 남녀는 원래 한 몸이었다?

* 사랑의 이름으로 그대의 죄를 사하노라!

* 결혼은 정말 미친 짓일까?

Part 4

영화 속
사랑과 결혼

남녀는 원래 한 몸이었다?

〈헤드윅〉

2001년, 감독: 존 카메론 미첼, 출연: 존 카메론 미첼, 알비타 왓슨 외

베를린 장벽 동쪽에 살고 있던 평범한 소년은 락 음악을 듣는 것이 유일한 즐거움이다. 어느 날 꿈에 그리던 서방세계(미국)로 갈 수 있는 기회가 생기지만, 꿈을 이루기 위해서는 '여자'가 되어야 했다. 불행히도 성전환 수술은 실패로 끝났지만 그가 원하는 곳에 가게 된다. 그는 여자도 남자도 아닌 상태로 락 그룹의 리더로 활약하며 진정한 사랑을 기다린다.

사랑의 기원

사랑의 기원에 대해 알려주지…. 아주 아주 오래전 지구에 살던 인간들은 지금처럼 남자와 여자의 형태가 아니었대.

두 사람이 한 몸이 되어 있는 형태로, 태양에서 온 아이들 – 남남, 달에서 온 아이들 – 여여, 그리고 남녀가 혼합된 형태로 이렇게 3가지 유형이 존재했었다고….

그러던 어느 날, 인간들의 세계가 신들의 세계에 위협이 된다고 판단한 신들은 한 가지 묘안을 생각해냈어!

이들을 반으로 갈라 그들의 힘은 약화시키면서 인구수는 2배로 늘려 세금은 2배로 걷는 거지. 정말 탁월한 선택이야. 제우스는 그의 무기인 번개로 사람들의 몸을 반으로 가르게 되었고, 그때 헤어진 반쪽들은 자신들의 반쪽을 찾아 헤매게 되었다고….

— 영화 〈헤드윅〉의 노래 가사 내용

이 이야기는 아마도 고등학교 때 읽은 『소크라테스를 위한 변명』이라는 책에서 처음으로 접했던 기억이 난다. 신화 속 이야기처럼 그 이유가 뭐든 남자와 여자는 서로를 갈망하며 하나가 되기 위해 노력한다. 심리학자 융에 의하면 남자와 여자는 모두 남성성과 여성성를 동시에 가지고 있다고 한다. 그는 남성 안의 여성성을 아니마Anima, 여성 안의 남성성을 아니무스Animus라고 했고, 이런 여성적 측면과 남성적 측면의 균형을 이루기 위해 서로에게 끌리게 된다고 했다.[26] 그리고 이런 남녀가 만나서 이룬 사랑의 결실을 결혼이라고도 한다. 그러나 사랑의 결실로 이루어진 결혼을 어떤이들은 '인생의 무덤'이라고 표현하기도 한다.

성과 사랑에 대해서 전에 잠깐 언급하기도 했지만, 사랑이란 무엇일까? 『사랑의 기술』의 저자 에리히 프롬Erich Fromm은 사랑에 대해서 다음과 같이 이야기했다. "사랑은 우연한 기회에 경험하게 되는 행운만 있으면 누구나 경험하게 되는 즐거운 감정인가?" 대부분

〈헤드윅〉

의 현대인들은 사랑을 즐거운 감정이라고 믿고 있다. 그러나 사랑에는 지식과 노력이 요구된다고 말한다.

사랑을 할 줄 안다는 것은 분명한 능력을 필요로 한다(『영화 속 심리학 1』에서 인용했던 영화 〈어바웃 어 보이〉에서는 소년과 철없는 노총각이 진정한 남자가 되어가는 과정을 보여주는데, 이들이 성장했다는 것이 사랑에 빠진 것으로 묘사된다). 자신이 가지고 있는 내적 능력만큼 우리는 사랑할 수 있다.

많은 커플들이 왜 내가 저 인간을 만나 이 고생을 하고 있냐며 서로에 대해 불평하지만, 객관적으로 보면 그들의 심리적 분화 수준과 성숙도가 비슷한 경우가 대부분이다. 즉 성숙하고 독립적인 사람들은 그런 사람들끼리, 의존적이고 미성숙한 사람들은 그런 사람들끼리 만나고 사랑한다. 딱 자기의 성숙도만큼만 그 수준에 맞는 사람을 만나는 것이다. 그러니까 옛말에 "끼리끼리 만난다."라는 말은 허언이 아닌 것이다.

예전에 상담을 원한다면서 나를 찾아온 여성이 있었다. 그녀의 주된 호소를 들어보니 "남편과 부부관계를 잘 유지하고 싶다."라는 것이었다. 평범하게 들리는 이 이야기의 핵심은 '부부관계'에 있다. 부부치료에서 가장 중요한 것 중 하나가 부부관계, 즉 성적인 부분과 연결이 되어 있는데, 이 여성은 남편과의 성적으로 원만한 관계를 원한다는 것이었다. 이 여성의 가장 큰 불만은 남편이 자신과의 관계는 등한시하면서 포르노 같은 동영상을 보고 욕구를 해결한다는 것이었다. 그러나 그것보다 먼저 개선해야 할 것은 자신에 대한 자존감을 높이고 상대에 대한 존중, 그리고 두 사람간의 신뢰 회복이었던 것 같다. 그녀는 말 끝마다 자신과 남편을 비하하는 말을 했다. 그녀의 이야기를 집중해 듣다가 내가 그녀에게 한 말은 "지금 당신이 주로 어떤 말을 많이 사용했는지 알고 계세요? 주로 빙×, 미친× 등등 이런 단어를 많이 사용하시네요."였다.

그 말에 놀란 건 내담자 바로 자신이었다. "제가요? 그랬나요?" 한동안 생각에 잠기더니, 사실 자기는 남편이 너무 한심하고 자신도 너무 바보 같아서 싫다고 말했다. 그러면서 자기나 남편이나 잘난 것도 없고, 그래서 네가 나 아니면 누굴 만나겠냐고 하면서 결혼을 했는데, 솔직히 자기도 남편 아니면 누굴 만나겠나 하는 생각을 했다. 못난 자신에 대해, 그리고 그런 자신과 너무나도 닮은 남편에 대해 실망하면서도 한편으로는 그런 상황에서 벗어나고 싶은 이중적인 생각을 가지고 있었던 것이다.

영화 〈헤드윅〉의 주인공은 성전환 수술의 실패로 여자도 남자도 아닌 상태로 살아간다. 남자로 태어났지만, 여자보다 더 아름다운 외모를 가진 그를 여성의 삶으로 인도한 것은 일광욕하는 중에 그의 뒤태를 보고 반한 미국 장교에 의해서다. 그 남자는 한 눈에 반해서 "아가씨, 이름이 뭐지?"라며 그에게 말을 건넨다. 목소리가 들리는 쪽으로 몸을 돌이켜보니, 자신을 바라보는 한 남자가 있다. 그의 입에서 찬사가 흘러 나왔다. "어떻게 너는 여자보다 더 아름다울 수가 있지?"

장교의 말 한마디가 그의 인생을 바꾸어놓았다. 그는 장교를 따라 미국을 가기로 결심했고, 그 조건으로 성전환 수술을 해야만 했다. 불행히도 수술은 성공적이지 못했다. 얼마 후 장교와도 헤어지고 그는 비운의 로커로 성공했지만, 진정으로 자신을 사랑해줄 누군가를 찾고 있다. 누군가에게는 너무도 당연한 것이 자신에게는 없어서 자신을 사랑해줄 사람이 누구일지 모르겠고, 사랑을 간절히 원하지만 간절히 원할수록 점점 더 멀어져가는 사랑에 대해 그는 노래한다.

사랑을 이해하기 위해서는 심리학자 보울비John Bowlby의 '애착' 이론을 이해해야 할 필요가 있다. 애착attachment은 우리가 특별한 사람들과 상호작용할 때, 친밀감과 편안감을 주는 특별한 사람들에게 갖는 강한 정서적 유대다. 생후 6개월경, 영아는 자신의 요구에 반응해주는 친숙한 사람과 애착을 형성하기 시작한다(최근 쌍둥이를 낳은 절친이 자신의 아이가 이제 막 6개월이 되었는데, 자신을 알아본다며 신기해했다. 바로 이 시기가 애착을 형성하기 시작한 시기이기 때문이다).

프로이트는 처음으로 엄마에 대한 영아의 정서적 유대가 이후의 모든 관계에 기초가 된다고 했고, 보울비도 양육자에 대한 애착의 질이 신뢰를 형성하고 아동의 안정감에 영향을 미친다고 보았다. 부모와 영아의 관계는 아기가 부모를 찾는 신호에서 시작해서 점차 애정적 결합이 발달하게 되며, 온정적이고 민감한 보살핌과 정서적, 인지적 능력에 의해 지탱된다.

아동이 안정적인 애착을 형성했을 경우, 나이가 들어가면서 부모(양육자)에 대한 의존도는 낮아지지만 필요에 따라 반응해줄 것이라는 확신을 갖는다. 이들은 부모의 부재에도 지속적인 애정적 유대를 만들고, 이를 토대로 내적작동모델Internal Working Model을 형성한다. 이는 애착대상에 대한 기대, 스트레스를 받을 때 지지해줄 것이라는 가능성, 그러한 대상과 자신에 대한 상호작용을 의미한다. 내적작동모델은 앞으로의 대인관계에 대한 안내자 역할을 한다.[27]

그러므로 애착 형성에 문제가 있었다면 이후 성인이 되어서도 지속적으로 대인관계, 특히 이성관계나 부부관계 등에서 갈등을 빚을 가능성이 높다. 그렇다면 '어려서 제대로 된 애정을 받지 못한 사람들에게는 희망이 없는가?'라는 말로 들릴 수 있다. 그러나 전술한 대로 애착은 인지적·정서적·사회적 능력이 발달함에 따라 변화할 수 있다. 어려서는 부모의 행동이 이해되지 않았지만 나이가 들어 생각해보니 그 행동이 이해된다고 하면서, 나중에 대화를 통해 오해가 풀리고 새롭게 애착이 형성되고 재구성되기도 한다. 따라서 타인과 긍정적인 관계를 맺기 위해 노력하고 즐겁고 건강한 경험을 많이 하는 것이 필요하다.

사랑의 이름으로
그대의 죄를 사하노라!

〈불멸의 연인〉〈러브 앤 드럭스〉

1994년, 감독: 버나드 로즈, 출연: 게리 올드만, 예로엔 크라베 외

루드비히 반 베토벤의 사망에 온 비엔나가 슬픔에 빠진다. 그의 오랜 친구인 안톤 쉰들러는 그의 재산을 물려받은 '영원한 연인'이 누구인지 조사를 시작하지만 그녀가 누구인지는 아무도 모른다. 결국 쉰들러는 조사 끝에 그 여인이 베토벤 동생의 아내인 조안나라는 사실을 알게 된다. 서로를 사랑했지만 엇갈린 운명으로 오해하고, 그로 인해 평생 고통받으며 살았던 두 사람의 이야기를 알게 된 그는 베토벤이 처음이자 마지막으로 사랑했던 연인 조안나에게 마지막으로 남긴 편지를 전달하고 떠난다.

사랑에 관한 가장 비극적인 소나타

영화 〈불멸의 연인〉을 생각하면 지금까지도 생생하게 떠오르는 한 장면이 있다. 나에게는 사랑에 관한 한 가장 슬프고 비극적인 장면으로 기억된다. 수십 번은 더 봤을 텐데도 나는 아직도 이 장면만 보면 눈물이 난다. 가슴이 아프다고 말하는 것이 보다 정확한 표현일 것 같다.

안톤 쉰들러가 누군가의 연주에 심취해 있다. 베토벤의 소나타. 그때 들어오는 한 남자가 그의 어깨를 두드리며 "이 음악이 맘에 드나? 난 들을 수가 없어서."라고 말하고 나서 그는 이야기를 다시 시작한다.

"난 저들이 서두른다는 것을 알 수 있지…." "음악은 작곡가의 생각을 반영하는 거야. 작곡가의 감정이지. 듣는 사람의 생각이나 감정은 중요하지 않아. 작곡가의 감정을 이해해야 그 음악을 이해했다고 할 수 있어."

(음악이 계속 흐르는 가운데 장면 전환)

비가 억수로 오는 어느 날, 진창에 빠져 앞으로 가지 못하는 마차. 그 마차를 마부와 한 남자가 힘껏 밀어보지만 속수무책이다. 어디론가 급히 가야 하는데 가지 못해 답답해하는 한 남자, 베토벤이다. 그는 빗속에 마차를 끌고 누군가를 만나러 가려고 하는 중이다. 그러나 그가 만나려고 하는 여자, 조안나는 그를 기다리지 않고 약속장소를 떠나버린다. 늦도록 나타나지 않는 베토벤에 약속을 지키지 않았다고 생각했기 때문이다. 그녀가 떠난 뒤 잠시 후에 거짓말처럼 베토벤이 그녀가 머문 장소에 도착하지만, 그녀는 이미 떠나고 없다. 그렇게 두 사람의 운명은 어긋나버린다.

"사랑하는 연인이 나를 기다리고 있는데, 빨리 가야지 빨리 가야지…."라며 자신의 음악에 대해 설명을 하는 베토벤. 그의 설명을 들으면서 알 수 없는 눈물을 흘리는 쉰들러는 이후로 베토벤의 추종자로서 그가 운명을 다할 때까지 곁에 머물며 그의 '불멸의 연인' 조안나를 찾아 베토벤이 남긴 마지막 유서와 비오는 날 전달되지 못한 편지를 전달한다.

〈불멸의 연인〉

　　대부분의 사람들은 시간이 지날수록 과거의 경험을 좋은 것으로 (자신에게 유리한 쪽으로) 기억하려는 경향이 있다고 한다. 또는 인지와 정서의 고리가 끊어지면서 더러는 무의식적으로 이것들을 '해리 dissociative(분리)'시키면서 과거의 고통스러운 기억이 더이상 고통스럽지 않게 느껴지기도 한다. '비와 당신'이라는 노래의 '이젠 당신이 그립지 않죠. 알 수 없는 건 그런 내 맘이 비가 오면 눈물이 나요.'라는 가사처럼 시간이 흘러서 이제는 잊혀져버린 것 같은 기억(기억의 흔적들이 시간이 흐를수록 희미해질 수는 있지만), 장기기억으로 넘어간 기억은 그리 쉽게 지워지지 않는다.

　　어찌되었든 시간이 흘러 이제는 더 이상 슬플 것도 없다고 생각했는데, 이상하게 비만 오면 눈물이 나는 건 헤어질 때의 기억과 비가 연동되어 있기 때문이다. 비가 오면 헤어진 연인에 대한 기억이 같이 따라오기 때문에 슬퍼서 눈물이 나는 것인데, 그 이유를 잘 모르기 때문에 왜 눈물이 나는지도 모르고 눈물을 흘린다는 내용의 가사가 마음에 정확히 와닿는다. 그러나 지나간 기억들은 때로는 긍정적인 것으로 새롭게 재구성되기도 한다. 예전에 어른들이 고생스럽던 지난 과거를 생각하며 그때가 좋았다고 떠올리는 것처럼 말이다. 그러나 어떤 기억은 지워지지도 않고 시간이 지날수록 오히려 고통이 배가될 수도 있다.

〈불멸의 연인〉에서 베토벤과 조안나는 베토벤의 동생의 눈을 피해 사랑을 나눈다. 그렇게 관계가 깊어지면서 더이상 이렇게 만날 수는 없다며 베토벤은 조안나와 도망칠 계획을 세운다. 그리고 조안나는 자신이 베토벤의 아이를 임신했음을 알린다. 그렇게 두 사람은 결혼이라는 인생의 배를 같이 타고 한 방향을 보며 살 수 있으리라는 희망에 부풀어 있었다. 그러나 두 사람의 인생은 그렇게 연결되지 못한다.

억수같이 내리는 비에 마차는 제 갈 길을 가지 못하고, 약속장소에서 기다리고 있고 있던 조안나는 베토벤이 나타나지 않자 자신을 배신했다고 생각하고 자리를 떠나버린다. 조안나가 떠난 사실도 모르고 조안나가 있는 곳으로 미친 듯이 뛰어간 베토벤은 조안나가 자신을 두고 떠난 사실에 광분하고 그녀를 저주한다. 그리고 그의 삶 또한 불행해진다. 그는 병에 걸려 죽음에 이르러야 조안나를 용서한다. 사실은 자신의 아들인 조카의 양육권을 조안나에게 넘기면서 그는 자신의 작곡 노트에 '그래야만 하겠지?'라고 적는다. 조안나의 답은 '그래야 해요.'였다. 두 사람의 알 수 없는 대화는 서로의 가슴으로 전달되고, 그녀의 볼을 살짝 쓰다듬으며 그는 말한다. "코미디는 이제 끝났어."

실제 베토벤이 어떠한 삶을 살았는지는 정확히 모르겠으나, 영화 속 베토벤을 보면 괴상하고 괴팍한 인물로 그려진다. 자신이 귀가 먹었음을 알리지 않고 사람들을 대하다 보니 더욱 그러한 면이 부각되었을 수도 있다. 그러나 그가 가지고 있는 기본적인 타인에 대한 믿음과 기대가 별로 긍정적이지 못했던 것 같다.

사실 그의 그런 성격이나 대인관계 패턴은 어렸을 적 아버지와의 관계에서 간접적으로 드러난다. 베토벤을 학대하는 장면이 등장하는데, 그는 이런 기억까지도 음악으로 승화한다. 그러나 그의 삶은 음악만큼 아름답지 못했다. 타인에 대한 기대와 믿음이 긍정적이지 못했고, 그의 왜곡된 생각은 다시 이런 생각을 강화시켰을 뿐이다.

그의 애착과 내적작동모델은 건강하지 못했을 수 있다. 그가 좀 더 긍정적인 생각과 믿음이 있었더라면, 조안나가 자신을 배신하고 떠난 것이라는 생각으로 괴로워하지 않았을지도 모른다. 그리고 다시 기회를 갖거나, 그녀와 어쩔 수 없이 헤어지게 되었더라도 다른 사람과 또 다른 사랑을 할 수 있었을지 모른다. 그렇게 되었다면. 그래서 그가 좀더 행복해졌더라면, 지금보다는 덜한 불후의 명곡이

탄생했을지 모르지만, 그래도 나는 그가 좀더 행복했었기를 늦었지만 바라본다. 다른 세상에서라도 말이다.

사랑은 수용과 책임

영화 〈러브 앤 드럭스〉는 신세대의 사랑을 다룬 것 같으면서도, 사실은 사랑에 대한 근본적이고도 진지한 물음을 던진다. '만약, 사랑하는 사람이 불치병에 걸렸다면…?'

여자 꼬시는 데 일가견이 있는 남자 제이미(제이크 질렌할)가 한 여인 매기(앤 해서웨이)를 만난다. 일회성의 사랑만을 즐기는 매기와 사랑에 빠진 것이다. 그는 그녀와 오래 오래 함께 있고 싶어 그녀에게 구애를 하지만, 그녀는 자신의 제안을 거절한다. 그녀가 '파킨슨병'을 앓고 있기 때문이었다. 그러나 두 사람은 언제 어떤 이유로 헤어질지 몰라도 불확실한 미래보다는 현재 두 사람의 사랑을 선택한다.

영화에서 파킨슨병을 앓고 있는 부인들을 둔 남편들의 모임에 참여한 제이미에게 한 남자가 말을 건넨다.

"처음엔 사랑으로 모든 걸 다 극복할 수 있었다고 믿었는데, 손발이 마비되고 때로는 대소변까지 받아내야 하는 현실이 사실 힘들어요. 게다가 치매까지 오면… 그렇지만 한번 도전해 보세요!"

그의 말이 나에게는 사랑은 힘들 줄 알면서도, 그럼에도 불구하고 자신의 인생을 걸어볼 만한 것이라는 의미로 들린다.

심리학자 스턴버그Robert Sternberg는 『사랑의 삼각 이론』에서 사랑은 친밀감, 열정, 약속/책임감의 3가지 요인으로 구성된다고 보았다. '친밀감'은 사랑하는 관계에서 느끼는 가깝고 연결되어 있고, 맺어져 있다고 느끼는 정서적인 상태를 말한다. 사랑할 때 느끼는 따뜻한 감정적 체험이 바로 그것이다. '열정'은 로맨틱한 감정이 일어나게 하거나 신체적인 매력을 느끼게 하고, 성적인 결합을 이루도록 하는 욕망을 말한다. 열정에서는 성적 욕구가 중요하다. 친밀감과 달리 열정은 금방 뜨겁게 달아오르지만 얼마 지나지 않아 식어버린다. '약속/책임감'은 인지적인 속성으로 단기적인 사랑에 대한 약속과 장기적인 그 약속을 지키겠다는 책임감으로 이루어진다.[28]

남녀가 사랑을 만들어가는 데는 3요소가 적절히 조화를 이루는 것이 중요하다. 어떤 경우는 자주 대면하면서 친밀감이 쌓이다가 어떤 계기로 둘 사이에 열정이 발생해 서로가 사랑을 약속하고 그 약속을 지키고 책임지려는 사랑도 있을 수 있고, 첫눈에 반해 상대에 대한 열정을 가지고 시작했다가 친밀감이 생기는 등 개인의 성향에 따라 시작과 끝은 다를 수 있다. 그러나 중요한 것은 사랑을 지켜나가려는 노력에 따라 사랑은 오랫동안 유지될 수도 있고 아닐 수도 있다는 것이다(물론 대부분의 사람들은 노력하지만, 그 방식이 잘못되어 있는 경우도 많다).

〈러브 앤 드럭스〉

인간을 살아가게 하는 동력은 무엇일까? 실패해도 다시 일어나게 하고 좌절 속에서도 버티게 하는 힘은 무엇일까? 사막을 걷는 나그네는 오아시스를 보고 지친 발걸음을 옮긴다. 그런데 그가 찾아온 오아시스는 저만큼 물러나 다시 그에게 손짓한다. 인간의 꿈도 신기루처럼 허망한 것은 아닐까. 그러나 허망할지라도 오아시스를 보지 않으면 인간은 사막을 걷지 못한다. 학문, 돈, 권력, 성의 추구도 이런 맥락에서 이해될 수 있다. 대상이 욕망을 충족시키지 못하고 조금씩 상승되는 것. 그녀는 나의 잃어버린 반쪽이지만, 막상 그녀를 얻고 난 후에도 욕망이 여전히 남는다….

(라캉의 욕망이론 중에서)

누군가를 사랑하게 되면, 그 상대의 마음을 얻으면 행복하기만 할 것이라는 기대는 오래가지 않는다. 그(녀)를 생각하며 불면의 밤을 지새운 지가 몇날 며칠이 되고, 그(녀)의 마음을 사로잡기 위해 수개월, 수년간을 노력하고 안달했지만 사랑에 빠진 자의 눈동자는 언제나 불안하다. 아마도 영원하지 않은 사랑에 대한 애달픔이 있기 때문일 것이다. 서로의 사랑이 변할까봐 전전긍긍한다. 그래서 매번 하는 사랑이지만, 여전히 미숙하다. 세상에 영원한 것은 없고 영원한 사랑도 없다. 그럼에도 불구하고, 어느 시인의 말처럼 묻지도 따지지도 말고 '그저 사랑하라, 한 번도 상처받은 적 없는 것처럼….'

영화 속 사랑

▶ 러브 앤 드럭스

2010년, 감독: 에드워드 즈윅, 출연: 제이크 질렌할, 앤 해서웨이 외

　바람둥이 제이미(제이크 질렌할 분)와 자유로운 삶을 살아가는 매기(앤 해서웨이 분)가 만났다. 매기는 진지한 관계를 거부하고 가벼운 사랑만을 할 수 있는 남자만을 만난다. 이런 매기에게 제이미는 점점 애정을 느끼고 그녀와 진지한 관계를 유지하고 싶다는 생각이 든다. 그래서 그녀에게 고백하지만, 매기는 차갑게 거절한다. 실은 그녀는 '파킨슨 병'이라는 불치의 병을 앓고 있기에 병이 심각해지면 남자들이 자신을 떠날 것을 우려해 상처받지 않기 위해 깊이 있는 관계를 거부한 것이다. 서로의 마음을 확인한 두 사람은 고민 끝에 함께하기로 결심하며 사랑을 쌓아간다.

결혼은 정말 미친 짓일까?

〈나를 찾아줘〉 〈지금 사랑하는 사람과 살고 있습니까?〉

2014년, 감독: 데이빗 핀처, 출연: 벤 애플렉, 로자먼드 파이크 외

모두가 부러워하는 삶을 살아가는 완벽한 커플 닉과 에이미. 결혼 5주년 기념일 아침, 에이미가 흔적도 없이 실종된다. 실종 하루, 이틀, 그녀의 실종과 관련된 이야기들이 펼쳐지고, 경찰은 에이미가 남기고 간 단서들을 통해 남편 닉을 에이미를 살해한 용의자로 의심한다. 언론은 살인 용의자 닉의 일거수일투족을 경쟁적으로 다루면서 그는 유명인사가 되어버린다. 그렇다면 과연 에이미는 어디에 있는 것일까? 진짜 그녀는 죽은 것일까?

우리가 어떻게 이렇게 됐지?

닉과 에이미는 파티에서 우연히 만나 불같은 사랑에 빠진다. 설탕이 눈처럼 흩날리던 밤, 닉은 에이미에게 다가가 입술을 훔치고, 두 사람은 그렇게 부부가 된다. 에이미는 출판사를 운영하는 부모 아래서 어려서부터 자신을 모델로 이야기들이 만들어지고, 이것이 출간되면서 '어메이징 에이미' 시리즈로 유명세를 탄다. 부모가 자신의 아이를 마치 인형처럼 관찰하며 그것을 모델삼아 이야기를 만들고, 심지어는 그 주제나 내용에 맞게 자신의 아이를 키웠다는 것부터 심상치 않은 냄새가 풍긴다는 것을 감지했어야 했다.

영화는 두 사람의 지루한 사랑 이야기와 결혼 생활을 보여주다가 갑작스러운 에이미의 실종으로 새로운 국면을 맞는다.

실종 첫째 날, 닉은 아내의 실종이 믿기지 않을 뿐이다. 실종된 이유도 알 수가 없다. 에이미의 부모와 주변인들의 걱정과 아내의 실종 신고를 받고 찾아온 경찰들, 모두 어리둥절할 뿐이다. 닉은 경찰서에 가서 조사를 받는다. 아내가 주로 무엇을 하면서 보내는지, 친구가 있는지, 혈액형이 무엇인지 등등…. 그러나 그는 아내에 대해 아는 것이 별로 없다.

경찰을 찾아온 동네 이웃 여자들이 뭔가 할 말이 있는 듯하다. 그러던 중 에이미가 남긴 것으로 보이는 단서가 하나 발견된다. 실종 둘째 날, 2번째 단서가 닉의 교수실에서 발견되고 실종 셋째 날, 닉의 아버지의 집에서 3번째 단서가 발견된다. 이 모든 것들이 닉을 범인으로 지목하고 있다.

누군가에 의해서 치밀하게 짜인 듯이 돌아가는 상황들, 이 상황은 누가 꾸민 것일까? 에이미가 실종된 것인가? 아니면 누가 그녀를 죽인 것인가?

이런 의구심으로 가득 차 영화를 보고 있을 무렵, 차를 타고 어딘가로 가는 에이미가 등장한다. 그녀는 기분이 썩 나쁘지 않은 것 같다. 스스로도 "죽은 지금이 더 좋다."라고 말한다. 그녀는 왜 죽은 것으로 위장한 것일까?

현실은 잔혹 동화다

동화의 내용은 보통 이렇게 시작된다.

> 옛날 옛적에 ○○와 △△가 살았어요. 마음씨 고운 ○○는 사람들에게 늘 칭찬을 받는 착한 아이였어요. 그러던 어느 날, 착한 ○○를 시기한 주변인들의 괴롭힘으로 착한 ○○는 고통을 받지만, 이런 ○○를 불쌍히 여긴 △△가 ○○를 도와 위기를 극복하게 되었고, 백마 탄 왕자님이 나타나 ○○와 왕자님은 행복하게 살았답니다. 끝!

어렸을 때는 성인이 되면 백마 탄 왕자처럼 멋진 남자가 나타나 나에게 구혼을 하고, 그의 손을 잡고 우아하게 결혼해 아주아주 행복하게 살 수 있을 줄 알았다. 결혼 이후에 펼쳐질 또 다른 험난한 여정이 기다리고 있다는 것은 동화 어디에도 찾아볼 수 없었기에, 그런 환상을 가지는 것이 전혀 이상할 이유가 없었던 것이다.

그러나 현실은 동화의 결말과는 달리 잔혹하게도 우리를 괴롭힌다. '저 사람이 없으면, 내 인생은 아무것도 아니야. 그(녀)가 없으면, 난 못 살 것 같아…' 이렇게 운명은 시작되고 그 운명은 곧 '저주'가 된다. 없으면 못 사는 것이 아니라 '그 인간하고 같이 있으면 죽을 것 같은' 아이러니에 봉착하게 된다. 거의 예외 없이 모든 부부들이 이런 권태로움과 갈등을 겪는다는 사실은 놀라운 일도 아

〈나를 찾아줘〉

니다. 우리나라의 이혼율도 30~40%에 육박한다는 통계치만 보더라도 불행한 생활을 하는 부부들이 많다는 것이다.

에이미는 점점 결혼생활에 염증을 느끼고 있었다. 서로 우린 너무 잘 어울린다고 생각했는데, 남편은 실직되고 시어머니까지 병이 들어 그녀는 원치 않게 시어머니가 있는 곳으로 이사를 해야만 했고, 백수 남편을 위해 바를 운영하도록 돈도 준다. 그런데 남편은 자신을 평소에는 거들떠보지도 않고 무언가 필요할 때만 자신을 이용하는 것 같다. 더욱 참을 수 없는 것은 남편이 다른 여자를 만나고 있다는 것…. 에이미는 복수를 다짐한다. 여기까지는 지금까지 나온 다른 영화들과 다를 바가 없다.

에이미는 남편이 자신을 죽인 것으로 위장하기 위해 치밀한 시나

리오를 쓰기 시작한다. 그녀가 하버드대를 나온 재원이고 작가 출신이며, 그녀의 부모는 그녀를 대상으로 책을 출판한 사람들이기 때문에 그녀는 오랜 세월 연출된 삶을 살아왔다. 그래서 이런 상황이 낯설지 않다. 먼저 주변인들을 공략한다. 그녀의 표현대로라면 '멍청한' 여자들을 집안으로 끌어들여 자신이 매우 불우한 결혼생활을 하고 있고, 폭력과 학대에 시달리고 있다고 호소한다. 동정을 이끌어내기 위해 이웃집에 임신한 여성의 소변을 구해 자신이 임신한 것처럼 꾸미고, 남편이 자신을 죽였을 것처럼 일부러 피를 뽑아 주방 바닥에 흘리고 닦아내고, 망치에 그 피를 묻히고 창고에 숨겨둔다. 그녀의 계획은 치밀하고 완벽했다.

그러나 예상치 못한 일이 생겼다. 그녀가 도주하던 중 TV에서 그녀의 얼굴을 보고 알아본 누군가에 의해 강도를 당한 것이다. 어쩔 수 없이 계획을 변경해야 했다. 그녀는 이전에 자신을 스토커처럼 쫓아 다녔던 갑부 남자친구를 찾아가 도움을 요청한다. 그리고 그를 자신의 이득을 위해 철저히 이용한다. 자신이 그에게 납치를 당하고 강간당해 어쩔 수 없이 그를 죽였다는 것으로 말이다.

그녀가 무사히 돌아왔다는 사실이 남편 닉은 석연치 않다. 묶여 있었다면서 커터 칼은 어떻게 구한 것인지…. 이미 그녀가 사이코패스라는 사실을 알지만, 이제 와서 그녀를 거부할 수도 없다. 게다가 에이미는 임신까지 했다고 하며 그를 붙잡는다.

결혼은 미친 짓이 맞다!

닉은 책임 때문인지 뭔지 에이미를 떠나지 못한다. "어떻게 저런 미친 사이코와 같이 살 수 있어?"라는 닉의 쌍둥이 여동생의 만류에도 그는 그녀를 선택한다. 세간의 스포트라이트를 받는 그녀와 자신을 위해 이 사건의 전말을 알고서도 침묵하기로 한 것이다. 그렇게 진실은 무덤 속에 묻히고 두 사람은 공범이 된다.

이 정도 되면 미친 결혼 이야기라고 할 만하다. 이런 엽기적인 삶을 사는 게 가능하겠는가 하겠지만, 생각해보면 결혼이라는 것이 한 남자와 한 여자가 만나 가정을 이루고 한 배를 탄 공동운명체이기 때문에, 좋은 일이 있거나 힘들 일이 있을 때 서로 힘을 합쳐 그 배를 저어가야 한다는 것은 분명하다. 한 배를 타고 가는 한, 사이가 좋든 나쁘든 때로는 공범 아닌 공범이 되어야 할지도 모른다.

행복한 부부로 거듭나기

결혼이라는 제도는 인류가 발명한 제도 중 가장 훌륭한 제도 중 하나라는 말이 있다. 남녀의 비율이 거의 1:1이라는 점과 한 배우자와 오랫동안 정서적으로 깊은 유대관계를 맺으면서 서로를 경제적 · 물

180

질적·정서적으로 지원하는 것은 서로의 건강과 안녕에 도움이 될 뿐 아니라 자녀들을 기르는 데에도 아주 유용하다.

그러나 불행하게도 이런 신화가 깨어질지 모르겠다는 불안감이 들기도 한다. 과학의 발달로 인해 수명이 연장되면서, 우리는 뜻하지 않게 100세 시대를 맞이했고, 잘하면 120살까지도 거뜬히 살 수 있는 시대에 살고 있는 것이다. 수명이 겨우 40~50년 정도밖에 되지 않았던 시대와는 비교할 수도 없는 상황인 것이다. 한 배우자와 얼마나 오래 살 수 있을지 불투명한 상황이지만, 그럼에도 불구하고 살아가는 동안만큼이라도 행복한 부부생활을 하는 것은 중요하다. 이혼하는 부부와 행복하게 잘 사는 부부 간에는 분명 차이가 있다.

기본적으로 서로에 대한 신뢰와 존중하는 마음이 있어야 할 것이며, 상대에 대한 관심을 지속적으로 유지할 필요가 있다. 결혼 후 1년 미만인 부부와 30년 된 부부 중 1년 미만의 부부가 서로에 대해서 더 많은 것을 안다는 것은 시사하는 바가 크다.

"다 잡아놓은 물고기에 미끼를 던지지 않는다."라는 말은 결혼을 잘 유지할 생각이 없다는 것과 같은 의미다. 사람은 시간이 지나면서 변화한다. 그런데 10년 전, 20년 전의 기억만으로 상대방이 좋아하는 것을 알고 있다고 생각하고 변함없이 그것만 해준다면, 서로 만족하지 못할 것이다.

사랑을 유지하기 위해서는 그만큼의 노력이 필요하다. 상대의 관심사를 알아야 하고, 서로 존중해주며, 평소에 상대방에게 칭찬과 배려를 아끼지 않음으로써 잔고를 많이 쌓아둘 필요가 있다. 통장에 잔고가 없는데 꺼내 쓰기만 하면 남는 것은 빚밖에 없을 것이다.

"말은 쉽다고들 하지만, 네가 결혼을 안 해봐서 그래."라며 핀잔을 듣기도 한다. 물론 나도 결혼하면 그들과 다름없을 수도 있다. 다만 알고 있는 것과 모르는 것은 문제해결에 엄청난 차이를 가져온다. 나는 그런 의도가 아니었는데, 상대방의 가슴은 멍이 들 만큼 들어 있는 경우가 많다. 노력한다고 노력했는데, 노력하면 노력할수록 점점 더 관계가 악화되는 것은 막아야 하지 않겠는가?

아는 것이 힘이다!

영화 〈지금 사랑하는 사람과 살고 있습니까?〉에서는 두 커플의 엇갈린 사랑을 다루고 있다. 비슷한 나이와 집안, 외모, 학벌 등 서로에게 가장 잘 어울린다고 생각하며 결혼해 사는 두 커플이 있다. 가난하지만 알콩달콩 친구처럼 사는 유나(엄정화)와 민재(박용우), 부족할 것 없이 모든 걸 다 갖추었지만, 서로 관계가 소원한 커플 영준(이동건)과 소여(한채영)가 우연히 한 자리에 모였다.

삶에 염증을 느낄 즈음에 새로운 사랑이 각자의 앞에 나타난다. 서로 배우자의 눈을 피해 사실상 외도를 하며 마음이 불편하다. 그

〈지금 사랑하는 사람과 살고 있습니까?〉

러나 이대로 살아가기엔 아직은 젊다. 두 커플 다 결혼한 지 5~6년
이 지나 권태기가 올 즈음인데, 아직 아이가 없다. 그들을 끈끈하게
연결해줄 연결고리가 없기 때문인지 점점 위험한 관계가 지속된다.

소여는 하루는 서재에서 일을 하고 있는 영준에게 다가가 이렇게 묻는다.
"당신한테 나 여자예요?"
"와이프지…."
두 사람의 대화는 단절된다.

결혼은 법이라는 제도로 묶여져 있는, 환상이 아닌 현실이라고
사람들이 말한다. 그래서 좋든 싫든 참고 견디고 버티면 된다고들

한다. 그렇게 20~30년이 훌쩍 흘러버리면, 그제야 진정한 부부애를 느낄 수 있다고 한다. 실제로 수십 년 이상을 정말 친구처럼 잘 지내는 커플들을 보면 대단하다는 생각이 들고 존경스럽기까지 하다. 기회가 되면 2014년에 상영된 영화 〈님아, 그 강을 건너지 마오〉를 보시길 추천한다.

얼마 전 모 방송에서 한 원로 배우가 이런 말을 했다. "지금까지 많은 부부들을 만나오면서 하나 생각한 것이 있다. '부부 사관학교' 같은 것이 있었으면 좋겠다."

나도 이 말에 동의한다. 성숙되지 않고 준비되지 않고 그냥 맨땅에 헤딩하듯 결혼한 뒤에 맞춰가면 된다고 하기에는 인생이 너무 길고 삶이 너무 복잡다단하다. 그리고 이미 상처받을 대로 너덜너덜해진 후에 그 상처를 보듬는 것도 너무 힘들다.

먼저 자신의 미해결된 문제부터 살펴볼 필요가 있다. 원가족과의 문제, 자신이 처한 현실, 앞으로 살아갈 미래, 그리고 배우자에 대한 이해, 서로 원하는 것과 상대가 싫어하는 것, 타협할 것과 수용할 것 등에 대해 고민할 시간이 필요하다.

자신과 상대방에 대해서 아는 만큼 신뢰와 정이 돈독해진다. 서로에 대해 잘 알지 못하기 때문에 이해하지 못하고 이해받지 못한다고 생각하는 것이다. 그런 의미에서 한번 잘 생각해보길 바란다. 당신은 사랑하는 사람과 살고 있습니까? 사랑하는 사람에 대해서 당신은 얼마나 잘 알고 있습니까?

영화 속 결혼

▶ 지금 사랑하는 사람과 살고 있습니까?

2007년, 감독: 정윤수, 출연: 엄정화, 박용우, 이동건, 한채영 외

부자는 아니지만 알콩달콩 친구 같은 커플 유나(엄정화)와 민재 (박용우), 젊고 부유한 집안에 남들이 부러워할 만한 조건을 가진 커 플 영준(이동건)과 소여(한채영). 두 커플이 우연히 철주(최재원)의 개업식에서 만나게 된다. 대인관계에는 전혀 관심 없이 잠에 빠진 듯 눈을 감고 있는 젊은 CEO 영준(이동건)의 행동이 눈에 거슬리 는데, 마침 그의 옆에 있는 아름답지만 왠지 슬퍼보이는 소여(한채 영)가 민재(박용우)는 안타깝게 여겨져 뭔가 해주고 싶은 생각이 든 다. 그러던 어느 날 민재와 소여는 홍콩에서, 유나와 영준은 일 때문 에 만나게 되고 서로에게 없는 무언가에 끌린다. 이렇게 금지된 사 랑이 시작되고 죄책감과 질투가 엇갈리면서 네 사람은 갈등한다.

* 부부싸움은 칼로 물 베기가 아니다!

* 남자의 바람과 여자의 바람은 다르다?

* 부모가 된다는 것은?

* 현대가족에서 아버지의 존재는?

Part 5

영화 속
가족 문제

부부싸움은
칼로 물 베기가 아니다!

〈인디안 썸머〉〈펀치 레이디〉

2001년, 감독: 노효정, 출연: 박신양, 이미연 외

피고인 이신영은 남편 살해 혐의로 사형선고를 받지만 마치 죽음을 기다리듯 담담하다. 변호사 서준하는 이신영의 항소심 국선변호를 맡게 되는데 항소심 첫 재판 날, 그녀는 갑자기 재판을 거부한다. 이상하게 여긴 준하는 그녀의 모든 사건 기록을 뒤지기 시작한다. 자신을 위해 애쓰는 그의 모습을 보며, 모든 걸 포기하고 죽음만을 기다리던 신영은 희망을 보기 시작한다. 준하의 노력으로 항소심은 무죄 판결이 나고, 두 사람은 처음으로 변호사와 피고인이 아닌 남자와 여자로 만난다.

상처만 커지는 배우자의 폭력

폭력 남편을 둔 여성들을 볼 때면 결혼에 부정적인 생각이 드는 것이 사실이다. 왜 이들은 폭력을 쓰는 남자를 미리 간파하지 못했을까, 초기에 이런 폭력에 적극적으로 대처하지 못했을까 하는 생각이 들면서 답답하기도 하다. 그러나 문제는 이들의 대부분이 폭력 가정에서 자라 폭력이 되물림되는 경우가 많고, 폭력에 지속적으로 노출되어 무기력해지면서 최소한의 방어력도 없어지는 경우가 많

〈인디안 썸머〉

다는 것이다.

예전에 내가 만난 여인은 20년이 넘게 남편의 폭력에 시달려왔다. 이제 겨우 50살을 넘긴 이 여인의 몸 상태는 정말 참담했다. 이미 폐경은 온 지 오래고, 골다공증에 관절염, 얼핏 파킨슨병도 의심되었다. 오랜 폭행으로 몸과 마음이 망가질 대로 망가져 있었다. 또 다른 경우는 남편이 외도를 한다면서 상담을 받으러온 50대 초반의 여성이었다. 이제까지 남편의 외도와 폭력을 견뎌왔는데, 지금 헤어지면 자신은 아무것도 아니라면서 어떻게 하면 남편이 돌아올 수 있을지, 시간이 지나면 돌아오지 않을지 울면서 하소연했다.

시간이 지나면 돌아올 가능성도 있겠지만, 몸에 든 골병과 마음에 든 피멍은 어찌할 것인가? 이 두 여인은 매를 맞으면서도 결코 남편과 헤어질 엄두를 내지 못하고 있었다. 상담가가 헤어지라고 권유하는 것이 이상할 수 있겠지만, 폭력의 경우는 문제가 다르다. 상대와 분리하는 것에도 용기와 결단이 필요하고, 독립된 개체로 살아가야 한다는 것이 그녀들에게는 쉽지 않은 선택일 것이다.

> 신영은 남편을 죽인 혐의로 사형선고를 받는다. 그러나 그녀의 표정에서는 어떤 고통이나 슬픔도 느껴지지 않는다. 죽음조차도 그녀에게는 아무런 의미가 없는 듯하다. 폭력에 길들여져 있어서 그런지 살려는 의지도 없어 보인다.

실제로 남편의 심한 폭력에 시달리다가 반대로 남편을 죽이는 가해자가 되는 여성들이 종종 있다. 살인을 계획했다기보다는 폭력을 당하다가 자신도 모르게 남편이 휘두르는 흉기를 피하다가 의도치 않게 죽이는 경우가 많다고 한다. 그리고 심한 폭력에 시달리다 보면, 일시적인 정신착란 현상을 일으켜 남편을 다른 존재(예: 괴물)로 착각하고 자신을 방어하기 위해 죽이는 경우도 있다고 한다. 그러나 불행하게도 우리나라에서는 이들의 정당방위를 인정하지 않는다[아주 최근에도 법원 입장은 대체로 크게 변하지 않았는데, 처가 발로 차서 뇌사에 빠진 남편과 관련한 기사가 있다(http://www.ytn.co.kr/_ln/0103_201502102151357880)].

〈인디언 썸머〉와 같은 영화가 10여 년 전에는 꽤나 회자가 되었지만, 현재는 가정 내에서 여성들의 지위가 상대적으로 상승하다

보니 오래된 이야기처럼 치부되는 경향이 있다. 실제로 요즘에는 남자들이 불쌍할 정도로 예전과는 비교할 수 없을 정도로 여성의 지위는 향상된 듯하다. 그러나 중요한 사실은 아직도 매 맞고 사는 여자들이 많고 가정 폭력에 무방비로 노출되어 있으며 사회와 국가는 아직도 이를 방관하고 있다는 것이다. 너무나 변해버린 사회의 분위기가 오히려 피해자들에게는 더 큰 상처가 될지 모른다.

가정폭력의 개념

여성가족부의 2013년 가정폭력 실태조사에 의하면, 가정폭력은 과거 신체적 폭력과 성 학대의 범주에서 벗어나 현재는 피해자 관점에서 신체적 · 정서적 · 경제적 폭력, 성학대, 방임, 통제의 개념으로 확대되었다. 미국 법무부 내 여성폭력 방지국에서는 가정폭력을 한 파트너가 다른 파트너에게 권력을 행사하거나 제압하기 위해 사용되는 모든 친밀한 관계 내에서의 학대적 행위 패턴으로 규정하고 있다.

 가정폭력은 사회적 범죄로 규정되고 있고, 가해자 처벌과 피해자 보호를 위한 법을 마련한 지 15년이 지났음에도 높은 수준에 머물러 있다고 한다. 2010년 가정폭력 비율은 65세 미만 부부의 1년간 신체폭력 비율이 16.7%로 조사되어 2007년보다 5.1% 증가했고,

부부폭력도 2007년 40.3%에 비해 13.5%로 높아진 것으로 조사되었다(2014년, 여성가족부 자료). 만 19세 이상 65세 미만 기혼남녀의 부부폭력률은 45.5%로 배우자로부터 폭행 경험이 있는 여성 응답자중 신체적 상해를 입은 경우는 8.2%로 나타났다. 이처럼 가정폭력은 오히려 증가되고 있는 추세라는 점에 주목할 필요가 있다.

격투기 선수인 남편에게 13년간 온갖 폭행에 시달려온 여자, 하은. 남편은 화를 내기 위해서 사는 사람 같다. 아무리 남편의 비위를 맞추려 해도 불쑥 그의 주먹이 날아오고, 심지어 그녀는 맨몸으로 바닥에 던져지기도 한다. 그에게 말 대꾸를 한다는 것은 생각할 수도 없다. 그와 맞선다는 것은 죽음을 불사하겠다는 것과 같이 불가항력이다. 그녀는 폭력의 노예가 되어 죽지 못해 살아간다. 그러나 이대로 살다가 죽을 수는 없다. 그런데 더 걱정스러운 것은 늘 폭력을 보고 자란 딸이 점점 삐뚤어져 가는 것이다. 딸을 위해서 자신만 참으면 될 줄 알았지만, 그녀 자신도, 그녀의 딸도, 그녀의 어머니도 모두 불행해지는 상황만은 막아야 한다.

하은은 13년 전 하은과 결혼을 약속했던 남자친구가 남편과 격투기 싸움에서 하은 남편의 반칙으로 죽음을 당한 것을 목격한 후 죽기로 결심하고 남편과 한판 승부를 벌인다. 격투기 선수인 남편을 상대로 이제까지 싸움이란 단 한 번도 안 해본 평범한 여자가 격투를 벌인다는 것은 실제 상황에서는 있을 수도 없고, 있다고 해도 이긴다는 것은 불가능하다. 그럼에도 불구하고 이 여인이 왜 이런

〈펀치 레이디〉

선택을 했을지 생각해볼 필요가 있다. 그 어느 누구도 도와주지 않는 사각의 링에서 죽지 않으려면 싸워서 이기고 상대를 쓰러트려야 하는 상황이 현재 폭력으로 고통받는 여자들의 현실과 흡사하다.

그러나 나를 괴롭히고 고통을 주던 상대, 남편을 폭력으로 제압하는 날은 승리의 기쁨에 취하는 날이 아니라 또 다른 고통의 시작이 될 수 있다. 그럼에도 불구하고 폭력에 굴복해서 안 되는 이유는 폭력이 되물림되기 때문이다.

하은은 어렸을 적 아버지가 주먹을 날리던 상대가 도둑이 아닌 엄마였음을 떠올린다. 자신의 삶은 결국 자신의 어머니에서 자신의 딸에게까지 악영향을 미치는 악순환이 반복되고 있었다.

가정폭력은 단순한 가족 문제가 아닌 범죄

요즘처럼 여성들이 큰소리를 치면서 사는 세상이 올지는 솔직히 나도 짐작하지 못했다. 남자들은 가장 무서운 존재가 '마누라'라면서 각종 기념일에 선물은 뭘 해야 하는지, 자기 부인에게 점수 따는 방법이 뭔지 고민하는 모습을 종종 목격한다. 퇴근 후 집에 와서 집안일을 거들지 않으면 겁대가리를 상실한 그야말로 간 큰 남자가 되어버린다. 그리고 가장의 권위가 실추되었다면서 슬퍼한다.

이야기에 공감되면서도 마음 한편이 헛헛한 것은 왜일까? 지금의 눈에 보이는 성장이 불과 십수 년 전까지 학대받고 고통받아왔던 여성들, 지금도 어딘가에서 여전히 죽지 못해 살아가고 있는 여성들의 고통을 기반으로 이루어졌다는 것을 잠시 잊었던 것은 아닐까?

여자는 남자에게 적어도 힘으로는 상대가 되지 않기 때문에 각종 범죄의 희생양이 되기도 한다. 그래서 자신을 지켜줄 든든한 남자를 찾아 그들에게 기대고 싶어하지만, 기대와 달리 그 남자에게 보호를 받기는커녕 무시당하고 학대당하는 경우가 발생한다. 이런 폭력의 되물림을 막고 불필요한 희생을 더이상 당하지 않기 위해서 여성 스스로 강해져야 하는지도 모르겠다.

하늘은 스스로 구원하는 자를 구원한다고 했다. 결국 여성 스스로 변하지 않는 한, 독립된 객체로 다시 거듭나지 않는 한 고통은 반복될 수밖에 없을 것이다.

안산 김 모 씨의 인질극과 그로 인한 비극은 우리 사회가 가정폭력에 얼마나 무방비 상태에 있는지를 보여주는 실례다. 그는 자신의 전부인과 아이들을 죽이겠다고 협박했고, 그 일이 있기 며칠 전에 전부인의 허벅지를 칼로 찌르는 등 정상적이지 않은 행동을 보여주었다. 그러나 아무도 이를 막지 못했다. 그저 가족 내에 있을 법한 일로 치부되어 경찰에 도움을 요청해도 수동적으로만 대처했을 뿐 아무런 조치가 취해지지 않았다.

누군가가 죽거나 다치거나 이런 희생이 뒤따라야 하지만, 그제야 방송이든 공권력이든 난리를 치고 근시안적인 대책만 내놓을 뿐이다. 가정이 무너지면 그 사회도 결국 무너진다는 것은 강조할 필요조차 없다. 더욱이 아무런 잘못이 없는 어린아이들이 상처받는 것도 모자라, 심지어 돌이킬 수 없는 상황에 놓이는 일만은 막아야 하지 않을까.

폭력에 맞설 수 없다면 도망쳐라!

안전과 생존을 위협하는 것과 타협할 이유는 없다. 이 원칙은 무너지면 안 되는 것이다. 죽음에까지 이를 수 있는 폭력에 노출되어 있다면, 일단 그 위험에서 피하는 것이 상책일 것이다. 가출을 하면 안 된다는 것은 평범한 가정 내에서나 통용되는 일이지, 매일 피가 튀는 전쟁과 같은 가정에서 칼에 맞아 죽을지도 모르는데, 집을 나오는 것은 안 되니 죽더라도 집에서 죽으라는 것은 가장 중요한, 인간의 인권과 생명의 소중함이라는 절대 원칙을 어기겠다는 모순된 주장일 뿐이다.

그러나 이것만으로는 부족하다. 폭력에 노출된 사람들을 국가와 사회가 적극적으로 보호하는 제도가 있어야 한다. 특히 폭력 가정에서 살고 있는 청소년들이 어찌할 수 없어 집을 나와 전전하면, 이들을 다시 가정으로 되돌려 보내는 것이 현재의 실정이다. 그러나 그들은 다시 집을 나올 수밖에 없다. 그들에게 집은 더이상 가정으로서의 역할을 하지 못하기 때문이다. 이들을 위한 진정한 쉼터가 필요하다.

영화 속 가정폭력

▶ 펀치 레이디

2007년, 감독: 강효진, 출연: 도지원, 손현주, 박상욱, 설리

하은(도지원)은 매일 매일이 불안하다. 아무리 남편의 비위를 맞춰보려 하지만, 예고 없이 맥락도 없이 터지는 남편의 분노와 폭력은 그녀를 멍들게 한다. 13년간의 폭력에 더이상 물러설 곳이 없다. 하은은 남편에게 결투를 신청한다.

남자의 바람과
여자의 바람은 다르다?

〈평행이론〉 〈해피엔드〉 〈허삼관〉

2010년, 감독: 권호영, 출연: 지진희, 이종혁, 윤세아 외

최연소 부장판사로 촉망받는 석현은 미모의 부인과 딸까지 둔 모든 것을 다 가진 남자다. 그러던 어느 날, 미모의 아내가 끔찍한 변사체로 발견되고, 그를 귀찮게 쫓아다니는 여기자는 30년 전 한상준이라는 판사와 석현의 삶이 일치한다면서 두 사람의 삶이 평행이론이라고 주장한다. 처음엔 그녀의 이야기를 대수롭지 않게 여긴 석현은 점차 자신도 모르게 평행이론대로 삶이 흘러가고 있다는 생각에 사로잡히고, 이대로라면 가족 모두 위험한 상황에 놓이게 된다고 생각해 진실을 파헤치기 시작한다.

평행이론이라는 것이 과연 존재하는가?

평행이론은 서로 다른 시대를 사는 두 사람의 운명이 같은 패턴으로 전개될 수 있다는 이론으로, 대표적인 예로 미국의 링컨 대통령과 케네디 대통령의 비극적인 삶이 있다. 영화 〈평행이론〉의 전개에서도 두 사람의 삶이 극적으로 대비된다.

영화 〈평행이론〉은 30년이라는 시간차를 두고 최연소 부장판사로 임명된 두 남자의 삶에 대한 이야기를 다루고 있다. '누군가의 운명을 내가 똑같이 살게 되고, 태어나서 죽음까지도 일치한다고 한다면, 그 이전의 삶의 진실을 밝혀 죽음을 피할 수 있지 않을까?'라는 의문으로 이야기가 전개된다.

스토리 구성도 전개도 그런대로 잘 짜인 각본이라는 생각이 든다. 그런데 왜 이 영화가 흥행하지 않았을까? '평행이론'이라는 이론대로 누군가의 삶이 그대로 재연되는 것이라는 것에만 초점이 맞추어져 있다면, 영화는 필연적으로 뻔하게 흘러가버릴 수밖에 없다. 그러나 이 영화를 보면서 뜻밖의 중요한 테마를 발견하게 되었다.

주인공 석현(지진희)과 그의 아내 윤주(윤세아), 그리고 석현의 후배 정운(박병은)의 삼각관계와 석현의 주변을 맴도는 강성(이종혁), 그리고 석현과 그의 가족을 위협하는 인물, 장수영(하정우)의 심리 역동을 살펴보자.

> 김석현은 젊은 나이에 부장판사라는 위치에 오르고 부유한 가정에서 자란 미모의 부인 윤주와의 사이에 예쁜 딸까지 두고 있다. 늘 주변의 부러움과 시샘의 대상이었던 그는 젊은 나이에 성공하기 위해 불철주야 일에만 매달리고, 그의 아내와 딸에게는 무심해질 수밖에 없다. 어쩌면 그의 성격도 타인에게 관심을 기울이고 배려하는 성격이라기보다는 일 또는 성과 중심의 성향일 가능성이 높다. 실패를 모르고 승승장구만 하던 그가 하루하루 살기 힘든 서민들의 삶을 이해하기란 어려웠을 것이다. 그는 자신의 소신대로 판결을 내리지만, 판결을 받은 사람들은 그를 인정머리 없는 놈이라고 욕한다.

〈평행이론〉

그러나 그는 법과 정의라는 소신과 주관에 흔들림 없이 판결을 내릴 뿐이다.
장수영은 석현의 판결에 불만을 품고 그에게 복수를 하리라 다짐한다. 석현
의 이런 완벽주의적이고 일 중심적인 성향은 부인인 윤주에게도 불만스럽
기는 마찬가지였을 것이다.

석현의 아내인 윤주는 겉으로는 매우 가정적이고 조신한 여자다. 그러나 그
건 어디까지나 위장되고 포장된 삶일 뿐이다. 조건에 맞게 능력 있고 사회에
서 인정받는 남자 석현과 결혼하고 은밀하게 자신의 집에 밀실을 만들어 놓
고 매일 밤 석현의 후배 정은을 만나며 깊은 관계를 갖는다. 석현에게는 깊
은 잠에 빠지도록 약을 먹이고 스릴 있게 자신의 집 안에 다른 남자를 들이
는 것으로 그녀는 현실과 자신의 욕망을 적절히 배치하고 그 사이를 긴장감

있게 오가면서 이런 삶을 즐기고 있는 것이다. 그녀가 낳은 아이도 실은 석현이 아닌 정은의 아이다.

윤주는 어려서부터 경제적으로 부유한 집의 딸로 태어나 부족함 없이 살았을 것이다. 자신이 가지고 싶은 것이면 무엇이든 가질 수 있었지만, 경제적인 풍요가 모든 걸 해결해주지는 않는다. 그녀처럼 너무 부족함 없이 모든 걸 가졌지만, 정작 정서적인 측면이 충분히 충족되지 않은 사람들은 겉으로는 무척이나 행복할 것 같지만, 외피와는 달리 내면은 공허하고 쓸쓸하기 짝이 없는 경우가 많다. 그녀의 부모는 사랑을 물질적으로 보상해서 주었을 뿐, 그녀가 진정 원하는 것이 무엇인지 알지도 못하고 알려고 하지도 않았을 것이다. 그런 공허한 마음을 채워주기에 석현은 충분치 않고, 다른 대체물이 필요하다. 그에 적합한 인물이 정은이다.

석현의 후배인 정은은 석현의 뒤에서 조용히 그의 일을 봐주면서 10년 동안 석현을 뒷바라지한다. 그의 성향이 남의 앞에 나서기보다는 누군가를 조력해주고 인정받는 것에 적합할 수도 있다. 관계지향적인 그는 윤주와 석현 사이에서 갈등하면서도 윤주와의 관계를 정리하지 못한다. 그림자처럼 자신을 따라다니며 늘 자신 곁에 있어주는 정은을 통해 윤주는 석현에게 받지 못한 사랑을 대체하는 것이다. 그러나 꼬리가 길면 밟힌다는 옛말처럼 그녀의 은밀한 쾌락은 갑자기 종지부를 찍는다.

타인의 불행을 담보로 한 게임은 위험하다!

잠에서 깬 석현이 윤주와 정은이 있던 현장을 발견한다. 이성을 잃은 석현은 윤주의 머리를 둔기로 마구 내려치고, 윤주는 두개골이 함몰되고 과다출혈로 죽는다. 뒤늦게 윤주의 주검을 발견한 정은이 그녀의 시신을 청마산에 유기함으로써 사건은 마무리되는 듯했다.

석현은 자신의 기억을 지우기 위해 평소 윤주가 자신에게 먹였던 약을 먹고 다시 잠에 빠진다. 스스로 기억을 지워버린 것이다. 의식적으로 기억을 지운다는 것은 가능하지 않지만, 누구보다도 정숙하고 사랑스러웠던 아내의 배신을 석현은 받아들일 수 없었고, 그 충격으로 인해 자신이 그녀를 죽인 사실 조차도 그는 그의 무의식에 감추어버린다.

예전에 남자관계가 복잡한 한 친구가 있었다. 그녀는 그 당시 남자친구가 없었던 주변의 친구들을 한심하게 생각하며 은근히 자신의 남성편력을 과시하곤 했다. 하지만 나는 그때나 지금이나 그 친구가 부럽다고 생각해본 적이 없다.

만나는 남자들이 변변치 않음은 물론이거니와, 늘 관계가 복잡해 결국은 남자들과 좋지 않게 헤어지거나 보복을 당하는 일이 끊임없이 일어났기 때문이다. 그때 속으로 모두들 그 친구에게 이런 말을 해주고 싶었을 것이다.

'우리가 너만 못해서 이러고 있는 줄 아냐?'

등잔 밑이 어둡다?

석현은 자신이 범인인 줄도 모르고 아내 윤주를 죽인 범인을 찾아 나선다. 사건기록을 뒤지고 하나하나 분석해간다. 여기에도 큰 오점이 발견된다. 30년 전 사건과 자신이 겪은 일들을 일일이 비교해가면서 왜 이런 사건이 벌어졌는지 그 근본적인 원인에 초점을 맞추기보다는 모 월 모 일 누가 죽었고, 무슨 일이 있었는지만을 추적해간다.

평행이론대로 현재 상황이 흘러가고 있다면 과거를 파헤쳐서 그것을 막겠다고 말이다. 그러나 그 상황만은 피하고 싶다던 그는 그 상황대로 재현하고 있었다. 그렇게 된 원인에 대해 그가 알려고 하지 않았기 때문이다.

왜 장수영(하정우)이 자신에게 원한을 품었는가에 대해서 석현은 알려고 하지 않는다. 다만 사건기록들 중에 판결에 반감을 가진 놈들의 기록만을 뒤지면서 그가 혼잣말로 "그때는 모두 합리적인 판결이라고 생각했는데, 다시 보니 문제가 많다."라고 중얼거린다.

장수영이 딸을 위해서라도 선처를 해달라고 외치는 데도 외면하고 자신의 집무실로 들어가버렸던 그에게는 인간에 대한 이해도, 인간에 대한 애정도 없었다. 그의 비극의 핵심은 바로 여기에 있었다. 그녀의 아내가 왜 다른 남자와 바람을 피웠는가에 대해서도 알려하지 않고 그는 그저 '분노'했을 뿐이다. 그 분노는 끔찍한 살인으로 이어졌고, 지금까지 실패와 좌절을 경험한 적 없는 그에게 살인자라는 낙인은 절대로 인정할 수 없는 것이었으므로 의식적으로든 무의식적으로든 그 사실만은 은폐했어야 했다.

평행이론은 같은 성격패턴이 만든다

30년 전 영화 속 한상준 판사도 그와 비슷한 성격특성을 가졌을 것이라고 생각된다. 즉 평행이론을 심리학적으로 다시 풀이해보면 비슷한 패턴의 성격을 가진 사람들이 그 패턴을 가지고 살아가다 보니 우연치 않게 거의 흡사한 삶을 살아가게 된다는 것으로 풀이해볼 수 있다.

늘 그런 것은 아니지만, 수동-의존적이고 강박적인 성향의 남자와 히스테리성 성격적 특성을 가진 여성이 잘 만나서 결혼을 하는 경우가 많다고 한다. 강박적 성향의 남성들이 히스테리성 성격적 특성의 여성들과 잘 맞는 이유는 그들의 어머니가 이런 성격일 가능성이 높고 어려서부터 이런 여성에게 길들여졌기 때문에 결혼 상대자로도 잘 맞을 수 있다는 것이다. 그렇다면 그들이 나은 아이들도 그들의 성격과 비슷해지거나 비슷한 배우자를 선택할 가능성이 높아진다. 이것이야말로 평행이론이 아닐까.

영화 〈평행이론〉처럼 비극적 결말을 피하기 위해서는 결국 자신을 들여다봐야 한다는 것으로 귀결된다. 석현은 이성적이고 논리적으로 사건을 추적했을 뿐이다. 그가 정은과 윤주와의 관계, 심지어는 자신의 딸로 알고 있었던 아이까지도 윤주와 정은의 아이라는 사실까지 사건의 전말을 모두 알게 된 시점에는 너무 늦어버렸다.

여자가 바람을 피면 죽는다!

영화 〈해피엔드〉에서도 최보라(전도연)가 예전의 남자친구와 은밀한 관계를 맺고 있다는 것을 안 남편 서민기(최민식)는 그녀를 잔인하게 칼로 찔러 죽인다. "너 같은 년은 죽어야 해, 넌 엄마 될 자격도 없어!"라면서 강제로 엄마 자격을 박탈시켜버린다. 그러나 반대로 남자가 바람을 피우다 들켜도 처음에는 갈등하지만 결국 부인은 남자를 받아들이고 가족애가 돈독해지는 경우가 많다. 이건 남성에게 허용적인 사회적인 분위기를 반영하는 것이라고 볼 수 있다.

남성이 바람을 피는 이유와 여성이 바람을 피는 이유는 조금은 다른 것 같다. 남성은 '자신의 능력을 확인하기 위해서'라고 한다면, 여성은 '사랑을 얻기 위해서'의 이유가 더 큰 것으로 보인다.

영화 〈평행이론〉에서도 윤주가 다른 남자를 만나는 이유도 일하느라 정신없이 바쁜 남편을 대신해줄 누군가가 필요했기 때문일 것이다. 물론 그렇다고 그녀의 행동을 정당화할 수 없고, 외롭다고 모

〈해피엔드〉

든 여자들이 다 그러는 것은 아니니 이것을 보편적으로 봐서도 안

된다. 다만 여성들이 왜 바람을 피우는지를 남성들이 알아둔다면

적어도 그녀들을 너무 외롭게 만들어서는 안 된다는 것을 알 수

있다.

　사람들은 자유로워지고 싶거나 존중을 받기 위해, 남성으로서 여

성으로서 아직까지 매력이 있다는 것을 증명하기 위해 바람을 핀다

고 한다. 그리고 진화심리학에서는 상대가 외도를 했을 때 남성은

여성의 정조, 즉 다른 남성과 잠자리를 같이 했느냐가 중요하고, 여

성에게는 남성의 마음이 다른 여성에게 갔는지가 더 중요하다고 한

다. 남성은 자신의 여자가 다른 남자의 유전자를 가진 아이를 임신

할지도 모른다는 것 때문에 성적인 것에 집착하는 반면, 여성은 자

신의 남성이 자신에게 지금까지 주었던 정서적이고 물질적인 부분
이 다른 여성에게 가는 것을 원치 않기 때문이라고 한다.

외도는 남성들의 전유물이었던 시절이 있었다. 남편이 바람을 피
워 아내가 고통받으며 아이들을 홀로 묵묵히 키워왔다는 이야기를
심심치 않게 들어왔다. 그러나 시대가 변하면서 여성의 외도도 꾸
준히 증가하고 있다고 한다.

11년간 남의 자식을 키운 종달새 아버지 이야기

영화 〈허삼관〉에서 허삼관(하정우)은 허옥란(하지원)을 보고 첫눈에 반한다.
그리고 그녀와 결혼을 결심하고 결혼 허락을 받아낸다. 가진 거라곤 건강한
몸뚱어리 하나가 다인데, 그녀를 위해 맛있는 것도 사주고 좋은 선물도 사주
려면 돈이 필요하다. 그래서 그는 처음으로 자신의 피를 판다.

1950~1960년대 전쟁 직후, 먹고살기도 빠듯한 시절에 피를 팔
아가며 누군가에게 자신의 사랑을 나누어준다는 이야기가 처음에
는 다소 생소하게까지 느껴지는 설정이라고 생각했다.

그의 그런 의지 때문에 부모도 없고 배움도 돈도 없는 남자가 옥란이라는 미
녀의 사랑을 얻는 데 성공한 것이다. 그렇게 11년의 세월이 흘러 일락, 이락,

삼락 아들 삼형제를 낳고 행복하게 살아간다. 행복은 그렇게 지속되는 줄 알았다. 그런데 동네 여기저기 허삼관의 아들 일락이 다른 남자의 아이라는 소문이 파다하게 퍼지고, 허삼관은 일락이 자신의 아들임을 증명하기 위해 혈액형 검사를 한다.

자신의 아들이라고 믿어 의심치 않았던 그에게 혈액형 검사결과는 충격을 준다. 자신은 O형, 부인 A형, 그런데 일락의 혈액형은 AB형이다. 믿기지 않는 결과에 그는 부인 옥란에게 따져 묻는다. 사실 옥란은 허삼관을 만나기 전 하소용이라는 남자와 이미 결혼을 약속한 사이였고, 이는 허삼관도 알고 있는 사실이었다. 다만 그녀가 이미 하소용의 아이를 임신한 사실은 아무도 모르고 있었던 것이다.

이때부터 허삼관은 일락을 대놓고 차별한다. 그러던 어느 날 일락이 친부인 하소용과 같은 병으로 쓰러지게 되자, 그는 다시 이전의 허삼관, 일락의 아버지로 돌아온다. 아들의 목숨을 살리기 위한 그의 몸부림은 처절하다. 피를 뽑은 지 얼마 되지 않았는데, 의사의 만류에도 불구하고 아들을 위해 그가 피를 팔아 돈을 모으면서 자신을 위해서는 식비도 차비도 아끼고 비바람을 맞아가며 아들이 있는 곳으로 향하는 모습은 차마 형언하기가 어렵다.

피를 뽑다 쓰러지기도 여러 번, 우여곡절 끝에 아들이 있는 병원에 도착한 그는 눈이 이미 움푹 파여 있고 걸음을 걷기도 힘들지만 아들 일락의 이름을 연신 부른다. 하지만 그가 어렵사리 도착한 병원에 일락과 옥란은 없다. 아들을 찾지 못한 채 무능한 자신을 자책하며 고개 숙인 그의 두 눈에서는 뜨거운 눈물이 흘러내렸다.

〈허삼관〉

나는 이 장면을 보고 마음이 복잡해졌다. 부성은 늘 모성을 당할 수 없는 것이라고 생각해왔던 나에게, '부성애라는 것이 이런 것인가?' 하는 생각과 친자식을 외면하는 인간들도 있는 요즘 세상에 많은 남자들이 몸과 마음을 바쳐 가족을 지키고 있다는 것을 새삼 깨달았다.

가난했던 시절 누군가가 일주일 데이트 비용을 벌기 위해 자신은 하루에 2끼만 먹고 그 돈을 아껴서 여자친구에게 돈가스를 사준다는 이야기를 들은 것이 기억난다. 내가 들은 가장 슬프고 불편한 사랑 이야기라고 생각했다. 사랑이라는 것이 누군가의 희생을 대가로 이루어져서는 안 된다고, 그 고통을 거름으로 누군가가 행복해질 수는 없는 것이라고 나는 믿고 있었다. 그런데 이 영화를 보니 그런 내 생각이 잘못된 것인가 하는 생각 때문인지, 이런 불편한 진실이 나의 마음을 복잡하게 만들었다. 아직 보지는 못했지만, 영화 〈국제시장〉에도 이런 아버지들의 이야기가 나온다고 한다. 그래서 누군가는 대한민국이 이런 '아버지'들의 희생으로 성장했다고도 한다.

이 영화에서 두드러지는 것은 배우 하정우의 연기력이다. 익살과 장난으로 가득하면서도 가끔은 잘만 길들이면 길들여질 것도 같은 야수의 눈빛. 그의 연기가 빛을 발하는 것이 나는 그의 눈빛 때문이라고 생각한다. 어찌되었건 악역이든, 지질한 역이든, 거지같은 역이든 너무 잘 어울린다는 것, 그럼에도 그는 항상 멋있다. 그가 허삼관이 되어 아픈 자식 때문에 두 눈에서 굵은 눈물이 뚝뚝 떨어지는 모습이 한동안 머릿속에서 떠나지 않았다. 가족관계가 소원해졌다고 느끼는 분들에게 이 영화를 권해본다.

영화 속 외도

▶ 해피엔드

1999년, 감독: 정지우, 출연: 최민식, 전도연, 주진모, 주현 외

　은행에서 근무하다 실직한 서민기(최민식)는 헌책방에서 헌책방 주인의 눈치를 보며 오늘도 독서 삼매경에 빠져 있다. 잘나가는 영어학원을 운영하고 있는 아내 최보라(전도연)는 이런 남편을 한심하게 생각하며 대학시절 애인이었던 김일범(주진모)과 은밀한 만남을 갖고 있었다. 그러던 어느 날, 서민기가 아내의 불륜을 눈치 채게 되고, 얼마 지나지 않아 그들의 밀회 장소인 김일범의 오피스텔까지 알아내게 된다. 서민기는 아내에 대한 배반감으로 괴로워하지만, 무능한 자신과 아이를 생각해 그녀에게 말도 못하고 고통스럽게 지낸다. 그러나 아이가 아픈 상황에서도 김일범을 만나는 아내를 보고 복수를 결심한다. 아내를 칼로 찔러 죽이고 김일범이 그 범인인 것처럼 꾸민 것이다. 아내는 죽고 민기는 아이와 함께 무어라 말할 수 없는 슬픔에 빠진다.

▶ 허삼관

2015년, 감독: 하정우, 출연: 하정우, 하지원, 전혜진, 장광 외

가난하지만 다복하게 가족들과 살아가는 허삼관(하정우)이 11년 간 남의 자식을 키우고 있었다는 기막힌 사실을 알게 된다. 세계적인 베스트셀러 작가 위화의 원작 『허삼관 매혈기』를 한국적 정서에 맞게 각색한 작품으로, 1950~1960년대의 시대상을 완벽하게 재현하면서 끈끈한 가족애를 통해 감동을 전해준다.

부모가 된다는 것은?

〈케빈에 대하여〉

2011년, 감독: 린 램지, 출연: 틸다 스윈튼, 이즈라 밀러 외

자유로운 삶을 즐기던 에바는 사랑에 빠지고 아이를 임신하게 된다. 준비되지 않은 그녀에게 엄마가 된다는 것은 힘들기만 하다. 아들 케빈은 자신의 뜻과 달리 어긋나기만 하고 이로 인해 부부관계도 점점 멀어져간다. 두 사람은 결국 케빈이 17살이 되는 날 헤어지기로 하는데, 케빈은 끔찍한 사고를 일으키고 에바의 삶은 풍비박산이 난다. 수감된 아들 케빈을 찾아가 그녀는 묻는다. "왜 그랬니?"

우리는 케빈과 이야기할 필요가 있다

부부관계가 돈독하고 부모가 바로 서야 그 자녀가 올바르게 자랄 수 있다는 것에 대해서는 이견이 없으리라고 본다. 그러나 진정으로 부모가 된다는 것은 쉽지 않다. 부모 개개인의 개인적인 성숙이 요구되며, 그 부모 자신의 원가족(결혼 전의 가족)과의 미해결된 문제, 어렸을 때 받았던 교육이나 문화적 혜택, 환경 등이 개인의 성숙도에 영향을 미친다.

부모가 되기 위해 태어난 사람은 없고 우리는 모두 배워가는 과정 속에 있음을 인식할 때 진정한 부모가 될 수 있다.

다시 말해서 완벽한 부모가 따로 존재하는 것이 아니라, 자녀가 성장함에 따라 부모로 성장해가야 하며 이러한 과정 속에서 발생하는 시행착오를 수용하고 체화하려는 노력과 자세가 필요하다.

현대의 가정에서 여러 문제들이 발생하고 있다. 가장 두드러지는 문제는 대가족에서 핵가족으로 그 가족단위가 줄어들고, 형태도 다양해지면서 너무나도 사회가 급속도로 변화해 이전에 교육과 가치관들은 설 자리를 잃고 방황하고 있다는 것이다. 엄마는 엄마대로, 아빠는 아빠대로 아이들과 어떻게 소통해야 할지 모른다. 부모로서 준비되지 않은 미성숙한 남녀들이 부모가 된다는 것은 불행한 일이 아닐 수 없다.

현대 여성들은 일과 가정이라는 2가지 일을 완벽하게 처리해야 한다는 중압감에 시달리거나 가족의 지원 없이 홀로 아이를 길러내야 하는 엄청난 스트레스에 직면하고 있고, 현대의 남성들은 치열한 경쟁 속에서 엄청난 양의 업무를 소화하며 가정에서는 남성의 권위를 상실한 채 소외당하고 있다.

이런 현대 여성과 남성들이 부모가 되어가는 과정을 그리는 두 영화가 있다. 먼저 영화 〈케빈에 대하여〉를 통해 잃어버린 모성에 대해 생각하는 시간을 가져보자.

영화 〈케빈에 대하여〉는 왜곡된 모자관계에 대한 이야기다. 대부분의 문제가 어려서 부모와의 관계에서 비롯된다. 특히 엄마의 영향력은 막강하다. 이건 엄마가 된 여성들에겐 천형과도 같은 것으로 모든 엄마들은 자식에 대해 그녀들이 갖는 이 엄청난 무게를 견뎌야 한다.

영화 〈케빈에 대하여〉의 원제는 〈우리는 케빈과 이야기할 필요가 있다We need to talk about Kevin〉이다. 이 제목만큼 영화는 의미심장하다. 왜 케빈의 이야기를 들어봐야 할까? 케빈은 타고난 문제아, 아니면 소시오패스Sociopath의 성향을 가지고 태어난 '악마'일 뿐일까?

케빈의 엄마 에바(틸다 스윈튼)는 잘나가는 커리어 우먼이었고 자유롭게 살아가는 여성이었다. 그러던 어느 날 프랭클린이라는 남자를 만나 사랑에 빠지면서 케빈을 임신하게 된다. 프랭클린은 말도 없이 사라졌다 나타난 에바에게 다시는 사라지지 않을 것을 당부한다. 그는 그녀를 임신을 시켜서라도 자신의 곁에 두고 싶었는지도 모른다. 그날 밤 이후로 에바의 삶은 완전히 뒤바뀐다. 자유롭게만 살던 그녀에게는 엄마가 될 마음의 준비가 되어 있지 않았다. 아기를 임신했다는 소식에 남편 프랭클린은 "We did it(우리가 해냈어)!"라며 기뻐하지만, 에바는 그렇지 않다. 변해버린 자신의 외모, 자신이 꿈꿔왔던 삶과는 다른 일상에 그녀는 점점 지쳐간다. 아이를 낳은 후, 망연자실하게 병실 침대에 앉아 있는 그녀의 모습이 마치 '내 인생은 끝이야!'라고 절규하고 있는 것 같았다.

끊임없이 울어대는 아이 때문에 에바는 정신을 차릴 수 없다. 아이를 달래보지만, 달랠수록 아이는 더 심하게 울어댄다. 멍한 표정으로 가다가 멈춰선 곳은 바로 공사장. 이렇게라도 아이의 울음소리에서 벗어나고픈 그녀의 심정을 이해할 수는 있을 것 같다. 아이를 임신했을 때부터 에바는 이 아이를 원치 않았음을 온몸으로 보여준다. 그저 엄마로서 책임을 다해야 한다는 최소한의 의지만 있을 뿐, 그녀에게서 케빈에 대한 사랑을 찾아볼 수가 없다.

앞서 말했듯이 사랑하는 능력과 대인관계의 질을 결정하는 건 생후 1년 안에 이루어지는 '애착'의 질과 관련이 있다. 애착은 유아가 태어나서 주양육자와 갖는 신체적·심리적 유대감이고, 이 애착이 잘 형성되면, 즉 안정적인 애착이 형성되면 아이는 성인이 되어서도 자신과 타인에 대한 긍정적인 상을 갖게 되고 이를 토대로 긍정적인 대인관계를 형성할 가능성이 높아진다. 그러나 불안정한 애착을 형성하게 되면 반대로 자신과 타인에 대해 부정적인 상을 형성하고, 대인관계에서도 어려움을 겪을 가능성이 높다.

케빈과 에바에 대하여

케빈은 기질적으로 까다롭고(아동의 기질은 쉬운 아동과 까다로운 아동, 더딘 아동으로 나뉘는데, 까다로운 아동의 경우 적응 문제의 위험이 있으며 유아기와 아동기에 불안하고 공격적인 행동이 나타날 수 있다), 어느 정도는 폭력적이고 반사회적인 성향을 가지고 태어났을 수 있다. 그런 성향이 환경과 잘 맞물리면서 더 증폭되고 고착되었을 가능성이 높다. 케빈의 상태는 그의 나이를 고려해 반사회성 인격장애Antisocal Personality(18세 이상일 경우 해당)가 아닌 품행장애Conduct Disorder로 봐야 할 것 같다('충동조절 장애' 편 진단기준 참조).

> 케빈은 강렬하게 엄마의 사랑을 원했다. 그러나 에바는 케빈이 신생아였을 때부터 울어도 반응을 거의 보이지 않았고, 아이가 아플 때나 엄마가 필요할 때 곁에 있어주지 않았다. 그녀는 케빈이 그저 버거울 뿐이다. 둘 사이에는 좁혀지지 않는 간극이 존재한다. 심지어 오랜만에 아들을 보러 간 엄마의 얼굴에 아들에 대한 걱정스러움도 별반 느껴지지 않는다.

무기력하고 우울한 엄마는 아이에게 민감하게 반응해줄 수 없다. 실제로 아이에게 가장 좋지 않은 것 중 하나는 엄마가 우울한 것이다. 원치 않는 임신으로 인해 우울해했고, 그래서 그때 적절한 사랑과 양육을 해줄 수 없었다고 후회하는 엄마들을 종종 볼 수 있다. 그러나 후회나 자책이 아이에게 도움이 되는 건 아니다. 이로 인해 일관성 없는 양육을 하게 되는 것이 더 문제가 된다.

부모도 사람이기 때문에 우울할 수 있고 실수할 수 있다. 자신이 잘못했다고 느낄 때부터라도 변하면 된다. 그러나 에바는 케빈을 키우면서 번번이 그 기회를 놓치고 만다.

훌륭한 엄마는 선생님처럼 지식을 가르치는 존재가 아니라 먼저 사랑으로 수용해주고 아이가 필요한 것을 제공해주는 존재여야 한다. 아이를 향해 웃어주고 안아주고 보듬어주고 민감하게 반응하며 작은 것이라도 기뻐하는 그런 엄마로 아이와 정서적·신체적으로 교감하는 것이 우선이다.

그러나 아이에 대한 애정도 양육기술도 없는 에바는 그저 아이에게 "엄마라고 불러봐." "공 좀 굴려봐." 등 지시적이고 교육적인 태도만 취한다. 그래서 그런지 케빈은 4살이 될 때까지도 말을 하지 않는다. 뭔가 문제가 있나 하고 병원을 가봐도 아무런 문제가 없다고 한다. 에바는 자폐증을 의심하지만 케빈이 보였던 장애는 아마도 '반응성 애착장애'(심하게 손상되고 발달적으로 부적절한 사회적 관계를 보이는 장애로 5세 이전에 발생되며, 아동의 신체적이고 정서적인 욕구를 지속적으로 무시하는 등의 병적인 보살핌이 원인이다)일 가능성이 높다.

> 어렸을 때부터 케빈은 거의 웃지 않는다. 케빈이 사고를 저지른 후 수감된 케빈에게 에바가 묻는다. "표정이 왜 그래? 기분이 안 좋니?" 그러자 케빈이 대답한다. "언제는 좋았나?"

영화 속에서 에바는 케빈이 무엇을 원하는지 궁금해하지 않는다. 그저 숫자공부에 열중한다. 케빈은 반항의 수단으로 똥을 싼다. 배

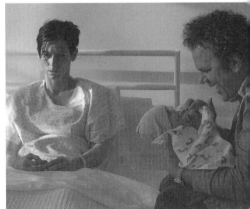

〈케빈에 대하여〉

변을 충분히 가릴 수 있는 나이와 지능을 가졌음에도 그 기대수준
과 달리 아이가 엄마 앞에서 똥을 싼다는 것은 반항과 분노의 의미
일 수 있고, 그럼에도 불구하고 자신을 받아들여줄 수 있는지에 대
한 확인이기도 하다. 그러나 에바는 분을 참지 못해 케빈을 던져버
리고 케빈의 팔이 부러진다.

대개 경험이 없는 부모나 선생님들이 이런 실수를 많이 저지르는
데, 아이가 반항하는 것을 자신의 권위에 도전하는 것으로 받아들
이고 그들의 태도를 응징하려고만 한다. '일부러 나를 힘들게 하려
고' 또는 '나를 무시해서'라는 생각이 깔려 있기 때문에 분노가 일
어나는 것이다.

아이들의 반항에는 여러 가지 이유가 있을 수 있다. 그러나 풍부

한 지식과 경험이 없는 경우 스스로에 대한 확신과 자신감이 없고, 이로 인한 당혹스러움을 아이에게 투사하며 극단적인 방식으로 처벌하려 드는 것이다.

에바는 자신의 실수로 아이가 다친 것에 심한 죄책감을 느낀다. 그러나 그녀는 아이를 달래고 사과하는 것도 서툴다. 케빈이 자신을 거부하는 태도를 취하자 곧바로 돌아서 나와버린다. 아이는 한 번 더 엄마가 자신에게 와주기를 바랐으나, 그녀는 자신의 무능함을 들킨 것 같아 이를 감추고자 돌아서 버린 것이다. 이 둘의 엇갈림은 이런 식으로 서로에게 상처만 줄 뿐이다.

사고 직전 에바는 용기를 내어 케빈에게 저녁식사와 공연을 보러 갈 것을 제안한다. 그러나 그날 비가 오는 바람에 에바의 옷이 젖어버리고, 에바는 다시 집에 들어와 옷을 갈아입고 나온다. 그런데 그 사이 케빈은 게걸스럽게 음식을 먹고 있다. 그런 모습에 에바는 실망하며 화를 낸다. 그러나 케빈은 자신보다는 옷에 더 신경을 쓰는 엄마가 못마땅했고, 이런 식으로 그녀에게 자신의 생각을 표현한 것인데 둔한 에바는 이를 알지 못한다.

이런 엄마에 대한 케빈의 분노는 빵에 잼을 발라 식탁에 엎어버리거나, 시리얼을 손으로 부서뜨린다거나, 빵에 잼을 넘치게 바르고 손으로 꾹꾹 눌러 넘치게 하거나 하는 것으로 간접적으로 표현된다. 그리고 자신에게 보여주지 않던 사랑을 자신의 여동생에게 보여주는 부모에 대해 극도의 분노를 느낀다. 결국 동생과 아버지를 죽이고 자신에게 사랑을 주지 않아 죽이고 싶을 정도로 미운 엄마에 대해 마지막 복수를 감행한다.

사랑하는 사람에게 사랑받지 못하는 것에 대한 원망과 분노는 상상을 뛰어넘는다. 케빈의 분노, 즉 엄마에게 사랑받지 못한 것에 대한 복수는 케빈의 전 인생을 통해 초점화된다. 17년 동안 케빈은 어떻게 하면 엄마를 화나고 고통스럽게 만들 것인가에만 집중하고, 그것을 결국에는 감행하기로 결심한다.

케빈은 학교에서 대량학살을 벌일 계획을 세우고 이를 실행한다. 아이러니하게도 케빈은 어렸을 적 처음으로 엄마 품에서 읽었던 『로빈 훗』이라는 동화책을 늘 책장 위에 올려두고 있다. 그리고 로빈 훗처럼 활쏘기에 열중한다. 그렇게 엄마의 관심을 받고 싶었던 것이다. 그러나 에바는 그런 케빈의 심중을 전혀 이해하지 못한다.

이후로 모든 삶과 시간은 멈추어버렸다. 에바는 어두운 밤 침대에 누워 생각한다. 무엇 때문에 이렇게 된 것일까?

케빈의 복수는 에바의 삶을 바닥으로 추락시키는 데 성공했다. 케빈이 아버지와 동생을 모두 죽였기에 에바는 이 고통을 홀로 감내해야만 한다. 그래도 에바에게 모성이 남았는지 케빈이 죽인 두 사람의 시신을 조용히 수습한다. 그리고 모든 슬픔과 죄를 자신의 의식 속에 묻는다.

에바는 유가족들에게 고소를 당하고, 전 재산을 잃고, 직장에서도 쫓겨나고, 근근이 생계를 유지한다. 가끔은 사람들에게 욕설을 듣고 폭행을 당하기도 하지만 그들에게 대항하지 않고 묵묵히 견디어낸다. 케빈 때문이다.

그녀가 수감된 아들을 찾아간다. 엄마 에바를 보고 아들은 자신의 손톱을 물어뜯어 책상위에 가지런히 놓는다. 두 사람 간의 대화는 잠시 단절된다. 16년간을 같이 살아왔건만, 너무나도 어색하고 불편함이 그대로 묻어나는 순간이다.

한참 후, 에바가 케빈에게 묻는다. "왜 그랬니?"…(그래서 만족하니?)

그러자 케빈이 말한다. "그때는 안다고 생각했는데, 지금은 모르겠어요…"

처음으로 두 사람의 진정성 있는 뜨거운 포옹이 이루어지고 서로 마음을 나누었을까, 에바는 케빈을 남겨두고 그곳을 나온다. 어디부터 잘못이었는지 모르겠지만, 자신으로 비롯된 죄를 용서받기 위해 세상 속으로 다시 발을 내딛는 것이다. '조금만 더 일찍 알았더라면, 조금만 빨리 이 아이를 수용해주었더라면…' 에바는 그렇게 후회하고 있을지 모른다.

품행장애의 치료

품행장애의 진단기준은 '충동조절 장애' 편을 참조하길 바란다. 품행장애는 7~15세 사이에 시작되고 대부분이 소년들이다. 시간이 지나면서 호전되기도 하지만 성인기까지 지속되기도 하고, 반사회성이나 다른 심리적 문제로 발전할 수 있다. 유전적이고 생물학적인 요인 외에 부모자녀 관계나 부적절한 양육, 가족갈등도 이에 기여한다.

치료는 13세 이전에 개입이 이루어져야 효과적이며, 가족 개입이나 부모자녀 상호작용치료, 인지행동적 개입이 효과적이라고 한다. 또한 분노조절과 대처에 대해 배우고 자신의 분노를 효과적으로 조절·관리하고 사회기술을 쌓도록 할 필요가 있다.[29]

케빈과 에바의 경우도 미리 이런 문제들에 대해 심각하게 고민하고 적절하게 개입했다면 이런 비극은 예방할 수 있었을 것이다. 에바와 케빈은 서로에 대해서 알지 못했고 물과 기름처럼 겉도는 관계만을 유지했다.

갈등을 원치 않는 에바는 그녀 스스로도 그런 애정 어린 양육을 받지 못하고 자랐을지 모른다. 그래서 아이가 울고 떼를 써도 적절히 반응하지 못했고 깊숙이 개입하기를 두려워했을 수 있다. 그러나 갈등은 서로를 알아가고 그 경계를 분명히 하기 위해 반드시 필요하다. 갈등 없이는 결코 정보를 얻지 못한다.

아이들이 부모에게 도전하고 반항하는 것은 어디까지 나를 받아줄 것인가를 확인하는 과정이기도 하다. 절대로 타협할 수 없는 선(한계)라는 것이 존재한다는 것을 보여주되, 불필요한 것까지 금지할 필요는 없고 일관성을 유지하는 것이 중요하다(답답한 경우는 해서는 안 되는 일 또는 타협할 수 없는 일, 예를 들어 아플 때 약을 안 먹는다든지 하는 위험을 초래할 수 있는 일과 관련해서는 불분명한 태도를 취하다가 아이가 입는 옷 색이라든지, 스타일이라든지 등 지엽적인 것을 가지고 다투는 경우를 종종 본다).

그 넘어선 안되는 선을 경험한 아이들은 그 선을 넘으려 하지 않고 그 한계 안에서 오히려 편안함을 느낀다. 친밀하다는 것은 상대의 어디까지를 건드리지 않으면 안 되는지를 아는 것이다. 이걸 모르면 우리는 늘 상대에 대해 불안을 느낄 수밖에 없다. 따라서 부모 자녀 관계이든 친구관계이든 연인관계이든 부부관계이든 이 경계를 명확히 알아야 하고, 그 과정에서 발생하는 '갈등'을 두려워하지 말아야 한다.

품행장애Conduct Disorder 진단기준

(품행장애와 반항성 장애는 DSM—5에서 '파괴적, 충동조절 및 품행장애'에 편입됨)

A. 다른 사람의 기본적 권리를 침해하고 나이에 맞는 사회적 규범 및 규칙을 위반하는, 지속적이고 반복적인 행동 양상으로서, 다음 가운데 3개(또는 그 이상) 항목이 지난 12개월 동안 있어왔고, 적어도 1개 항목이 지난 6개월 동안 있어왔다.

사람과 동물에 대한 공격성

(1) 흔히 다른 사람을 괴롭히거나, 위협하거나, 협박한다.

(2) 흔히 육체적인 싸움을 도발한다.

(3) 다른 사람에게 심각한 신체적 손상을 일으킬 수 있는 무기를 사용한다(예: 곤봉, 벽돌 등).

(4) 사람에게 신체적으로 잔혹하게 대한다.

(5) 동물에게 신체적으로 잔혹하게 한다.

(6) 피해자와 대면한 상태에서 도둑질을 한다(예: 노상강도, 날치기, 강탈, 무장 강도).

(7) 다른 사람에게 성적 행위를 강요한다.

재산의 파괴

(8) 심각한 손상을 입히려는 의도로 일부러 불을 지른다.

(9) 다른 사람의 재산을 일부러 파괴한다(방화는 제외).

사기 또는 도둑질

(10) 다른 사람들의 집, 건물, 차를 파괴한다.

(11) 물건이나 호감을 얻기 위해, 또는 의무를 회피하기 위해 거짓말을 흔히 한다.

(12) 피해자와 대면하지 않은 상황에서 귀중품을 훔친다(파괴와 침입이 없는 도둑질, 위조문서).

심각한 규칙 위반

(13) 13세 이전에 부모의 금지에도 불구하고 밤늦게까지 집에 들어오지 않는다.

(14) 친부모 또는 양부모와 같이 사는 동안 적어도 2번 가출을 했다.

(15) 13세 이전에 무단결석을 한다.

C. 18세 이상일 경우, 반사회성 인격장애의 진단기준에 맞지 않아야 한다.

(DSM-5에서는 제한된 친사회적 정서, 후회나 자책감 결여, 냉담 및 공감의 결여, 수행에 대한 무관심, 피상적이나 결여된 정서 등 중 하나를 명시하도록 되어 있음)

반항성 장애Oppositional Defiant Disorder

(DSM-5에서는 '적대적 반항장애'로 명시됨)

A. 거부적, 적대적, 도전적 행동 양상이 적어도 6개월 이상 지속되고, 다음 중 적어도 4가지(그 이상)가 존재한다.

(1) 흔히 버럭 화를 낸다.

(2) 흔히 어른과 논쟁한다.

(3) 흔히 적극적으로 어른의 요구나 규칙을 무시하거나 거절한다.

(4) 흔히 고의적으로 타인을 귀찮게 한다.

(5) 흔히 자신의 실수나 잘못된 행동을 남의 탓으로 돌린다.

(6) 흔히 타인에 의해 기분이 상하거나 쉽게 신경질을 낸다.

(7) 흔히 화를 내고 원망한다.

(8) 흔히 악의에 차 있거나 앙심을 품고 있다.

(DSM-5에서는 위의 항목들을 분노/과민한 기분, 논쟁적/반항적 행동, 보복적 특성(지난 6개월 동안 적어도 2차례 이상 악의에 차 있거나 앙심을 품음)으로 구분해 제시함)

현대가족에서 아버지의 존재는?

〈아빠를 빌려드립니다〉

2014년, 감독: 김덕수, 출연: 김상경, 문정희, 최다인 외

사업실패로 10년째 백수생활중인 태만과 동네에서 미장원을 운영하며 가장 역할과 집안살림까지 척척 해내는 수퍼맘 지수, 그리고 어리지만 영특한 9살 딸 아영은 힘들지만 알콩달콩 살아가는 보통 가족이다. 어느 날, 아영이 다니는 학교 나눔의 날에 아영이 학급친구들에게 폭탄선언을 한다. 그것은 바로 "아빠를 빌려드립니다." 황당한 발언에 모두들 놀라지만, 그날 이후로 태만에게 아빠 대행을 원하는 문자와 연락들이 오고, 태만은 이 황당한 아이템으로 사업을 시작한다. 과연 성공할 수 있을까?

현대사회에서 아버지의 존재

필자가 어렸을 때만 해도 집안의 가장, 즉 '아버지'의 존재는 무섭고 저항하기 어려운 권위의 상징이었다. 아버지는 항상 식탁의 중앙에 앉아야 하고, 맛있고 좋은 음식도 늘 아버지 먼저, 그렇게 가정의 중심에는 늘 아버지가 있었다. 불과 20~30년 전의 일인데, 현재의 가족들의 삶을 들여다보면, 이런 가장의 권위는 사라진 지 오래다. 이제 아버지의 권위와 권력은 고스란히 아이들의 몫이 되었다.

자녀가 하나에서 많아야 둘이다 보니, 아이들이 가족의 중심이 되고, 즉 서열이 바뀐 것이다.

상담실에서 상담을 할 때도 이런 변화는 여지없이 느낄 수 있다. 바쁜 엄마를 대신해서 아빠가 아이를 데리고 오고 상담하는 경우가 늘어나고 있고, 그런 아빠를 아이들이 무서워하기는커녕 엄마보다도 더 우습게 여기는 경우가 흔하다. 아이들에게 아빠는 그저 돈이나 벌어다주고 운전이나 해주는 그런 머슴 같은 존재일 뿐이다.

현대 사회에서 '아버지의 권위'는 가정이나 학교, 직장과 사회를 이끌어가는 데 중추역할을 했던 '어른'을 상징한다고 생각한다(비단 남성들의 몰락을 의미하는 것이 아닌). 우리 사회에 이런 '어른'들이 사라지면서 질서가 무너지고 있다고 느끼는 것은 비단 나만의 생각은 아닐 것이다.

> 태만(김상경)은 10년째 백수생활을 하고 있으면서 하루종일 TV 홈쇼핑 삼매경에 빠져 있다. 부인은 "너 또? 이 쓸모없는 인간아… 밥값 좀 해라!" 하며 태만을 무시한다. 서울대 출신에 허우대만 멀쩡할 뿐, 철없이 아이와 싸우기나 하는 남편이 마음에 들 리 없다. 그리고 이런 엄마와 아빠를 바라보는 딸 아영(최다인)은 마음이 좋지 않다. 그래서 생각해 낸 것이 '아빠를 빌려주는 것'. 그런데 이 사업을 시작하면서 알게 된 사실은 우리 사회에서 실제로 '아빠'의 역할이 너무나 필요하다는 것과 그런데도 필요할 때 있어줄 아빠는 없다는 것이다. 실존적인 부재와 관계의 단절로 인한 부재가 동시에 존재한다.

이 영화에는 아버지가 부재한 여러 형태의 가족들이 등장한다. 첫 번째는 아버지가 사고로 돌아가신 후 엄마와 치매가 걸린 할머니와 살고 있는 진태 가족이다. 그리고 자신과 엄마를 버리고 간 아버지에 대한 분노로 태만에게 아버지 대행을 신청한 소녀, 남편 없이 아이를 낳기 위해 아버지가 필요한 미혼모, 돈은 많지만 왕따당하는 딸과 소원하게 지내는 가족 등 아버지를 절실하게 필요로 하는 사람들이 많다는 것을 태만은 알게 된다.

"잃어버린 아버지와 남편을 돌려드립니다."

'아버지의 권위가 무너진 것이 하루 이틀 일이냐?' '이건 남자들이 다 자초한 것이다.'라고 할 수 있다. 그러나 권위주의적인 것이랑 권위를 상실한 것은 전혀 문제가 다르다는 것을 알아야 한다. 현대의 부모들은 자신들의 권력을 기꺼이 아이들에게 내어주고, 자신들은 아이들을 위해 희생하는 존재로 자리매김함으로써 발생하는 갖가지 재앙들은 예상하지 못했다.

어린아이들에게 칼자루를 쥐어주는 것만큼 어리석은 일은 없다. 부모가 결정할 사항까지도 아이가 원하는 대로 맡기면서 아이들이 자신들을 무시한다고 하소연하는 경우를 종종 본다. 심지어는 자녀들에게 욕설을 듣고 매까지 맞는 어머니들이 늘어나고 있으며, 이

〈아빠를 빌려드립니다〉

를 알고도 아버지들은 아무런 힘을 쓰지 못한다. 가장의 권위가 살아 있지 않기 때문이다.

엄마로서 아빠로서 무엇을 해야 하는지, 아이들이 자라면서 부모의 역할도 바뀌어야 하고 아이가 성장하는 만큼 부모도 성장해야 한다는 사실을 인식하지 못하고 부모로서 자신감이 없는 경우도 많다. 일관성 없게 자녀들을 대하다 보니 아이들은 부모에 대한 신뢰와 존경이 없고, 부모들은 자녀들을 다루기가 점점 어려워질 뿐이다.

가족치료는 왜곡된 가족관계나 구조를 다시 재조정하고 재구성하는 것을 하나의 목표로 한다. 아버지의 권위를 돌려주자고 해서 아버지의 권위가 돌아오는 것은 아니다. 그러나 각자가 어느 위치에서 어떤 역할을 해야 하는지, 서로 어떻게 소통해야 하는지, 자녀들이 부모를 존중하도록, 부모는 자녀를 인격체로 대우하는 방법에 대해 제대로 배울 필요가 있다.

그러나 아버지가 절실하게 필요한 시기에 대한민국의 아버지들은 너무 바쁘다. 어린 자식이 아빠에게 놀아달라고 때를 써도 일에 지치고 사람에 지치고 술과 담배에 찌든 아버지들은 아이들과 놀아줄 기력이 없다. 주말에 시간을 내서 가족들끼리 놀러도 가보고 아이들과 시간을 보내려 하지만 쉽지 않다.

그러던 어느 날 이제 건강도 좀 챙기고 가족들과 시간을 보내자고 집에 들어오지만, 반기는 이가 아무도 없다. 아이들은 아이들대로, 부인은 부인대로 각자 시간을 보내는 방법을 터득한 시점에서는 가족들은 아버지가, 남편이 그저 귀찮을 따름이다.

요즘처럼 '소통'이 부재하다는 말이 많은 시절에 진짜 소통을 하기 위해서는 시간과 노력이 필요하다. 어쩌면 우리는 일과 육아, 공부 등을 핑계로 진짜 소통하기를 회피하는 것인지도 모른다. 그러나 소통하지 않을수록 우리는 점점 더 불행해진다.

개인이 불행하면 사회도 불행하다. 불행 중 다행히도 많은 아버지들이 가족들과 소통하기 위해 시간을 내고 노력하는 모습을 보여주고 있다. 시간이 좀 걸리겠지만, 이런 노력들이 결실을 맺어 우리 사회가 조금만 더 행복해질 수 있기를 바라본다. 이와 더불어 전성수 저자의 『복수 당하는 부모, 존경받는 부모』라는 책을 읽어보길 권한다.

* 폭력의 두 얼굴

* 외톨이는 위험하다?

* 대한민국 군대, 안녕하십니까?

Part 6

영화 속
폭력

폭력의 두 얼굴

〈더 퍼지〉〈아저씨〉〈킬 빌〉〈화이〉〈오큘러스〉

2013년, 감독: 제임스 드모나코, 출연: 에단 호크, 레나 헤디 외

요란한 사이렌이 퍼지데이를 알린다. 매년 단 하루, 12시간 동안 살인은 물론 어떤 범죄도 허용되는 '퍼지데이'가 있다. 이 시간만큼은 모든 공권력이 무력화되고 오직 폭력과 잔혹한 본능만이 난무한다. 제임스는 최첨단 보안 시스템을 가동해 혹시 모를 위험에 대비하지만 쫓기던 부랑자를 집으로 들이면서 끔찍한 밤이 시작된다. 더이상 안전하지 않은 집에서 가족을 지키기 위한 제임스와 그들을 죽이려고 달려드는 적들과의 죽고 죽이는 싸움이 벌어진다.

법과 양심의 치명적인 간극을 보여주는 〈더 퍼지〉

영화 〈더 퍼지〉에서는 범죄율이 매우 낮은 미국에서 단 하루 12시간 동안 모든 범죄가 허용되는 '퍼지 데이purge day'가 존재한다. purge는 '정화' '정화하다'라는 뜻이며, 영화에서는 '숙청'이라고 번역했다. 즉 더럽고 쓸모없는 어떤 존재, 사람과 사물을 무작위로 파괴하고 죽일 수 있고 상상할 수 있는 모든 범죄가 이 시간 동안 존재하며 법은 잠시 침묵한다. 영화 속 새로운 법을 제정한 자들에

〈더 퍼지〉

의하면 인간의 살인 본능을 한 차례 쏟아내서 정화하면, 그들은 다시 원 상태로 돌아가 이전 상태로 살아갈 것이라는 논리다. 어떤 거대한 권력이 자신들의 권력을 유지하기 위해 이런 말도 안 되는 사태를 눈감아주고 조정하는 것인지, 그날이 오면 사람들은 총을 들고 사람 사냥을 하기 위해서 나선다.

일년에 딱 하루, 그것도 12시간 동안만 내가 할 수 있는 어떤 것을 해도 법이 이를 제지하지 않는다면, 그것이 인류의 평화를 유지하기 위해 유용한 방법 중 하나라면….

제임스는 어느 정도 자리를 잡고 사는 미국의 중산층이다. 자신이 만든 보안 시스템을 가동시키며 CCTV를 통해 밖에서 벌어지는 상황들을 그저 관망

할 뿐이다. 법이 정한 테두리 안에서 자신은 그 법을 지킬 뿐이라며 스스로 합리화한다. 그러나 그런 부모들을 지켜보는 아이들은 이해할 수 없다. 그리고 점점 자신들을 향해 어둠의 그림자가 드리워지고 있음을 직감한다.

늘 누군가가 사고를 치고 누군가는 그것을 해결하기 위해 분투하며 갈등을 겪지만, 그런 갈등을 통해서 때로는 새로운 가치와 숨겨진 진실을 이해하고 받아들이게 된다.

제임스는 자신의 아들이 몰래 집으로 들어오도록 한 노숙자 때문에, 그를 죽이려고 했던 사람들에게 둘러싸이며, 그의 집은 가장 안전한 곳에서 가장 위험한 장소로 변질된다. 이제는 자신과 가족들의 생사조차 가늠할 수 없는 절체절명의 위기에서 아들이 숨긴 노숙자를 잡아 그들에게 돌려보내려 한다. 그러지 않으면 자신과 가족이 위험하다. 그는 가족을 지키기 위해 극도로 잔인한 모습을 보이지만, 그런 그의 모습을 가족들은 받아들이지 않는다.

그래서 결국 제임스는 자신이 살기 위해 누군가를 죽여야 한다면, 차라리 그들과 싸우는 것을 선택한다. 강제로 집의 문이 뜯기고 소름 돋는 가면을 쓰고 이상한 웃음을 웃으며 사람들이 들어온다. 분명 그들 중에는 그를 잘 아는 이웃들도 있을 것이다. 밤새도록 서로 죽고 죽이는 살육 게임이 벌어지고, 그와 가족은 적들에 의해 포위된다. 그러나 그런 위기에서 그들을 살린 것은 제임스의 아들이 살려준 노숙자의 총이었다. 몇 방의 총성이 울리고 싸움은 종료된다. 그리고 시간이 흘러 '숙청 종료' 시간을 알리는 사이렌이 울린다.

성을 사고 파는 행위를 국가가 통제하면서 개개인들의 은밀하고 원초적인 욕망을 이용해 쥐락펴락하듯이 '퍼지 데이'는 마치 그런 권력의 속성을 보여주는 것 같다는 생각이 든다.

동물들의 세계에서조차도 같은 종족을 해치는 경우는 극히 드물다. 그 이유는 같은 종족끼리 공격하는 행위는 종족을 멸종시킬 위험을 안고 있기 때문이다. 스스로의 안전이 중요하다면 내가 아닌 타인의 안전이 그만큼 중요한 것은 이런 이유 때문이며, 동물세계나 인간세계에서 이 원칙은 엄격하게 지켜져왔다. 인간에게 원시적인 공격성과 살인 본능이 존재한다고 하더라도 이를 해소할 탈출구를 살인과 각종 범죄의 형태로 허용해서는 안 되는 것이다.

〈아저씨〉를 통해서 본 영화 속 폭력성의 문제

배우 원빈의 눈빛은 언제나 선량하다. 이런 말을 하면 사람들은 잘생기면 선량한 거냐고 묻겠지만, "그렇다."라고 감히 대답하고 싶다. 적어도 그런 눈빛을 가진 사람이라면, 절대 나쁜 짓을 할 수 없을 거라고 믿고 싶다. 그가 영화·드라마·CF에서 각기 다른 매력을 발산하며 여심을 흔들었지만, 원빈 하면 떠오르는 영화는 〈아저씨〉일 것이다.

배우가 가진 치명적 매력 때문에 영화는 흥행에 성공했다. 원래

〈아저씨〉

〈아저씨〉의 주인공으로 내정되었던 배우가 원빈이 아니었다는데, 원빈이 아닌 〈아저씨〉는 도저히 상상할 수 없다. 명장면 중 하나인 원빈이 거울을 보며 머리를 자르는 장면은 여심을 흔들었다.

그럼에도 불구하고 한 가지 마음에 들지 않는 것은 이 영화에서 보이는 지나친 잔인성이다. 장기 밀매, 마약, 아동 유괴와 학대 등 자극적인 소재와 잔혹한 폭력 장면들 때문에 영화를 보는 중간 중간 심장이 뜨끔뜨끔 했다. 레옹을 연상시키는 줄거리에 불필요하다 싶을 정도로 잔혹한 폭력신이 더해졌다.

어린아이들이 유괴되고, 아이들과 사람들의 장기가 밀매되고, 그 시체들은 유기된다. 옆집 아이를 되찾겠다는 일념으로 태식(원빈) 은 범죄조직과 맞선다. 결국 개인의 힘으로 문제를 해결해나가는 과정을 보여주는데, 이 영화에서는 폭력에 폭력으로 맞서는 방식을 선택한 것이다. 그러나 현란한 액션과 원빈이라는 아름다운 배우 때문에 폭력이 폭력 아닌 정당한 수단으로 미화된 것 같다는 내 생각이 과한 것일까?

폭력에 대한 미학적 서사, 판타지 〈킬 빌〉

나는 지금까지 소위 말하는 액션이나 폭력을 다룬 영화들 중에 〈킬 빌〉처럼 환상적인 영화는 본 적이 없다. 처음 이 영화를 보았을 때는 단순한 복수극 정도로만 생각했다. 그러나 이 영화는 폭력을 어디까지 극대화해서 아름다운 수준으로 승화할 것인가를 보여주는 영화라는 생각이 든다.

> 키도(우마 서먼)는 어디론가 운전을 하며 가고 있다. 그녀의 얼굴이 클로즈업 되면 분노와 환희가 교차하는 묘한 표정으로 관객을 향해 소리친다.
> "내가 지금 어디를 가고 있는지 알아? 난 살인을 할 거야. 복수를 하러 간다고! 그게 누구냐면, 바로 빌(데이빗 케더린)이지!"
> 그녀가 복수를 다짐하며 화면에서 차를 몰고 휙 사라지면, 화면에 "Kill Bill(빌을 죽여라)!"라는 문구와 함께 영화가 시작된다.

결혼식장

결혼식장 장면. 유난히도 날씨가 화창한 어느 날, 키도가 웨딩드레스를 입고 행복한 얼굴로 웃고 있다. 이때 그녀를 향해 다가오는 한 남자, 빌. 그의 등장에 모두들 의아해하지만, 그를 본 키도는 다소 긴장된 표정으로 자신의 아버지라고 사람들에게 소개한다. 빌은 웃으며 다가와 축하를 해주는 듯하다.

잠시 후, 두 사람만 따로 결혼식장 밖에 나와서 대화를 나눈다.

빌: "네가 사라진 후로 여기저기 안 찾아다닌 곳이 없어…. 그런데 여기 있다더군."

키도: "난 지금 너무 행복하고, 당신이 나를 이해해주길 바라."

빌은 그런 키도를 향해 묘한 웃음을 지으며 유유히 사라진다. 그가 사라지길 기다린 듯, 4명의 남녀가 결혼식장으로 향한다.

잠시 후 총성이 들리고 결혼식장은 아수라장이 되고, 피를 흘리며 누워 있는 키도가 보인다. 고통과 두려움에 떨고 있는 키도.

빌의 목소리가 들린다. "넌 너무 심했어."

키도는 떨리는 목소리로 말한다. "빌, 이 아이는 당신의 아이야!"

그녀의 말이 끝나기도 전에 한 발의 총성이 울리고 그녀의 머리에서 피가 흐른다. 그렇게 그녀가 죽은 줄로만 알았다.

병원

소스라치게 놀라 소리를 지르며 일어나는 키도. 그녀는 지난 5년간 식물인간 상태로 누워 있었다. 조심스럽게 그녀가 자신의 머리를 만져보는데

〈킬 빌〉

멀쩡하다. 어찌된 일이지? 분명 나는 머리에 총을 맞았는데…. 안도의 한숨을

쉬기도 전에, 순간 자신의 배를 만져보니 결혼식장에서 거의 만삭의 배였던

배가 홀쭉하다. 그제야 그녀는 자신의 아이를 잃었다는 것을 알고 오열한다.

'나를 이렇게 만들고, 내 아이와 남편, 가족과 친구들을 죽인 너희들을 절대

용서하지 않겠어!'

그녀는 성치 않은 몸을 이끌고 병원을 나온다. 그녀는 그녀와 주변 사람들을

죽이는 데 가담한 빌과 그 잔당들의 목록을 적는다. 그리고 목록에 적은 순

서대로 찾아가 죽인다. 마지막으로 빌만 남긴 채.

이 영화 중 가장 인상 깊은 장면은 빌의 수하 중 하나인 오렌이시

(루시 리우)와의 대결이다. 키도는 오렌이시가 머물고 있는 곳을 찾

아간다. 그녀의 수하들로 보이는 수십 명의 칼잡이들이 득실거리는 곳에 이소령 트레이닝복 차림으로 오로지 칼 하나를 들고 복수하겠다고 외친다.

'웬 미친 여자가?'라는 생각이 들 정도로 그녀의 복수는 무모하게만 보였다. 그러나 그녀를 향해 달려오는 적들을 하나하나 제거하고, 순식간에 그녀의 칼날에 적들의 팔과 다리가 잘려나가 고통으로 신음하고 피범벅이 되는 화면은 잔인하다기보다는 한 편의 판타지를 보고 있다는 착각이 들게 했다. 손에 땀이 나면서도 이상한 희열을 느꼈던 것이다.

우리 안의 폭력과 공격성을 이해하기, 〈화이〉

화이에게는 5명의 아빠가 있다. 학교를 마치고 돌아오면 아빠들이 모두들 화이를 반긴다. 아빠들은 모두 각자의 방식으로 화이를 아끼고 사랑한다. 그런 사랑 때문인지 화이는 비교적 잘 자랐다. 다만 가끔 그의 눈에 보이는 이상한 괴물을 빼고는 말이다.

화이의 다섯 아빠들은 변두리에서 수목원을 운영하며 생계를 유지하는 것처럼 보이지만, 실은 돈 때문이라면 사람 죽이기를 벌레 밟아죽이듯 우습게 생각하는 킬러들이다. 그런 그들이 유난히도 화이에게만은 애착을 갖는다. 그들 중 대장인 아빠 석태(김윤석)는 자신을 닮은 듯 닮지 않은 화이에 대한

242

집착이 남다르다. 영화에서는 그런 그의 집착이 잘 설명이 되지 않고 있다

(내 생각엔 자신의 행위를 화이를 통해서 합리화하고 그 정당성을 획득하고 싶었던

것으로 보인다). 다만 영주(임지은)의 말이 인상적이다.

"너는 화이가 너와 달라서 무서운 거지?"

그러나 석태는 자신처럼 괴물이 보인다며 괴로워하는 화이에게 말한다.

"너도 나처럼 해봐. 그렇게 해보니까, 이제 안보이지?"

키워준 정이냐, 낳아준 정이냐에 괴로워하지만, 친부모를 잔인하게 살해한

석태를 화이는 용서할 수 없다. 비록 석태의 말대로 이미 화이의 손이 많이

더러워졌지만, 화이는 석태와 같은 길을 가지는 않을 것이다. 화이는 건강하

고 유연한 자아를 가진 아이이기 때문이다.

우리 안의 폭력성과 공격성은 아마도 분석심리학자 융이 말하는
'그림자'에 비유될 수 있을 것이다. 무의식 속에는 나도 모르는 또
하나의 '나'가 있어 나도 모르게 나로 하여금 실수를 하게 해서, 내
가 지향하고 주장하는 것과는 전혀 다른 모순된 행동을 하게 한다
고 한다. 나도 모르는 이런 나를 융은 '그림자^{Shatten}'라고 명명했다.
그림자란 나의 어두운 면, 즉 무의식적인 측면에 있는 나의 분신이
다. 자아의식이 강하게 조명될수록 그림자의 어둠도 짙어진다.[30]
　자신에게는 선한 것만 있고 남에게만 나쁜 것이 있다고 하는 사
람은 자신의 그림자, 마음 속의 욕망에 대해 인식하지 못하고, 그것
을 타인에게 투사한다. 왜냐하면 자신의 것으로 인정하기가 힘들기

〈화이〉

때문이다. 그것이 바로 그림자다. 그림자는 주로 사회적 가치관, 태도 등에 의해 억압된 본분(본능)이라고 할 수 있다. 분석심리학은 본능을 좀더 포괄적으로 해석하는데, 본능이 적절한 조절하에서 활성화된다면 오히려 우리의 삶을 생생하게 만들어주는 에너지가 될 수 있지만, 이러한 긍정적인 조절적 통합이 이루어지지 않으면 어느 날 통제 불가능하게 분출될 수 있고, 그러면 끔찍한 공격성을 일으키게 되는 것이다. 지나치게 문명화된 사회에서 인간의 본능은 억압될 수밖에 없는데, 바로 그러한 이유로 의식에서 분열된 본능은 부정적 그림자와 섞이면서 조절통제가 되지 않는 것이다.

그런 의미에서 영화는 아마도 현대의 인류에게 공격성을 대리 분출해주는 역할을 하는 것으로 볼 수 있다. 분석심리학적으로 볼 때 공격성은 원형적인 것이고, 공격성에 해당하는 원어는 본래 부정적 의미가 아니고 다음 발달단계로 나아가거나 생존을 위해 반드시 필요한 에너지다. 공격성을 의식하고 조절하는 적절한 자아발달이 이루어졌다면 조절할 수 있다는 의미로 받아들여야 한다.

〈화이〉에서 석태는 자신의 눈에 보이는 괴물 때문에 괴로워한다. 그때 같은 고아원에 있었던 형(화이의 친부)에게 고민을 털어놓는다. 열심히 기도하면 좋아질 것이라는 그의 말대로 해봤지만, 그럴수록 괴물의 존재는 더욱 막강해져 그를 괴롭힌다. 그래서 그는 '내가 괴물이 되어야겠다.' 라고 결심한다.

「지킬 박사와 하이드」에서 지킬은 낮에는 점잖은 의사지만 밤마다 포악한 괴물로 변하는데, 즉 하이드는 의사 지킬의 그림자이며 의식적 인격과 무의식적 인격의 이중성 표현일 수 있다. 그 외에도 흥부와 놀부, 콩쥐와 팥쥐, 가짜와 진짜 등 무수한 쌍들이 인간정신의 의식성과 무의식성, 명과 암을 표현하며 그리스도와 마귀처럼 선의 반대는 그것의 그림자라고 할 수 있다. 즉 그림자는 의식의 바로 뒷면에 있는 여러 가지 심리적 내용으로 열등한 인격과 같은 것이다.[31]

이처럼 우리 안에 있는 어둡고 열등하고 때론 사악한 존재와 대면은 불편하고 두려운 것일 수 있다. 그러나 내 안에 있는 면면들과 만나고 화해하지 않는다면 통합되고 조화로운 자신이 될 수 없고, 그 어두운 그림자의 희생양이 되어 '괴물'이 되어버릴지도 모른다.

영화 〈오큘러스〉에서는 '래서 거울'이라는 아주 기이한 거울이 등장한다. 다소 위압적이고 음산한 분위기의 거울을 들여놓는 순간부터 집 안의 사람들은 모두 괴물이 되어버린다. 거울은 또 다른 자신을 상징하기도 한다. 그렇기 때문에 래서 거울은 실제 거울이라기보다는 인간의 마음에 존재하는 또 다른 자아로 내면의 어두운 면, 즉 그림자일 수 있다.

악의 포로가 된 이들은 자신과 사랑하는 가족의 삶을 파괴한다. 이미 악의 그림자에 먹힌 아버지는 아들을 위해 자살한다. 화이의 그 '괴물'처럼 '래서 거울'은 정신착란이나 정신이상으로 인한 환각이라기보다는 인간 본성의 어두운 면을 묘사하고 있는 것 같다는 생각이 든다.

폭력과 공격성과의 관계

폭력의 사전적 정의는 남을 거칠고 사납게 제압할 때에 쓰는 물리적인 수단이나 힘을 의미한다. 이 폭력은 인간의 공격성에 의해서 발생한다. 공격aggression이란 다른 사람을 해칠 목적으로 하는 행동이다. 공격은 자신의 목숨이 위협받을 때, 제한된 자원을 획득하기 위해, 짜증을 유발하는 원천을 제거하기 위해, 자존심을 지키기 위해 일어난다.

　욕구좌절-공격이론에 의하면 사람은 자신이 성취하고자 하는 목표의 달성이 좌절되거나 그 목표 도달이 차단되었을 때, 욕구 좌절을 일으키게 만든 대상을 향해 공격 행동을 하게 된다고 한다. 충동적 공격은 다른 사람이 자신에게 분노, 고통, 짜증과 같은 불편한 심기를 불러일으키게 할 때 그 사람에 대한 공격행동을 하게 하는데 고통이나 짜증의 유발인자를 제거하기 위한 반응이라는 것이다. 또한 집단 내에서의 자신의 주도성 또는 지위를 유지하거나 체면을 유지하기 위해 이를 위협하는 대상을 공격하기도 한다.

무엇이 인간을 공격적으로 만드는가?

스트레스stress는 인간이 심리적·신체적으로 감당하기 어려운 상황에 처하게 되었을 때 느끼는 불안과 위협의 감정을 말한다. 그러나 스트레스는 부정적인 것만을 의미하는 것이 아니라 결혼하거나 승진하는 것처럼 긍정적인 생활사까지 포함한다. 따라서 스트레스는 우리의 삶의 일부라고 할 수 있다. 하지만 이 스트레스가 과다할 때 우리의 삶은 위협받을 수밖에 없다. 특히 집단 따돌림이나 타인의 죽음을 목격하거나 자신의 목숨이 위협받는 상황과 같은 충격적인 사건을 경험한 후라면 극심한 고통이 초래되고 심한 경우 자살에 이를 수도 있다. 따라서 심각한 스트레스는 인간의 공격성을 유발하는 하나의 인자가 될 것이다. 최근에 일어나는 각종 사고들도 복잡해지는 사회 속에서 발생하는 스트레스가 원인일 수 있다.

인간이 공격적이 되는 데에는 동조라는 개념을 이해할 필요가 있다. 동조conformity는 자신의 본래 의사와 상관없이 주변 사람들의 행동이나 의사를 따르는 것인데, 대표적으로 우리가 음식점을 택할 때 사람이 많은 곳을 선택하는 것이 그 예다. 이는 거의 정보가 없는 경우 종종 발생한다. 왜냐하면 현재 자신이 처한 상황, 예를 들어 밥을 먹어야 하는데 아는 사람도 없고 주변에 대해서 알지도 못한다면, 사람들의 추이를 살피면서 움직이는 것이 손해를 최소화하는 방법일 것이기 때문이다. 또한 사람은 어떤 상황에서 자신만이 그

〈오큘러스〉

들과 다른 의견이나 행동을 견지하기가 쉽지 않기 때문이다. 예를 들어 집단 괴롭힘을 당하는 경우 이에 대해 동조하지 않으면 자신도 그 집단에서 일탈자로 지목될 수 있는 위험이 있다. 그러나 동조는 이탈자가 생겨나면 빠르게 사라지기도 한다.

공격성은 상대방이 갖고 있는 권위나 권력 때문에 복종obedience, 즉 상대방의 요청에 따라 발생할 수도 있다. 복종에 관한 실험으로 '밀그램(Milgram, 1963) 실험'이 있다. 2명의 피험자에게 선생과 학생의 역할을 임의로 배정하는데, 실은 실험조수가 학생을 맡고 실제 피험자가 선생을 하도록 조작되어 있었다. '처벌이 학습에 미치는 효과'라는 주제로 한 실험이라고 말한 후, 학생(실험조교)은 옆방에 있고 선생(피험자)은 학생이 오답을 말할 때마다 전기쇼크 강도를 한 단계씩 올릴 수 있도록 지시받는다. 학생이 멈춰달라고 소리를 질러도 실험자는 실험을 계속하도록 한다. 이 연구의 실제 목적은 선생이 어느 정도까지 전기쇼크를 높이는지 보기 위한 것으로, 실험 결과 피험자의 65%가 최고강도까지 높였다고 한다. 사람들이 사회적 권위에 얼마나 잘 순응하는지를 입증한 것으로 유명한 실험이다.

얼마 전에 여중생이 집단 폭행을 당하고 시신이 유기되는 엽기적인 범죄가 벌어졌다. 이런 흉악한 범죄를 저지른 사람들은 20대 남성들과 함께 생활하면서 각종 범법행위를 일삼았던 10대 청소년들이었다. 그들은 어린 여중생에게 매춘을 강요하고 이를 거부하면 폭행했다고 한다. 이들이 이렇게 잔인할 수 있었던 이유는 자신이 그렇게 하지 않으면 자신도 그 여중생처럼 될 수 있다는 생각 때문에 어쩔 수 없이 그런 행위를 했다는 것과 폭력이 허용된 상황에서 자신들의 폭력성을 제어하지 못했던 것이라고 생각한다.

공격성을 줄이기 위해 필요한 것

악순환의 고리를 끊기 위해서는 양보와 타협이 필요하다. 이를 위해서는 소통이 필요하고, 문제가 발생했을 경우 처벌을 확실히 하는 것도 필요하다. 또한 공동체 의식을 강화하는 것도 도움이 될 수 있다. 인간에게는 분명 '이타성'이라는 것이 존재한다. 이는 자신의 이득이 아닌 타인을 향한 행동이다. 물론 『이기적 유전자』의 저자 리처드 도킨스Richard Dawkins는 이타성은 확장된 이기성일 뿐이라고 말하지만, 원인이 무엇이든 인간에게는 자신이 도움을 줄 수 있는 능력이 있거나 그럴 상황에 처하면 사회적 책임감을 갖고 타인에게 도움을 줄 수 있다고 한다.

반대로 자신이 위험에 처했을 때는 특정한 사람을 특정하는 것이 효과적인데, 이는 책임분산diffusion of responsibility 이론에 의해서 설명될 수 있다. 어떤 사람이 위급상황에 처했을 때 주변에 사람이 많아도 도움을 주지 않는 경우가 종종 발생하는데, 이는 서로 누군가가 도와줄 것이라는 막연한 생각으로 책임이 분산되기 때문이다.

영화 속 폭력성

▶ 아저씨

2010년, 감독: 이정범, 출연: 원빈, 김새롬, 김태훈, 김희원 외

무언가 사연이 있는 듯 덥수룩이 눈을 덮은 긴 머리와 축 처진 어깨, 말없이 전당포를 운영하며 살아가는 태식은 실은 전직 특수요원이다. 아마도 지금은 그 존재조차 사라져버린 국가 기밀 요원으로 과거에 그는 혹독한 훈련을 통해 임무를 수행했다. 그러던 어느 날 누군가에 의해 임신한 아내가 죽고, 그 죽음을 목도한 그는 홀연 사라진다. 그리고 지금의 무기력한 모습으로 살아가고 있던 그에게 '아저씨'라 부르며 유일하게 친근하게 다가오는 이는 옆집 소녀 소미뿐이다. 그런 소미를 태식은 무심히 대하지만, 둘 사이의 묘한 우정은 깊어간다. 어느 날 소미가 사라지고 태식은 두 번 다시 사랑하는 사람을 잃지 않겠다는 일념으로 소미를 찾아나선다. 그 과정에서 아이들과 장기 밀매를 하는 범죄조직과 맞서게 된다.

▶ 킬 빌

2003년, 감독: 쿠엔틴 타란티노, 출연: 우마 서먼, 루시 리우, 비비카 A. 폭스 외

어느 한적한 오후, 결혼식을 앞두고 행복할 것만 같아 보이는 키도(우마 서먼)에게 한 남자가 찾아온다. 그리고 잠시 후 그녀와 그녀의 신랑, 가족과 친구들이 모두 처참하게 살해당한다. 그로부터 5년 후, 코마상태의 키도는 갑자기 의식을 찾고 오랜 코마상태에서 깨어난다. 그녀의 머릿속에 박혀 있을 거라 생각했던 총알은 없지만, 배 속의 아기도 없다. 자신을 이렇게 만들고 자신 때문에 죽어간 사람들을 위해 그녀는 복수를 다짐한다. 그녀는 악명 높은 살인조직 '데들리 바이퍼스'의 일원이었고, 조직의 보스인 빌을 포함한 5명의 일원이 그날의 범행을 저지른 것을 알게 된다. 그녀는 텍사스, LA, 멕시코, 중국, 일본을 차례로 방문하며 차근차근 복수를 실행한다.

▶ 화이

2013년, 감독: 장준환, 출연: 김윤석, 여진구, 조진웅, 장현성, 김성균 외

각각의 범죄기술을 지닌 5명의 아빠를 둔 화이. 5명의 아빠들에게 사랑을 독차지하며 순수하게 자라지만, 리더 석태는 화이가 자신처럼 강한 존재가 되길 바란다. 그러던 어느 날 범죄 현장에 화이를 끌어들여 살인을 종용하고, 결국 화이는 살인을 하게 된다. 그러나 죽인 사람이 자신의 친부였음을 알게 된 화이는 혼란에 빠지며, 친모마저 죽이려 하는 석태와 전쟁을 하게 된다. "아버지…, 왜 절 키우신 거예요?"라는 질문에 석태는 "너도 이제 알게 될 거야."라며 자신의 세계로 끌어들이려 한다. 그러나 화이는 석태와 달리 괴물에 먹히지 않는다.

▶ 오큘러스

2013년, 감독: 마이크 플래너건, 출연: 카렌 길런, 브렌튼 스웨이츠 외

어린 시절 카일리(카렌 길런)과 팀(브렌튼 스웨이츠)은 충격적인 사고로 부모님을 잃는다. 부모를 살해한 누명을 쓰고 남동생 팀은 소년원에 수감된다. 그로부터 10년 후, 동생이 출감하기를 기다린 누나는 어린 시절에 발생한 끔찍한 사고가 부모님들이 들여놓았던 거울(래서 거울)의 짓이라 믿는다. 공교롭게도 그 거울의 이전 주인들을 추적한 결과, 모두 비참한 죽음을 맞이했던 것이다. 카일리는 동생과 함께 래서 거울을 파괴하기 위한 계획을 세운다.

외톨이는 위험하다?

〈우아한 거짓말〉〈김씨 표류기〉

2013년, 감독: 이한, 출연: 김희애, 고아성, 김유정, 김향기 외

남편이 죽은 후 마트에서 일하며 홀로 생계를 책임지고 있는 엄마 현숙에게는 큰 딸 만지와 작은 딸 천지가 있다. 언제나 착하고 살갑게 굴던 천지가 어느 날 갑자기 자살을 하고 만다. 딸의 죽음에 현숙은 슬프지만 천지가 없는 삶에 적응하고자 애쓴다. 우연히 천지의 친구들을 만난 만지는 천지가 친구들에게 따돌림을 당해 극심한 우울에 시달렸다는 이야기를 듣게 된다. 그리고 따돌림을 한 친구 중에 천지와 절친했던 화연이 있었음을 알게 된다.

왕따와 은둔형 외톨이

직장과 학교 준비로 바쁜 아침, 현숙(김희애)은 아침을 차리고 만지(고아성)와 천지(김향기)와 함께 식사를 한다. 반찬 투정을 하는 만지와 달리 둘째 딸 천지는 불평 없이 오늘도 밥을 잘 먹는다. 그런 천지가 엄마에게 갑자기 말을 꺼낸다.

천지: "엄마, MP3 사줘."

엄마: "응? 갑자기 무슨?"

〈우아한 거짓말〉

만지: "그냥 사줘!"

엄마: "누가 안 사준데? 천지야, 이달 지나서 사자. 돈 들어갈 때가 많아

서…."(우울해 보이는 천지의 얼굴)

일터에서 현숙은 아무래도 천지의 얼굴과 목소리가 밟힌다. 평소에 뭘 해달

라고 한 적이 없는 아이인데…. 그래도 뭐 별일 있을까 싶었는데, 천지는 갑

작스럽게 엄마와 언니 곁을 떠났다.

새로운 집으로 이사한 현숙과 만지는 새집 청소도 하고 짐도 옮기고, 그렇게

일상으로 돌아온 듯 보였다. 그러나 시간이 지나면서 천지의 죽음이 같은 반

친구들과 관련이 있다는 사실을 알게 된다. 단짝인 줄 알았던 화연이 실은

천지를 따돌린 주범이었고, 같은 반 친구들이 교묘하게 천지를 따돌린 것이

다. 게다가 천지는 왕따도 아닌 '은따'였다.

가족에게조차도 자신의 마음을 드러내지 않고 늘 웃으며 착한 딸 역할만 해왔던 천지는 사실 심각한 우울감에 빠져 있었다. 그냥 조용히 말없이 공부 잘하고 착한 아이라 문제가 없는 줄로만 알았지만, 친구들에게 외면당했고 자신을 가장 잘 이해해줄 것만 같은 가족들도 각자의 삶에 치여 천지에게 관심을 가질 여유가 없었던 것이다.

그러던 어느 날, 그 착한 천지가 아무런 말도 없이 죽어버린다. 천지의 죽음은 가족에게는 씻을 수 없는 고통과 아픔을 주었고, 같은 반 친구들은 마음이 불편하다. 그러면서도 내심 자신의 행동들을 합리화하면서 화연에게 냉담하게 대한다.

최근 학교에서 집단 따돌림 현상은 그 발생빈도와 폭력성이 예전보다 심해지고 있다. 대부분의 시간을 학교와 학원에서 보내는 우리나라 청소년들에게 집단 따돌림은 따돌림을 당하는 대상과 따돌림을 하는 대상 모두에게 부정적인 영향을 미친다. 이런 집단 따돌림은 학교생활에서부터 고학년으로 올라갈수록 심해지고 있고, 학교를 졸업한 후 사회, 즉 군대나 직장 등으로 연계될 수 있다는 점에서 그 예방과 교육이 절실히 필요하다.

아동과 청소년기에 또래관계는 발달과 적응에 중요하다. 또래관계를 통해 새로운 사회적 기술을 배우고 자아정체감을 형성해가야 하는 시기이기 때문이다. 이 시기에 긍정적으로 관계를 형성하지 못한다면 불안, 우울, 자존감 하락, 학업적 부진 등 다양한 문제를 일으킬 수 있고, 이후 심리사회적 부적응의 단초가 된다. 영화 〈우아한 거짓말〉에서 천지는 결국 학교생활에 적응하지 못하고 '자살'이라는 극단적인 선택을 통해 가족과 주변인들에게 충격을 준다. 이렇게 학교 부적응으로 죽음을 선택하거나 학교를 가지 않는 등의 문제가 반복해서 발생하고 있지만, 실제로 집단 따돌림은 줄어들고 있지 않다.

내가 만난 친구는 고등학교 1학년의 남학생이었다. 동그랗고 귀여운 얼굴에 키도 크고 겉으로 보기에는 큰 문제가 없어 보였지만, 같은 반 친구들에게 지속적으로 괴롭힘을 당하고 있었다. 그러나 뾰족한 대처 방법 없이 당하고만 있었고, 그래서 종종 이 친구들과 욕설을 하고 싸우는 경우가 종종 발생한다고 했다. 그런데 문제는 이런 상황을 바라보는 부모의 시선이었다. 아이가 이상하다는 것이다. 우리 때는 이런 것이 없었는데, 쟤는 왜 저런지 모르겠다면서 별로 깊게 관여하고 싶지 않은 태도를 취했고, 아이의 아버지는 상담받는 것조차 원치 않았다.

그래도 상담은 3개월간 지속되었지만, 부모들은 거의 나타나지 않았다. 그럼에도 아이는 열심히 상담을 받으러 왔고, 어느 날 자신이 너무나 많이 달라졌고 변했다면서 기쁨을 표현했다. 이제는 학교생활에 잘 적응할 수 있을 것 같다며, 이제 공부에 좀더 집중해야 하기 때문에 상담을 오래 할 수 없을 것 같다, 상담이 끝나고 어려움이 또 발생하겠지만 이전과 같지는 않을 것이라는…. 놀랍게도 이

〈김씨 표류기〉

아이는 내가 해줘야 할 말을 스스로 하고 있었다. 지금도 가끔 이 아이가 생각난다. "너 살만 좀 빠지면 진짜 멋있겠다."라고 하면 정색을 하면서 "자신은 잘 생기지 않았다."라고 하면서도 은근히 좋아하곤 했었다. 지금 잘 지내고 있는지 그 아이의 안부가 궁금하다.

최근 이런 집단 따돌림만큼 우려스러운 것이 '은둔형 외톨이'다. 수니파 극단주의 무장단체 IS에 참가한 상당수가 이런 은둔형 외톨이며, 김 군 또한 '은둔형 외톨이'였다고 한다. 은둔형 외톨이의 중요한 기준점이 학업을 중단하는 것이라고 한다. 한 조사에 의하면 매년 중고등학교에서 5만 명 이상의 중도탈락자가 발생한다고 하니, 집단 따돌림으로 인한 부적응 등이 은둔형 외톨이라는 현상으로 이어지고 있는 것 같다. 이들은 사회적인 부적응으로 실업으로 이어질 가능성도 높고 심지어는 '묻지마 범죄'로 이어질 수도 있다고 한다. 2000년도에 명문대 대학생 이 모 씨가 부모를 토막살해한 사건이 있었다. 그는 집단 따돌림을 당한 경험이 있었고, 대학시절에 집에만 틀어박혀 비디오와 게임에만 몰두했다고 한다.

영화에 등장한 인물들이 현재 우리가 살고 있는 삶과 다르지 않기 때문에 마음이 가볍지 않다. 어떤 이들은 사회가 병질화되면 갈수록 정신과나 상담소가 잘 될 거라고 하지만, 정신적으로 아픈 사람들이 늘어가는 현상을 반길 수만은 없다. 몸과 마음이 모두 건강한 사회가 되도록 힘을 모아야 한다.

은둔형 외톨이의 화려한 외유?

쓰레기로 온통 뒤덮인 방, 창이 커튼으로 가려져 있는 어두컴컴한 방에 씻지도 않은 채 컴퓨터로만 세상과 소통하는 한 여자가 있다. 미니홈피에 자신이 아닌 다른 사람의 사진을 올려놓고 다른 사람인양 꾸며놓으면, 많은 사람들이 그녀의 미니홈피에 들어와 구경을 하고 댓글을 달아 놓는다. 진짜가 아닌 가짜로 그 사람들과 그렇게라도 소통을 하고 싶은 것이다. 그러나 꼬리가 길면 밝힌다고, 결국 자신의 거짓이 들통나고 만다.

고2 때 자퇴를 하고 나서 혼자가 되었다는 것이 댓글을 통해 간접적으로 전달된다. 그런 그녀에게 '희망'이 하나 생겼다. 어쩌면 외계 생물체일지도 모르는 한 남자가 그녀의 카메라에 포착된 것이다. 더럽고 지질하며 변태적이고 짜장면에 관심이 많은 외계 생물체.

자신과 닮은 것 같은 그 외계 생물체가 자신에게 보내는 듯 모래사장에 "HELLO"를 써 놓은 날부터 그녀의 심장이 뛰기 시작한다. '저 남자를 만나고 싶다!' 죽음을 앞둔 상황에서도 늘 그렇듯이 '희망'은 삶을 변화시킨다. 창문 틈으로만 세상을 바라보고 집에서 가족들조차 마주치지 못하는 그녀가 그를 만나기 위해서 세상 밖으로 한 걸음 한 걸음 내딛기 시작한 것이다.

우리나라 영화는 비극을 희극으로 풀어내는 미덕이 있는 모양이다. 영화 〈김씨 표류기〉도 주제는 무겁지만, 이를 풀어가는 과정은 코믹하다. 너무 가볍지 않은 씁쓸한 웃음 뒤에 그 고통까지도 느낄 수 있는, 그런 걸 '해학'이라고 한다. 이 영화는 그렇게 지질한 두 남녀가 서로를 알게 되면서 자신들의 고통과 아픔을 나누고 이해하기 위한 몸부림으로 표현되고 있다.

실제 이런 사람들이 우리 사회 어딘가에서 살고 있기에 그저 웃어넘겨버릴 수만은 없다. 영화는 비교적 해피엔드인 것 같다. 그러나 실제 상황에서는 김 군처럼 안타깝게도 황당한 대안을 찾아 떠나는 일이 벌어진 것이다.

영화 속 은둔형 외톨이

▶ 김씨 표류기

2009년, 감독: 이해준, 출연: 정재영, 정려원, 박영서 외

빚 더미에 몰린 한 남자 김 씨(정재영)가 한강에서 투신자살을 시도한다. 그러나 바보같이 그 자살마저도 실패로 끝나고 죽는 것마저도 마음대로 되지 않는다. 다시 죽으려고 시도했으나, 불시에 찾아온 복통을 참지 못하고 숲으로 뛰어가 볼일을 보고 나서 그는 다시 살아야겠다고 결심한다. 죽는 건 언제든 가능하니까! 누군가의 구조를 기다리며 모래사장에 쓴 HELP가 HELLO로 바뀌고 무인도 야생의 삶에 그럭저럭 적응되어 갈 무렵, 익명의 쪽지가 담긴 와인 병을 발견한다. 좁고 어두운 방에서 홈피 관리, 하루 만보 달리기 등을 하며 세상과 단절된 채 살아가고 있는 여자 김 씨(정려원). 유일한 취미인 달 사진 찍기에 열중하던 어느 날, 저 멀리 한강의 섬에서 남자 김 씨를 발견하고 그를 외계 생물체로 생각한 그녀는 그에게 리플을 달아주려고 한다. 그와 소통하기 위해 그녀가 3년 만에 자신의 방을 벗어나기 시작하고, 결국 두 사람은 극적으로 만나게 된다.

대한민국 군대, 안녕하십니까?

〈용서받지 못한 자〉〈어 퓨 굿 맨〉

2005년, 감독: 윤종빈, 출연: 하정우, 서장원, 윤종빈, 임현성 외

말년 병장 태정의 내무반에 중학교 동창인 승영이 신참으로 들어온다. 승영 때문에 잦은 문제들이 발생하지만 태정은 그를 도와주려 한다. 하지만 승영을 이해 못하기는 마찬가지다. 승영은 고참이 되면 이런 관행을 바꾼다고 자신하지만 오히려 따돌림을 당하자 그는 점점 변하기 시작한다. 제대 후, 군대 생활을 까맣게 잊고 있던 태정에게 승영이 전화를 걸어온다. 태정은 그를 만나기 싫었지만 끈질긴 승영 때문에 결국 모텔에서 만나게 되는데, 태정이 모텔을 떠난 후 승영은 주검으로 발견된다.

군대를 통해 바라본 대한민국의 남성성

사람들은 "남자는 군대를 다녀와야 한다."라고 한다. 이 말은 바꿔 말하면, 군대를 가지 않은 남자는 뭔가 하자가 있다는 의미라고도 말한다. 몇몇 정치인이나 연예인들이 군입대를 피하려고 편법을 쓰다가 인생의 쓴맛을 보게 되는 것은, 대한민국 남자라면 당연히 국방의 의무를 져야 한다는 막중한 사명감이 그 안에 자리 잡고 있기 때문이기도 하다. 그렇기 때문에 국가와 민족을 위해서 남자는 희생을 해야 하며, 그래서 군대를 다녀온 남자에 대해 우리가 갖는 감정은 특별한 것이다.

다시 말해서 우리 사회에서 '군 복무'는 대한민국의 소년이 성인 남자로 거듭나는 통과의례로, 소년이 성인 남성이 되어 민낯으로 만나는 최초의 가장 살벌한 계급사회이기도 한다. 이들은 이등병에서 말년병장까지 가장 밑바닥부터 한 단계 한 단계 계급이 올라가면서 권력의 맛을 알게 된다. 그렇게 명령과 복종의 권력관계 속에 왜곡된 남성성이 강요되기에 군대에서는 일방적인 피해자도 가해자도 없다. 그 때문에 스스로 자신들의 행동들을 합리화할 수밖에 없는 모순에 빠지기도 한다. 그래서인가 꿈속에서라도 다시 가고 싶지는 않지만(실제 남자들은 최악의 꿈이 군대 다시 가는 꿈이라 한다) 그 기억을 떠올리면 아련한 추억으로 다가오는, 미워했지만 결국 미워할 수 없는 '이제는 돌아와 거울 앞에선 내 누이와 같은 존재(서정주 시인의 '국화 옆에서')'이기도 하다. 그래서 돌이키면 내 인생에서 꼭 필요했던 시기로 기억되고 있는지도 모른다.

그러나 최근 군대가 변하고 있다. 자녀를 하나에서 둘만 낳는 저출산국가가 되었고, 그 자녀들에게 부모들이 갖는 기대 또한 엄청나다. 돈이 있든 없든 부모들은 자녀들을 위해 주머니를 터는 것을 꺼려하지 않는다. 이런 분위기에서 소위 고생을 모르고 자란 세대가 처음으로 맞닥뜨리는 현실은 너무나 가혹할 수 있다. 군 생활은 예전이나 지금이나 큰 변화가 없지만, 구성원들이 달라졌다는 얘기다.

최근에 발생한 가혹행위 등을 보면, 군대가 아니라 학교에서 벌어지는 왕따 문제가 그대로 재연되고 있다는 생각이 든다. 아직 어른이 되지 못한 소년에게 감당할 수 없는 권력을 쥐어준 셈이다. 그들은 처음에는 힘없는 이등병에서 시작해 일등병, 상병이 되어가며 갑자기 자신들에게 주어진 힘을 주체하지 못하고 과시하고 싶었는지도 모른다.

영화 〈용서받지 못한 자〉의 승영은 이런 군문화가 못마땅하다. 지금은 내가 힘이 없으니까 어쩔 수 없지만, '내가 어느 정도 위치에 오르면 나는 저들과는 다를 것이다.' '내가 상병이 되면 이런 문화를 고치겠노라.' 라고 호언장담한다. 어떤 단체의 문화라는 것이 개인의 노력으로 변화될 수 있다면 얼마나 좋겠는가마는 현실의 벽은 그리 녹록지 않다. 부하들을 따뜻하게 감싸고 존중하며 대화를 통해 민주적으로 해결하리라 했던 다짐들은 점점 깨지기 시작했다. 자신의 마음도 몰라주고 문제만 일으키는 지훈에게 점점 화가 난다. 상관들은 "네가 잘해주니까, 너를 우습게 봐서 그런 거다."라며 충고한다. '정말 그런 것일까?' '내가 잘해준다고 날 만만하게 본거야?' 승영은 분노를 누를 수 없다. 결국 승영은 지훈에게 폭발한다. 나를 만만하게 본거냐며 너를 가만두지 않겠다고 주먹 다짐을 하지만, 지훈은 꿈쩍도 하지 않는다. 이런 태도가 승영을 더 화나게 만든다.

그러나 승영이 생각했던 것과 달리, 지훈은 여자친구에게 이별 통보를 받고 하늘이 무너지는 것 같은 기분이었다. 누가 뭐라고 해도 귀에 들어오지 않는

〈용서받지 못한 자〉

다. 결국 지훈은 화장실에서 목을 메 자살한다.

이런 사실을 아는지 모르는지, 승영은 지훈이 자신 때문에 죽은 것만 같아 괴롭다. 친구 태정(하정우)을 찾아가 하소연하고 싶은데, 태정은 자신을 냉랭하게만 대한다. '아, 나 같은 건 죽어야 해.' 아마도 그는 그런 생각을 했을 것이다. 그리고 그도 극단적인 선택을 한다.

대한민국 군대, 해법은 무엇인가?

임 병장과 윤 일병 사건은 2014년 대한민국의 군대를 다시 들여다 보게 만든 커다란 사건이었다. 군대에서 폭행이나 가혹 행위가 있다는 것이 어제 오늘의 일이 아니건만, 2014년도에 벌어진 두 사건은 여러 가지 측면에서 우리에게 경각심을 불러일으킨다. 그래서 이런 말도 있었다. "참으면 윤 일병처럼 되고, 못 참으면 임 병장처럼 된다."라는 말은 자기가 죽든가, 아님 누굴 죽이든가 하는 극단적인 형태만 존재한다는 것이다. 이를 두고 군대 내의 개혁이 필요하다고 여론이 들끓었지만, 지금은 이 사건들도 기억 속에서 사라지고 있다. 그리고 또 다시 사고가 터지면 대책을 강구하겠다고 난리들을 칠 것이다.

군대는 상하관계가 명백하고 군율에 따라 엄격히 조직화되는 특성을 가진다. '명령에 죽고 명령에 살아야 하는 것'이다. 그러나 이런 엄격한 규칙은 사라지고 상하 권력관계만이 남아, 보다 권력을 가진 자가 권력이 없는 자를 힘으로 압박하고 그들의 인권을 유린하는 것이 문제라고 생각한다. 진짜 원칙이 서지 못하고 있는 것이 아닌가 하는 생각을 지울 수 없다.

윤 일병은 집단으로 폭행과 가혹행위를 당하다가 결국 의식을 잃고 쓰러져 다시 일어나지 못했다. 그를 괴롭힌 것은 그가 어떤 잘못을 저질러서가 아니라, 약하고 힘없는 자가 그저 자신을 방어할 수 없는 상태에서 무방비 상태로 죽임을 당한 것이라고 밖에는 설명할 수 없다. 그 사회가 군대든 다른 조직사회든, 약자를 보호하지 않는다면 이런 비극은 또 다시 일어날 것이다.

영화 〈어 퓨 굿 맨〉에서도 군대 내에서 일어난 살인 사건을 다루고 있다. 한 병사가 잠을 자던 도중, 누군가에 의해서 죽임을 당한 것이다. 이를 해결하기 위해 변호사(톰 크루즈)가 선임되지만, 처음에 그는 이 일에 별로 관심이 없다. 그러나 이 일에 배후가 밝혀지면서 사령관(잭 니콜슨)은 투옥되기에 이른다. 그리고 그의 지시를 받아 병사를 죽인 병사들도 함께 처벌받게 된다. 병사를 죽인 한 병사가 "우리는 시키는 대로 했을 뿐이야!"라고 외치며 무죄를 주장하지만, 그의 옆에 서 있던 병사는 그를 바라보며 나지막이 말한다. "우리도 잘못했어. 그를 보호하지 못했기 때문이야."라며 자신의 죄를 인정한다. 그런 그에게 변호사는 "해병만이 영예로운 길은 아니야!"라며 그의 용기 있는 결단에 힘을 실어준다. 영화는 그렇게 끝이 난다.

잘못을 정확하게 인정하고 그 잘못에 대해 엄히 죄를 묻는 것이 원칙이 서는 길이다. 그러나 영화 내내 생각이 복잡했던 건, 그들의 군 문화와 우리의 군 문화의 차이였다. 물론 미국이나 우리나라나 군 내에서 여군의 위치가 상대적으로 낮다거나, 성희롱과 같은 발언을 듣는다거나 하는 점에서는 별반 차이가 없다는 생각도 들었다.

그럼에도 불구하고 한 가지 부러운 것은 상하관계가 분명하고 상명하복에 따라 움직이는 것은 같지만, 부하를 자신의 수족처럼 부리는 일은 우리나라 군대에서만 볼 수 있는 현상이라는 것이다. 군대를 다녀온 사람들이나 각종 매체를 통해서 비춰지는 우리나라의

〈어 퓨 굿 맨〉

군대는 신체나 언어폭력뿐 아니라 자신보다 지위가 낮은 사병에 대한 존중을 찾아보기 어렵다. 예전보다 많이 나아졌다고는 하지만, 실제 벌어지는 사건 사고를 접할 때면 마음이 무거울 뿐이다.

그리고 불행하게도 이런 일들이 사라질 것이라고 생각하지도 않는다. 그런데 최근 여러 문제가 발생하면서 군 내에도 여러 변화들이 생기고 있는 것은 분명하다. 최근 군대에서 이런 문제를 해결하기 위해 적극적으로 예방프로그램을 개발하고자 필자가 대표로 있는 학회에 의뢰를 해왔다. 직접 군대에 가보니 병사들을 담당하고 있는 군 간부들은 이 때문에 골머리를 썩고 있다. 군대가 학교도 아니고 이미 문제를 가지고 있는 아이들까지 모두 관리를 해야 하는 상황이기에 군 기강도 제대로 확립하기 어려운 난관에 봉착해 있었다. 그럼에도 불구하고 소중한 인명이 희생되는 일이 없도록 중지衆智를 모아야 한다는 데에는 이견이 있을 수 없다.

영화 속 군대

▶ 어 퓨 굿 맨

1992년, 감독: 로브 라이너, 출연: 톰 크루즈, 잭 니콜슨, 데미 무어 외

군대 내에서 한 사병이 의문의 죽임을 당한다. 해군은 이 사건의 변호사로 캐피 중위(톰 크루즈)를 선임하지만 겔로웨이 소령(데미 무어)이 개입하면서 사건은 복잡해진다. 조너선 중위(키퍼 서덜랜드)가 이 사건과 연루되어 있으며, 사령관 제셉 대령(잭 니콜슨)이 이 사건의 배후에 있음을 알게 된다.

* 진짜 나쁜 놈들 전성시대!

* 여자가 우는 건 좋아서가 아니야!

* 인간인가, 괴물인가?

Part 7

영화 속
범죄

진짜 나쁜 놈들 전성시대!

〈황해〉〈범죄와의 전쟁〉〈악마는 프라다를 입는다〉

2010년, 감독: 나홍진, 출연: 하정우, 김윤석, 조성하, 이철민 외

연변에서 택시를 운전하는 구남은 구질구질한 삶에서 벗어나기 위해 마작판을 전전하지만 빚만 쌓인다. 한국으로 돈 벌러 간 아내는 소식이 끊긴 지 오래다. 그러던 어느 날 면가는 구남에게 접근해 돈 벌 목적으로 한국에서 사람을 죽이고 오라고 한다. 구남은 소식 없는 아내도 찾을 겸 한국행을 택하고, 목표물을 찾는 데 성공하지만 다른 놈들에 의해 목표물이 죽고 살인자로 누명을 쓰게 된다. 구남이 면가를 찾아나서며 두 사람의 피 튀기는 대결이 시작된다.

영화 〈황해〉와 실제 청부살인과의 관계

2014년 3월경 K건설업체 사장인 A(59)씨가 흉기에 찔려 살해당했다. 경찰은 용의자가 누구인지 단서를 찾지 못하다가 CCTV에 포착된 용의자 김 씨의 걸음걸이 등을 단서로 체포했는데, 검거 후 김 씨의 신원을 알아보니 그는 조선족이었다.

영화 〈황해〉의 내용이 그대로 재연된 것 같아 무서웠다. 물론 영화가 우리의 삶과 사회적 현상을 구체적으로 묘사하기 때문에 영화 속에서 벌어지는 일들이 충분히 개연성을 가질 수 있지만, 실제 생활에서 이와 같은 일들이 벌어지는 것은 우려스러울 뿐이다.

구남(하정우)은 연변에서 택시 운전을 하며 살아가고 있다. 결혼해서 딸아이가 있지만, 아내는 돈을 벌어오겠다며 6개월째 소식이 없고 딸은 어머니에게 맡겨 지금은 혼자 지내고 있다. 그의 집에는 술병이 나뒹굴고 있고, 그를 찾는 것은 빌린 돈 갚으라는 사채업자뿐이다. 되는 것도 없는 인생, 혹시나 하고 마작판을 찾지만 전문 도박꾼들을 당할 재간이 없다. 오늘도 하루 일당을 모두 날리고, 남은 돈도 사채업자에게 빼앗기고 여러 가지로 울화통 터지는 일만 생긴다. 그런 그를 유심히 보는 남자가 있다. 면가(김윤석)다. 뭔가 의미심장한 표정으로 '저 놈 쓸 만한데…'라는 생각을 하고 있는 듯하다. 면가가 사채업자를 통해 은밀히 구남을 부른다. 돈 좀 벌어보지 않겠냐며….
솔깃한 제안에 구남은 면가를 만나지만, 객소리를 늘어놓는 면가가 맘에 안드는지 자리를 털고 일어서려고 하는데 면가가 말을 던진다.
"사람 하나 죽여줘야겠다."
그리고 그에게 돈 봉투와 통장을 던져준다. 그의 머리가 순간 복잡하다. 아이의 얼굴이 어른거리고…어차피 돈 벌러 간 건지, 바람이 난 건지 모를 여편네도 찾아야겠고…. 그는 슬그머니 돈 봉투와 통장을 챙긴다.

영화 〈황해〉의 귀결은 모두의 실패로 끝난다. 자신의 여자와 놀아난 승현을 용서할 수 없었던 태현(조성하)이 청부살인을 의뢰해

황해를 건너 연변에 있는 구남에 이르게 되었고, 태현과 승현을 둘러싼 음모로 인해 서울 도심의 한복판에서 서로 죽고 죽이는 살인과 추격전이 벌어진다.

범죄의 개념

범죄crime란 포괄적으로 반사회적 행위Anti-Social Behavior를 가리키는 것으로 보기도 하는데, 법률적 개념에서는 범죄는 법을 위헌하는 행동이다. 그러나 범죄는 절대적인 개념이 아니며, 시대와 장소에 따라 변화하는 상대적인 개념이다. 범죄의 개념은 시대, 지역과 사회에 따른 다중 잣대에 의해 새롭게 평가되기도 하고, 범죄의 분류를 용이하게 하기 위해 새로운 범죄의 출현과 새로운 양상의 범죄가 발생할 때마다 필요와 성격에 따라 다양한 명칭으로 불리기도 한다.[32]

소설 『레미제라블』의 장 발장은 빵 한 조각을 훔쳤다는 이유로 19년간 복역했으며 출소한 뒤에도 죽을 때까지 자유롭지 못한 삶을 산다. 지금 생각해보면 너무 과한 법적인 적용을 받은 것이라고 할 수 있다. 현재 소위 '장발장법'이라는 법이 위헌의 소지가 있어, 사실상 과도한 법적 제제를 받지 않을 것으로 보인다. 즉 상습절도에 의한 과한 처벌이 적용된다는 것은 형평에 맞지 않는다는 것이

〈황해〉

다. 예를 들어 수백 억을 횡령한 혐의로 수감된 유병헌의 아들 유대
균은 3년 9개월을 선고받았는데, 상습절도범의 경우 하나만 훔쳐도
3년이 넘는 징역을 살아야 한다면 누가 봐도 이는 과한 적용이 아
닐 수 없다.

최근 혼인빙자간음죄와 간통죄의 경우 개인의 성적 자기 결정권
을 국가가 어디까지 개입할지에 대해 여러 논쟁들이 있었고, 결국
간통죄 또한 역사 속으로 사라지게 되었다. 따라서 시대에 따라 범
죄의 개념과 적용범위 등에서도 변화가 생긴다는 것이다.

범죄는 범죄를 저지르는 특이한 유전자를 가진 사람들, 예를 들
면 반사회성 인격장애와 같은 것에 의해서만 저질러지는 것이 아
니다. 영화 〈황해〉에서처럼 평범한 삶을 살고 있는 구남과 같은 사

람에게도 해당될 수 있다. 때로는 누가 더 나쁜 놈인지 모를 미묘한
경계를 넘나들 수도 있다.

최익현과 최형배 중 누가 더 나쁜 놈일까?

영화 〈범죄와의 전쟁〉이 주는 함의는 '범죄'라는 것이 몇몇 개인의
문제가 아닌 우리 모두의 문제가 될 수 있다는 문제제기일 수도 있
다. 나쁜 놈으로 태어나고 죽는 것이 아니라는 의미를 전달하고자
하는 것인지도 모른다.

영화 〈도둑들〉에서 김윤석이 "그거 알아? 예수님 옆에 있었던 놈
이 도둑놈이었다는 거? 따지고 보면, 제일 나쁜 일 하겠다는 것도
아닌데, 그저 똥구덩이에서 연꽃 하나 피워보겠다는데 뭘 그러시
나?"라고 말하며 자신의 행동을 합리화하는 장면이 나온다.

우리가 정치인들을 선택할 때 이런 고민을 한다. 누가 더 훌륭한
가가 아니라, 누가 더 나쁜지를 가려내서 덜 나쁜 놈을 골라야 한다
는 딜레마다. 〈범죄와의 전쟁〉에서도 똑같은 질문을 할 수밖에 없
다. 폭력과 범죄로 뒷골목에서 선량한 사람들 피를 빨아먹으며 사
는 깡패 두목 최형배(하정우)와 온갖 비리로 질기게 살아남은 최익
현(최민식) 중에 누가 더 나쁜 놈일까? 결과적으로 최익현은 끝까지
살아남아 자신의 아들을 검사로 만들고 주변사람들에게도 인정을

〈범죄와의 전쟁〉

받으며 산다. 그러나 우리가 잊지 말아야 할 것이 있다. 이들 위에서 범죄와의 전쟁을 선포한 바로 그 인간들이 진짜 승자가 아닐는지.

아주 유쾌한 소시오패스 이야기

지금까지는 정말 나쁜 놈들 이야기만을 했다. 그런데 소시오패스나 사이코패스, 반사회성 인격장애자들이 모두 범죄와 연루되는 것은 아니다. 그 중에 지능이 높고 기능이 좋은 많은 소시오패스들이 우리와 함께 살아가고 있는지도 모른다. 아주 유쾌한 소시오패스 이야기를 한번 해보려고 한다.

〈악마는 프라다를 입는다〉

앤드리아(앤 해서웨이)는 저널리스트가 꿈이지만 꿈은 꿈일 뿐, 세상이 그리 만만하지 않다. 그녀를 불러주는 곳은 패션 잡지 '런웨이'뿐이다. 그곳에서 그녀는 편집장일을 돕는 비서 일을 하게 된다. 어쩔 수 없이 '1년만 고생하자.' 라는 생각으로 일하는 앤드리아에게는 관심의 대상이 아니지만, '런웨이'의 편집장 미란다(메릴 스트립)는 이 분야에서는 전설적인 인물이다. 그러나 그녀는 악명 높기로 유명한 '마녀' 또는 '악마'로 불리곤 한다.

온몸을 명품으로 휘감고 은발을 휘날리며 들어오는 그녀의 카리스마는 남다르다. 인사도 받지 않고 자신의 옷과 가방을 비서(앤드리아)의 책상에 던져 놓고 쉴새없이 해야 할 일을 전달하고 자신의 방으로 들어가버린다. 질문 따위는 받지 않는다. 그저 능력껏 알아서 해오든지, 그게 싫으면 나가든지…. 그녀는 자기 밑에 누가 있는지, 그들이 얼마나 힘들어하는지 등은 아랑곳하지 않는다. 사람은 얼마든지 있으니 다시 뽑으면 되는 그저 소모품에 불과하다고 생각한다. 그러나 그녀의 프로페셔널한 능력은 모두에게 선망의 대상이며, 감히 넘볼 수 없는 그녀만의 무언가가 존재하는 것은 분명하다.

그런 그녀에게도 약점은 있다. 눈에 넣어도 아프지 않을 쌍둥이 딸들이다. 그녀는 이혼을 당하면서도 딸들이 당할 상처에 고통스러워하며 눈물을 보인다. 아주 잠깐 '이 인간도 사람이구나.'라는 감정이 들며, 앤드리아는 그녀에게 묻는다.

"뭘 도와드릴 것이 없을까요?"

그러나 그녀는 아주 냉정하게 잘라 말한다.

"Your Job(네 일이나 똑바로 해!)."

그럼에도 불구하고 이 여인에게 끌리는 이유는 뭘까? 어느 순간에도 이성을 잃지 않는 냉철함과 끝까지 일을 완수해내는 책임감, 타고난 감각과 스스로에 대한 무한한 자부심, 스스로의 이미지를 지키려고 하는 강한 자기애…. 그런 모습이 이기적이고 자기중심적이며 타인에게 상처를 주기도 하고, 자신의 이익을 위해 타인을 기꺼이 이용했다가 자신에게 유리하게 사업파트너를 갈아타기도 했다가 자신이 수족처럼 부리던 부하직원도 가차 없이 잘라버리고 때로는 회사의 회장을 협박을 하기도 하며, 그것을 통해 유리한 협상을 끌어내는 것 등이 그녀가 할 수 있는 능력을 보여주는 것이기도 하다.

누가 이런 대담성을 보여줄 것인가? 그녀의 언행이 거슬리면서도 한편 속이 후련하기도 한 그녀의 모습이 나쁘지만은 않게 느껴지는 이유다.

앤드리아는 '런웨이'를 그만두고 자신이 원하던 대로 신문사에 지원을 한다. 면접을 보러 간 날, 신문사 편집장은 왜 하필 '런웨이' 같은 패션잡지에서 일했는지, 엉뚱하게 이런 데서 시간을 낭비한 것인지를 묻는다. 그러나 그녀는 나름 재미있었다고 대답한다. 그러자 편집장이 당신이 전에 일하던 '런웨이'의 편집장(미란다)으로부터 이런 메시지를 받았다며, 그녀에게 일러준다. "앤드리아는 나에게 가장 큰 실망을 안겨준 비서다. 그러나 그녀를 당신들이 뽑지 않는다면, 당신들은 바보다."라는 내용이다.

가는 길이 다르기에 다른 선택을 했지만, 서로는 서로를 알아보고 각자의 최선을 가도록 빌어주는 것도 미덕일 때가 있다.

오늘도 미란다는 "시간 맞춰 차를 대는 게 뭐가 어렵다고 이렇게 꾸물대는 거야…"라며 불평을 늘어놓는다. 그러다 미란다와 앤드리아가 멀리서 우연히 조우한다. 여전히 차가운 눈빛으로 앤드리아를 바라보던 미란다는 무표정하게 차에 올라탄다. 앤드리아는 그럴 줄 알았다며 웃으며 지나가고 그 모습을 바라보는 미란다의 얼굴에도 묘한 웃음이 번진다. 그리고 잠시 후, 운전기사에게 말한다.

"Go! (뭐해, 안 가?)"

범죄를 예방하려면?

범죄는 노력하지 않거나 대가를 거의 치르지 않고 쉽게 목적을 달성하려고 하거나 잘못된 방식으로 이득을 취하려는 인간의 욕망과 관련되어 있다. 그리고 이런 욕망을 달성하기 위해 필연적으로 타인의 권리가 침해된다. 따라서 이에 대한 법적인 제재가 필요하며, 재범이 발생하지 않도록 할 필요가 있는 것이다.

범죄는 그 사회의 건강성과 관련되어 있다고 생각한다. 우리가 범죄를 어떤 시각으로 바라보느냐에 따라 어떤 경우는 범죄가 될 수도 있고, 아닐 수도 있다. 과거에는 문제가 되지 않았던 것들이 새롭게 부각되면서 범죄가 되기도 한다.

예를 들어 최근 일어나는 어린이집에서 발생하는 각종 학대들이나 정신지체 장애인들을 대상으로 한 범죄들은 이전에는 별다른 관심을 받지 못한 일이었다. 어린아이들과 정신장애인들이 자신의 의견을 잘 피력하지 못한다는 약점을 이용해 학대를 하고, 이를 알고도 그냥 넘어가는 경우도 많았다. 지나고 나서 생각해보면 나도 어린 시절 이유 없이 혼나거나 폭행을 당한 경험이 있었지만, 이를 말한다고 해도 별다른 조치가 취해지지 않았던 것 같다. 그러나 지금은 양상이 달라졌다. 그만큼 어린아이나 장애를 가진 사람들에 대한 인권이 강화되고 인식이 높아졌다는 부분은 긍정적이라고 생각한다.

영화 속 범죄

▶ 범죄와의 전쟁

2011년, 감독: 윤종빈, 출연: 최민식, 하정우, 조진웅, 마동석, 곽도원, 김성균 외

1980년대 세관 공무원 최익현(최민식)은 해고될 위기에 처한다. 마지막으로 마약밀매라도 해서 돈을 벌어보려고 하던 중 부산 최대 조직의 젊은 보스 최형배(하정우)를 만나면서 그의 사업은 승승장구한다. 익현은 탁월한 임기응변과 친화력, 정보를 가지고 자신에게 유리하게 사업을 이끌기 시작하고 익현과 형배 두 남자의 시대, 바야흐로 나쁜 놈들의 전성시대가 펼쳐진다. 그러나 1990년 '범죄와의 전쟁'이 선포되자 조직의 의리는 금이 가고 서로 배신하기 시작한다. 최후에 웃는 자는 과연 누구인가?

▶ 악마는 프라다를 입는다

2006년, 감독: 데이비드 프랭클, 출연: 메릴 스트립, 앤 해서웨이 외

명문대학을 졸업한 앤드리아 삭스는 저널리스트의 꿈을 안고 뉴욕으로 상경하지만, 인간사 뜻대로 되지 않는 법! 그녀가 제출한 이력서에 응답을 준 곳은 패션지로 유명한 '런웨이'뿐이다. 면접 날부터 앤드리아는 패션 감각이 없다는 이유로 온갖 무시를 당하지만, 자신의 꿈을 펼치기 위해 딱 1년만 버티기로 결심한다. 각고의 노력 끝에 편집장 미란다의 눈에 들고 선배인 에밀리를 제치고 편

집장과 함께 파리로 떠난다. 하지만 이전의 모습과 너무나도 변해 버린 앤드리아의 모습에 친구들도 남자친구도 어색해하며 그녀를 멀리한다. 피도 눈물도 없을 것만 같은 편집장 미란다에게 연민의 정을 느끼면서 두 사람은 어느덧 서로를 이해해가게 될 무렵, 미란 다가 청춘을 바쳐 일해온 직장에서 밀려날 위기에 놓이게 된다. 앤 드리아는 이런 사실을 미란다에게 알리기 위해 필사적으로 노력하 는데….

여자가 우는 건
좋아서가 아니야!

〈델마와 루이스〉 〈피고인〉 〈도가니〉

1991년, 감독: 리들리 스콧, 출연: 수잔 서랜든, 지나 데이비스 외

델마는 이기적이고 권위적인 남편 눈치만 살피며 사는 평범한 가정주부다. 그녀의 친구 루이스는 똑 부러지는 성격으로 웨이트리스로 일하면서 반복되는 일상에서 벗어나고 싶어한다. 주말에 별장을 빌려 함께 여행을 가던 중 고속도로변 휴게소에서 술에 취한 델마를 성폭행하려는 남자를 루이스가 총으로 쏴 죽이는 사고가 발생한다. 즐거움으로 가득할 줄 알았던 여행은 이제 경찰을 피한 도주로 변질된다.

평범한 여성들이었다, 그 일 전까지는!

절친한 델마와 루이스는 반복되는 일상에서 벗어나고 싶어 둘만의 여행을 계획한다. 이기적이고 권위적인 남편으로부터, 매일 반복되는 일로부터 벗어나고자 두 사람은 남편과 남자친구에게 메모만 달랑 남겨놓고 과감하게 집을 챙겨 나온다. 오랜만의 여행이라 한껏 들뜬 두 사람은 기념사진도 찍고, 주유소에서 기름도 넣는다. '정말 신나는 여행이 될 거야."

고속도로 휴게실을 지나가다 잠시 차를 세우고 두 사람은 간단하게 저녁식사를 하기로 한다. 인파로 가득 차 있는 술집에서 음식을 시키고 있는데, 누군가가 그녀들에게 술 한 잔을 사준다. 멀리서 한 남자가 델마에게 윙크를 하며 관심을 보인다. 낯선 남자의 호의가 싫지 않고, 시끌벅적한 분위기에서 남녀가 일렬로 줄을 맞춰 박자에 맞게 춤을 추는데, 아까 그 남자와 춤을 추고 있는 델마의 모습이 보인다. 이미 취할 대로 취해서 몸을 잘 못 가누는 그녀를 남자가 부축해서 어디론가 데려간다. 주차장에서 거북스러운 속을 다스리고 다시 돌아가려는 델마에게 몸을 밀착하는 남자. 당황한 델마가 거부하자, 남자는 재미 좀 보자며 그녀를 거칠게 때리고 성폭행을 시도한다. 속수무책으로 남자의 위력에 옴짝달싹하지 못하고 있는데, 남자의 등 뒤에 총을 겨누고 있는 루이스가 남자를 우발적으로 살해한다.

자신의 잘못을 뉘우치기는커녕, 델마와 루이스를 향해 욕설을 퍼붓는 남자에게 분노를 누르지 못하고 총격을 가해 남자는 쓰러진다. 두 여자는 피해자에서 이제는 가해자가 된 것이다. 경찰이 자신들을 찾기 전에 이 상황에서 벗어나야 한다. 그녀들은 여행 목적지를 변경해 멕시코로 가기 위해 전력질주를 하게 된다.

성폭행 하면 가장 먼저 떠오르는 장면은 영화 〈피고인〉의 처음 장면이다. 거의 발가벗겨진 채로 한 여성이 도로 위로 뛰어나온다. 방금 이 여자(조디 포스터)는 3명의 남자에게 성폭행을 당했다. 도와 달라고 외치는 여자의 모습과 방금 전 벌어졌던 상황들이 영화 속에서 재연되는데, 대부분의 여자들은 이 장면을 보면서 웃을 수 없

〈델마와 루이스〉

었을 것이다. 피가 거꾸로 역류하는 듯한 분노와 참을 수 없는 모멸
감, 약자로서 당할 수밖에 없었다는 자괴감…. 왜 내가, 우리가 여자
로 태어났을까 하는 여러 가지 생각으로 괴로웠다. 그때 나랑 이 영
화를 같이 본 친구는 차마 그 장면을 눈뜨고 볼 수 없었는지 눈을
가리고 울고 있었다.

성범죄가 죄질이 좋지 않은 이유 중 하나는 성폭행의 대상이 되
는 피해자들의 다수가 나이가 어리거나 장애가 있거나 뭔가 항거할
만한 힘이 없는 사람들을 대상으로 한다는 것이다. 때로는 어린 남
자아이나 청소년기의 남자아이, 또는 군대에서도 성인에게 이런 성
폭행이 발생한다.

2011년 온 국민을 경악하게 하고 충격으로 몰아간 사건이 있었

다. 한 청각장애인학교에서 실제로 있었던 일로, 학교의 교장과 교직원들이 해서는 안 될 끔찍한 범죄를 저지른 것이다. 학교의 청각장애를 가진 학생들을 상습적으로 학대하고 성폭행한 일이었다. 잠깐 뉴스에도 이런 사실이 알려지긴 했지만, 세간의 관심은 오래가지 않았다. 피해자인 학생들과 그의 가족들은 아직도 고통에서 벗어나지 못하고 있는데, 무슨 이유인지 가해자들은 보란 듯이 얼마 지나지 않아 다시 학교로 복귀하는 뜨악한 상황이 벌어진 것이다. 악마의 얼굴을 한 그들이 또다시 학교에서 학생을 가르친다는 것이 말이 되는가? 그러나 이 말도 안 되는 사실이 현실이고 바로 대한민국 땅에서 벌어지고 있는 현실인 것이다.

성폭행처럼 끔찍한 피해를 당하고도 이런 사실을 타인에게 알리는 것조차 고통스러운 사람들이 또다시 상처를 받고 있다. 그들 속에서는 피멍이 들어도 '당한 내가 바보지 누굴 탓하겠는가?'하며, 당하고도 "내 탓이오, 내 탓이오."를 외쳐야 할 것인가?

분명한 것은 우리 사회가 피해자는 더 피해자로 만들고 가해자는 보호하는 이상한 패턴을 보이고 있다는 것이다. 사기를 치고 범죄를 저질러도 아무런 문제가 없다면, 누구보고 법을 지키라 할 것인가? 법을 지키며 양심대로 사는 사람만 힘들어지는 어처구니없는 상황이 반복되어서는 안 된다.

물론 처벌이 능사가 아닐 수 있다. 그러나 최소한 피해자를 더 힘들게 하고 가해자들이 뻔뻔하게 활보하며 그들에게 칼자루를 쥐어

주어서는 안 된다는 것이다. 범법행위를 하는 사람들은 일반적인 사람들과 사고방식도 다르고, 기본적인 양심이나 도덕성이 잘 발달되어 있지 못한 사람들이다. 아주 일차원적이고 낮은 수준의 도덕성이 있을 뿐이다. '걸리지만 않는다면, 그래서 책임을 질 상황만 아니라면⋯.'이 된다는 것이다. 이 정도 수준은 어린아이들이 잘못을 하고 엄마나 아빠에게 들키지 않으면, 그리고 혼나지 않으면 잘못한 게 아니라는 생각과 유사하다. 어린아이들은 도덕성이 발달되어 있지 않기 때문에 처벌과 보상이 그 기준이 되는 것이다. 그러나 아이들이 성장하고 인지발달이 이루어지면서 통상적으로 도덕성도 이에 준해 발달한다고 보았으나, 이는 이들이 어떤 환경에서 양육되고 교육받았는지, 어떤 문화권에서 살았는지 등에 따라 달라질 수 있다. 즉 나이를 먹고 인지가 발달한다고 알아서 자연스럽게 발달한다고 보면 안 된다(심리검사를 해보면 실제로 나이와 지능, 교육수준에 기대되는 행동을 보이지 못하고 문제를 일으키는 사람들은 도덕성과 관련되어 있는 사회적 규범에 대한 이해가 상당히 부족하게 나타난다).

그렇기 때문에 잘못을 해도 처벌하지 않는다면, 그들이 잘못을 했다고 느끼겠는가? 사회는 때로는 훌륭한 부모의 역할을 대행해야 한다고 생각한다. '훌륭한 부모'란 무조건적인 사랑이 밑바탕에 깔려 있어야 하는 것이지만, 잘못했을 때 엄하게 벌하고 잘하면 칭찬해주는 그런 역할을 동시에 수행해야 한다. 잘해도 내 자식이고 못해도 내 자식인 건 맞지만, 잘잘못은 가려야 한다는 것이다. 이런 기본적인 훈육이 이루어지지 않은 아이들은 자신들이 무엇을 잘못했는지 정확하게 인식하지 못한다. "죄는 미워하되, 사람은 미워하지 말라."라는 말은 처벌이 능사는 아니지만 처벌할 것은 처벌하고 죄를 지으면 대가를 치른다는 것을 말하는 것이고, 이런 상식이 있는 사회가 되어야 선량한 피해자가 양산되는 일을 막을 것이라고 믿는다.

성범죄란 무엇인가?

최근에 유명 정치인이 20대 캐디에게 성추행을 해서 물의를 일으킨 적이 있었다. 그러나 법조인 출신의 이 정치인은 이런 사실에 대해 상식 이하의 언급을 했다. "귀여워서 손가락으로 가슴 한 번 툭 친 것일 뿐…."

이는 아는 것과 행동하는 것은 다르다는 것을 보여준 대표적인 사례일 것이다. 자신이나 타인이 한 행동이 법에 저촉되는 행위임을 정확히 인식하느냐 아니냐는 분명 결과에 영향을 미친다.

성범죄는 성폭행, 부적절한 성접촉, 아동에 대한 성추행 및 강간 등 매우 다양하다. 성폭력은 피해자의 동의 없이 행해지는 성적 행위로, 상대에게 신체적·정신적 피해를 주는 행위라고 정의할 수 있을 것이다.

〈피고인〉

성폭행은 상대의 동의를 얻지 않고 시도되는 구체적인 성행위로 한정된 좁은 의미이며, 성추행은 법적 용어로 사용되는 개념은 아니지만 강간 또는 성적인 희롱을 하는 것, 즉 강간과 성희롱의 개념을 포괄한다. 성희롱은 주로 남녀차별을 금지하는 법률에 의해 규제되는데, 성폭력보다 경미한 성적 언어나 행동으로 형벌부과의 대상이 되지 않고 성범죄 유형에 해당되지 않는 행위다.

성범죄는 폭행·협박 또는 위계·위력 등의 방법으로 타인의 성적 자유를 침해하는 범죄이고, 강간이란 성폭행의 일종으로 상대방의 동의 없이 협박이나 폭행을 사용해 강제로 성관계를 맺는 행위 또는 성적 욕구를 자제할 수 없는 성적 문제를 가진 남성에 의해 강제적으로 수행되는 성행위를 말한다.

성범죄는 왜 일어나는가?

흔히 성범죄를 저지르는 사람들은 성적인 욕구를 제어하는 데 실패했기 때문에 우발적이고 충동적으로 저지른다고 보는 사람들이 많다. 그러나 강간범들의 상당수가 여성에 대해 적대적인 감정을 갖고 있다. 이들은 여성에 갖고 있는 열등감과 같은 부정적인 감정들을 극복하기 위해 성범죄를 저지른다는 것이다. 즉 여성을 굴복시킴으로써 성취감과 승리감을 느낀다는 것이다.

특히 매력적인 여성들은 어떤 남성들에게는 패배감을 줄 수 있기 때문에, 성범죄자들은 이런 대상을 힘으로 굴복시키면서 정복감을 느낀다. 진화심리학의 관점에서 보면, 남성들이 적은 시간과 노력을 통해 이성을 쉽게 얻으려는 심리와 사회적으로 여성을 취할 능력이 없는 남성들이 이런 범죄를 저지를 가능성이 높다는 설이 있다.

또한 많은 범행들이 학습된다는 것인데, 특히 청소년기에 성적으로 피해를 받은 경우 자신이 입은 피해를 다른 사람에게 복수를 시행하려는 것으로 보기도 한다. 그러나 그 대상이 복수하기 어려운 대상일 경우 힘이 없는 여성에게 대신 복수를 감행한다는 것이다.

결국 범죄는 또 다른 범죄로 이어질 수 있다. 이런 일이 발생하지 않도록 예방조치를 국가와 사회가 취해주어야 악순환의 반복을 막을 수 있을 것이다.

성범죄에 대한 잘못된 인식과 예방방법

전술했듯이 아직도 성범죄를 욕구 조절에 실패한 충동적인 범죄로 여기는 경향이 강하다. 그리고 여성이 무언가 남성에게 성적으로 어필하는 행동을 했다면, 여성의 잘못으로 돌리는 경우가 많다. 영화 〈델마와 루이스〉에서도 델마가 경찰에 신고하려고 하자 루이스가 말한다. "많은 사람들 앞에서 그 남자와 같이 술 먹고 춤추고, 술에 취해 나간 것을 본 사람들이 많은데, 누가 네 말을 들어줄 것 같아?"

영화 〈피고인〉에서도 비슷한 이야기가 나온다. 늦은 밤, 그것도 남성들이 많은 술집에서 여자가 겁도 없이 도발을 했다는 것이다. 특히 전통적으로 우리 사회는 이런 시각이 지배적이었다. 여성이 피해를 당하고도 말하지 못하는 것은 '그 여자의 행실이 부적절했기 때문'으로 오히려 이상한 낙인을 찍거나, 이런 몹쓸 일을 당해서 더럽혀진 여자라는 식으로 이중 잣대를 사용해 여성들을 더 괴롭혔기 때문인 것이 사실이었다. 그러나 실제로 강간사건의 70% 이상이 계획된 것이고, 85% 이상이 폭력을 사용했다는 것만 보더라도 이를 무의식적인 욕구나 충동을 조절하지 못해서라거나, 여성이 뭔가 잘못을 했기 때문이라고 치부해서는 절대로 안 된다.

여성에 대한 왜곡된 지각도 이런 범죄를 양산하는 데 한몫하는 것으로 보인다. 여성을 성적으로 피학적이고 수동적인 존재로 보고 이런 행위가 여성에게도 즐거움을 줄 것이라는 말도 안 되는 생각들을 가지고 있다는 것이다. 예를 들면 여성의 "안 돼요."는 "돼요." 와 동일한 말이라는 농담 같은 경우가 그렇다.

성범죄를 예방하기 위해서는 문단속을 잘하고 모르는 사람이 왔을 때 의심 없이 문을 열어주지 말아야 하며, 늦은 밤 혼자 이동할 경우 집에 전화를 걸어 자신을 보호해줄 수 있는 사람을 불러낸다든지 위험한 상황에서 될 수 있으면 피하는 것이 일단 예방책이 될 것이다.[33] 그러나 여성들만 조심한다고 될 문제가 아니다. 국가와 사회가 여성들을 귀히 여기고 이들을 보호하지 않는다면, 어쩌면 당신의 누이, 당신의 딸, 당신의 아내 또는 친구가 위험에 처할 수 있다는 것을 잊지 말아달라고 부탁하고 싶다.

나락으로 떨어진 두 여자의 도주극

델마와 루이스는 경찰들의 추적을 피해 어느덧 벼랑 끝까지 몰리게 된다. 실제로 그랜드 캐년의 어디쯤으로 보이는 벼랑 끝에 두 사람이 탄 차가 갈 길을 잃고 멈추어 있고 이 두 여자를 잡겠다고 수십 대의 경찰차와 헬기까지 동원된다. 그리고 총구가 그녀들을 겨누고 있다. 손을 들고 투항하지 않으면 발사하겠다는 경찰의 목소리가 들리고 두 사람은 잠시 침묵한다. 그때 델마가 루이스에게 말한다.

"우리 잡히지 말자."

"뭐라고?"

"그냥 가자고!"

그리고 두 사람은 두 손을 꼭 잡고 그랜드 캐년의 계곡 아래로 질주한다.

그 둘을 태운 차가 모래 바람을 일으키며 허공을 나는 것으로 영화는 마무리된다. 이 영화의 결말은 단순한 '자살'을 의미하는 것이 아니라 여성들이 속박하는 세계로부터 벗어나는 것, '해방'이나 '자유'를 상징하는 것이리라.

여성인 나에게 여성으로 태어나서 가장 싫은 게 무엇이냐고 묻는다면, "성적으로 자유롭지 못한 것"이라고 대답할 것이다. '자유롭지 못한'이라는 표현은 다소 어폐가 있지만, 여자이기 때문에 감수해야 할 것들이 많고 조심해야 할 것이 많다는 의미로 이해해주길 바란다. 20대 초반 꿈 많던 시절, 하고 싶은 것도 많고 가고 싶은 곳도 많았지만 선뜻 떠나지 못했던 이유는 이러저러한 두려움 때문이었을 것이다. 가끔은 대로변에서 술에 취해 잠들어 있는 남자들이 부럽다는 생각을 했을 정도였다. 물론 늦은 밤 남자도 술에 취해 대로변에서 자면 위험하긴 마찬가지다. 그럼에도 불구하고 여자라는 핸디캡이 늘 나를 자유롭지 못하게 막아섰던 것은 사실이다.

언제쯤이면 여성들이 남성들과 마찬가지로 자유를 만끽하며 살 수 있을까? 밤늦게 다녀도 두렵지 않고 누가 뒤쫓아와도 겁내지 않아도 되는 세상은 정녕 오지 않을 것인가?

영화 속 성폭력

▶ 피고인

1988년, 감독: 조나단 카프란, 출연: 켈리 맥길리스, 조디 포스터, 레오 로시 외

버치필드 변두리의 바에서 강간 사건이 벌어진다. 사라(조디 포스터)는 동거하던 남자와 싸우고, 친구를 만나러 갔다가 바의 으슥한 게임 룸에서 3명의 남자들에게 강간을 당한다. 사건을 담당한 지방검사인 캐서린(켈리 맥길리스)은 현장 조사를 통해 2명을 체포한다. 그러나 사라가 당시 음주상태였고 마리화나를 소지했다는 이유로 피의자들에게 단순폭행 혐의만 적용한다. 사라는 이에 분노하고 캐서린 검사를 찾아가 격렬하게 항의한다. 캐서린은 자신의 잘못을 깨닫고 그녀를 돕기로 한다.

▶ 도가니

2011년, 감독: 황동혁, 출연: 공유, 정유미, 김현수, 정인서, 백승환 외

2011년, 대한민국을 온통 뒤흔든 충격적인 사건의 전말이 밝혀진다. 2000년부터 5년간 청각장애아를 상대로 교장과 교사들이 비인간적인 성폭력과 학대를 저질렀다. 믿고 싶지 않지만, 이 이야기는 사실이다. 2000년부터 한 청각장애학교에서 믿기 힘든 일이 일어났다. 교장 이하 교직원들이 청각장애 아동들을 대상으로 지속적

〈도가니〉

인 성폭행을 저질렀지만, 이를 아는 많은 사람들이 이를 외면하고 묵인했고, 같이 참여했다. 온 국민을 공분하게 했던 것은 가해자와 책임자들의 대부분이 법적인 처벌을 받지 않았다는 것이다. 법조계는 솜방망이 처벌로 이 사건을 덮었고 언론조차도 무관심해졌다. 그러나 언제나 진실은 통한다고 했던가, 소설가 공지영에 의해 이 사건이 알려지면서 급기야 영화화되었고, 전 국민이 이 사실을 영화로 접하면서 충격에 빠졌다. 아직도 피해자들은 고통의 늪을 헤메고 있고 외로운 투쟁을 하고 있는데, 정작 가해자들은 아무런 문제없이 잘 살고 있다는 것이다. "이들을 절대 용서하지 마라, 그들이 자신들이 저지른 대가를 반드시 치르게 하라."라는 외침이 더이상 공허한 메아리가 되지 않도록 모두들 이 사건을 기억해야 한다.

인간인가, 괴물인가?

〈몬스터〉〈양들의 침묵〉〈한니발〉〈추격자〉

2003년, 감독: 패티 젠킨스, 출연: 샤를리즈 테론, 크리스티나 리치 외

에일린은 불우한 가정환경 때문에 13살 때부터 생계를 위해 거리의 여자가 된다. 그 사실을 안 동생들은 그녀를 집에서 내쫓는다. 자살할 생각에 마지막으로 목을 축이러 들어간 바에서 셀비를 만난다. 에일린은 셀비를 만나고 나니 새로운 인생을 살고 싶은 욕망이 생기고 그녀를 위해서라면 무엇이든 할 수 있을 것 같다. 그녀를 위해 돈을 벌고자 몸을 팔던 중 에일린은 한 남자에게 납치되어 가학적인 성행위를 당한다. 그녀는 살기 위해 어쩔 수 없이 남자를 죽인다.

내 살인의 동기는 사랑이었다?

"우리 같은 여자들이 거리에 나설 때마다, 거리에 나서기 위해서 화장을 하고 옷을 입고 그리고 집을 나설 때, 마치 군인이 전쟁터에 나갈 때처럼 비장한 각오를 하지…"

불우한 환경으로 어쩔 수 없이 13세부터 거리의 여자가 된 에일린(샤를리즈 테론). 거리의 여자가 된 이유는 가족들의 생계를 위한 것이었지만, 그 가족들은 그녀를 버린다. 몸과 마음은 이미 만신창이가 되었고, 이렇게 사느니

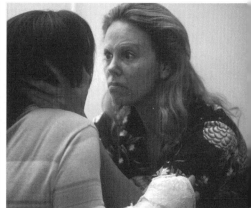

〈몬스터〉

차라리 죽자며 자살을 결심한다.

죽기 전에 술이라도 한잔하려고 들어갔던 바에서 의외의 인물을 만난다. 순진한 얼굴을 한 셀비(크리스티나 리치)다. 동그랗고 큰 눈, 작고 아담한 체구의 셀비는 에일린에게 강한 호감을 나타낸다. 에일린이 매춘을 한다는 것도 그녀에겐 단순히 흥미로운 일일 뿐이다. 세상 경험이 없는 셀비에게 에일린은 그저 멋있고 대단한 사람일 뿐, 그녀의 출신이나 직업은 아무런 문제가 되지 않는 것처럼 보인다.

사실 셀비는 이제 갓 스물을 넘긴 어린 여성이고, 자신감도 없고 상당히 위축되어 있는 것이다. 아마도 어려서부터 친구 없이 외톨이로 살아온 것처럼 보인다. 그런 그녀에게 에일린은 강하고 자신감 있는 사람으로 비춰졌을 수 있다. 셀비는 같은 여성이지만, 에일린의 남성적인 측면에 강하게 끌린다.

그런 셀비의 기대가 에일린을 다른 사람으로, 새로운 인생을 살고 싶다는 강한 충동을 불러일으키는 것은 당연하다. 지금까지 다른 사람들로부터 손가락질당하고, 남성들은 그녀를 성의 노리개로만 여기며 학대하고 무시했지만 셀비만큼은 자신을 인정해주고 믿어주기 때문에 에일린은 셀비를 위해서라면 무엇이라도 하고 싶다.

에일린은 셀비와의 약속을 지키기 위해 마음이 급하다. 오늘 쓸 돈도 벌어야 하고 시간 약속도 지켜야 한다. 그래서 무리한 요구를 하는 한 남자의 차를 타고 으슥한 장소로 이동한다. 왜 불길한 예감은 틀리지 않는 것인지….

좀 빗나간 얘기가 될지도 모르지만, 불길한 예감이 종종 적중한다는 것에 사람들은 놀라기도 하고 실망하기도 한다. 좋은 예감은 잘 맞지 않은데, 왜 불길한 예감만 맞는 것이냐고? 그러나 이도 긍정적인 차원으로 해석해보면, 불길한 예감이 잘 맞아야 하는 것이 맞다(좋은 예감은 틀리더라도 데미지가 없지만). 왜냐하면 불길한 예감이란 본능적으로 내가 위험한 상황에 처할지도 모른다는 예상이며, 이런 예상은 우리의 안전과 생존에 매우 중요한 것이기 때문이다. 말로 설명할 수는 없지만, 뭔가 께름칙하고 느낌이 좋지 않다면, 조심할 필요가 있다.

영화 〈올드보이〉의 오대수가 자신이 납치되던 날을 떠올리며 한 말이다.

"당신한테 충고하고 싶은 게 있다. 어느 날 갑자기, 집 앞 골목에 가로등이 세 개 이상 꺼져 있다면 절대로 거기 들어서지 마라!"

에일린은 남자에게 뒤통수를 가격 당하고 쓰러진다. 그리고 잠시 후 밀려오는 고통에 눈을 뜨니 자신의 몸이 결박당해 있고 남자는 엽기적인 성행위를 한다. 살기 위해 에일린은 어쩔 수 없이 그를 총으로 쏴 죽인다. 온몸에 상처를 입었어도 약속을 지키기 위해 달려가지만 너무 늦어 셀비는 실망을 금치 못한다. 셀비를 실망시키지 않기 위해 에일린은 더욱 돈에 집착하고, 그 집착은 결국 연쇄살인이라는 엄청난 일로 변질되기 시작한다. 사랑의 이름으로 그녀는 남자들을 죽인다. 죄책감을 느끼지만 이미 돌이킬 수 없게 되어버렸고, 경찰의 포위망이 그녀에게 좁혀져 그녀는 법정에 선다.

사랑하는 사람에게 무언가를 해주고 싶었을 뿐인데, 이제 사랑하는 그녀가 자신을 괴물처럼 여기며 자신을 떠나고 싶어한다는 것을 안 순간, 에일린은 그녀의 행복을 빌어주기로 한다.

법정에서 자신을 모른다고 말하는 셀비를 바라보던 에일린은 셀비는 이 일과는 아무런 상관이 없다고 말한다. 그녀는 끝까지 자신의 사랑을 지킨다. 그러나 이 영화처럼 보통의 연쇄살인범에게는 '사랑'과 같은 감정 따위는 없다. 누굴 위해 희생한다는 것도 없으며, 그저 살인을 즐길 뿐이다.

연쇄살인의 정의와 연쇄살인범의 심리

로버트 레슬러에 의해 연쇄살인범Serial Killer이라는 용어가 처음으로 사용되었다고 하는데, 연쇄살인이란 '사건 사이에 냉각기를 가진 상태에서 3곳 이상의 장소에서 3차례 이상 살인을 저지르는 행위'로 정의된다. 즉 횟수는 3건 이상이 되어야 하며, 장소는 서로 다른 장소 3군데 이상이고, 살인과 살인 사이에 휴지기인 냉각기 Cooling-off Period가 있어야 하는데, 이 기간은 몇 시간에서 몇 년이 될 수 있다.[34]

이런 정의에 따라 연쇄살인을 저지른 내용을 다룬 대표적인 영화로는 이제는 고전이 되어버린 〈양들의 침묵〉이 있다. 이 영화에는 한니발 렉터라는 희대의 살인마가 등장하는데, 렉터는 자신의 환자들을 잔인하게 죽이고 난 뒤 그 인육을 먹는 등 잔인함의 극치를 보여준다.

〈양들의 침묵〉의 후속편인 〈한니발〉에서는 더 극악한 장면이 나온다. 영화 〈트레인 스포팅〉에서는 주인공이 아주 더러운 변기에 약을 빠뜨리게 되고 이걸 줍기 위해 그 화장실 변기로 들어가는 장면이 나온다. 영화 속에서는 약간의 판타지와 몽환적인 분위기 등으로 이 부분을 묘사했지만, 변기와 변기 주변에 묻어 있는 오물 등이 너무 생생하게 나와서 지금도 이 장면만 생각하면 입맛이 떨어지곤 한다.

〈한니발〉

　이 장면 다음으로 끔찍한 장면을 나에게 꼽으라면 영화 〈한니발〉
에 나오는 인간의 뇌를 먹는 장면, 심지어 렉터는 자신이 잡은 희생
자의 뇌를 잘라 그가 자신의 뇌를 요리해 먹도록 만든다. 물론 실제
로 이런 일은 가능하지 않다. 렉터의 경우는 범행동기로 볼 때, 쾌락
형 연쇄살인범 중 욕정/스릴러 형에 속하지 않나 생각된다. 그의 행
위는 자신의 폭력성을 가장 극대화할 수 있는 방법을 사용하는데,
인육을 먹거나 팔다리를 절단하는 등의 행위에 중점을 두고 있다.

　이와는 달리 금전추구형 살인범이 있는데, 앞에 서술한 〈몬스터〉
(2014)와 같은 제목의 한국영화에서 등장하는 태수의 경우가 여기
에 해당한다. 그는 어려서부터 잔인성을 보여주었다.

학대받는 형의 환심을 사기 위해 태수(이민기)의 살인은 최초로 시도된다. 자신의 아버지에게 농약을 먹인 것이다. 그리고 그 이후로 그는 돈만 준다면 어느 누구도 죽일 수 있는 괴물이 되어간다. 그러던 그에게 절대적인 적수가 나타난다. 동네에서 일명 '미친년'으로 통하는 복순(김고은)이다. 노점상을 하며 살아가는 복순에게는 똑똑한 동생이 있다. 복순은 조금 모자라란 듯 보이지만, 그녀는 특유의 생존력과 생활력으로 동생과 함께 잘 살아가고 있다. 그런데 그 동생을 태수가 죽인 것이다. 복순은 끈질기게 태수를 찾아가 결국 그를 죽이는데 성공한다.

〈한니발〉의 렉터는 사람을 죽이는 행위에 대한 묘사나 살인마저만 탁월한 능력 등에 초점을 맞춘 반면, 〈몬스터〉(2014)는 어린 시절 태수의 이야기가 함께 등장함으로써 그의 성장과정과 어린 시절의 환경이 그를 살인마가 되도록 만들었을 것이라는 가정을 하게 만든다(자신이 좋아하는 형과 놀기 위해 아버지를 죽인다).

실제로 연쇄살인범의 경우 어린 시절 부모로부터 학대를 받은 경험이 많고, 특히 어머니에게 제대로 된 사랑을 받지 못한 경우가 많다고 한다. 보통 아이들은 어머니로부터는 양육과 애정을 갈구하며 아버지로부터는 신체적 놀이 등을 통해 모험심과 사회성 등을 배운다고 하는데, 이 아이들은 그런 기본이 되는 양육과 사랑을 받지 못하며 자랐고, 이런 상황이 지속되면서 그들의 상태가 점점 악화된다는 것이다.

이보다 좀더 자세하게 살인마가 된 과정을 보여주는 영화는 이전 (영화 속 가족 문제)에 기술한 〈케빈에 대하여〉가 있다. 케빈은 연쇄 살인범은 아니지만, 학교에서 대량 학살을 감행한다. 그런데 이 아이가 성장하는 과정이 예사롭지 않다. 우울하고 무기력하고 냉담한 엄마 에바는 아이에게 정서적인 반응을 거의 해주지 않는다. 그저 먹이고 재우고 교육시키는 표면적이고 형식적인 부모 역할만 할 뿐이고, 아이가 뭘 원하는지 관심이 없다. 왜냐하면 자신도 하루하루 살아가기 버겁기 때문이다.

그럼 케빈의 아버지는 어떤가? 아버지는 어머니보다는 케빈을 사랑하는 것처럼 보이지만 일을 마치고 돌아와 잠깐 잠깐 아이를 볼 뿐이고 그래서 아이의 엄마가 무엇 때문에 힘들어하는지 모른다. 피상적으로 위로해줄 뿐이고 아이에 대한 관심도 피상적인 것에 그친다. "아이들이 다 그렇지. 다 잘 될 거야."라고 에바의 어깨를 다독이지만, 왠지 영혼 없고 진정성 없는 말은 전혀 에바에게 위로가 되지 않는다.

그러면서 두 사람이 힘들어하고 겉도는 모자관계에 대해 이해하지 못하고, 그런 관계로 인해 서먹서먹한 집안 분위기에 불만이 있을 뿐이다. 아버지로서 기본적인 것을 해주고는 있지만, 가장의 권위도 없이 아이들을 대하다 보니 아이들은 아버지를 존경하지 않는다(많은 부모들이 허물없이 대하는 것, 마치 아이들과 친구처럼 지내는 것이 민주적이고 훌륭한 부모라고 생각하는 것 같다).

〈추격자〉

그러나 부모와 자녀는 동등한 관계가 아니다. 아이가 잘못을 해도 그저 문제를 덮기에만 급급하다. 심지어 케빈이 실수를 가장해 동생의 눈을 실명시켰을 때에도 이 사실을 언급조차 하길 꺼린다. 문제 상황에 직면하고 싶지 않은 것이다. 이런 환경에서 케빈은 어떤 생각을 했을까? 자신에게 관심 없는 엄마와 결정적으로 아무런 도움도 안 되는 바보 같은 아빠, 그리고 사랑을 독차지하는 동생이 너무도 미웠을 것이다. 외피는 너무나 멀쩡하지만 내면을 들여다보면 긴밀한 소통과 끈끈하고 정서적인 연결이 없는 삭막하고 무덤덤한 가족관계가 이렇게 큰 비극으로 이어질 수 있다고는 아무도 생각하지 못했을 것이다. 그런 점에서 영화 〈케빈에 대하여〉는 시사하는 바가 크다.

영화 〈추격자〉는 유영철을 모델로 만든 영화로 관객몰이에 성공했다. 그는 주로 힘이 없는 매춘 여성들을 대상으로 범행을 했고, 아무런 이유 없이 그 여성들은 참혹하게 죽어갔다. 그는 그런 여성들은 죽어도 마땅하다고 여기고 있었는지 모른다. 그가 TV나 신문 일면을 장식한 모습을 보면, 그가 절대로 잘못을 했다거나 죄를 뉘우친다거나 하는 것을 볼 수가 없다. 오히려 두 눈에서는 사회를 향한 '분노'와 '적대감'이 느껴졌고 자신은 할 일을 해야 했을 뿐이라는 확신이 느껴질 정도였다. 이미 범죄는 이루어졌고, 많은 사람들이 고통 속에서 죽어갔다. 그들의 한은 어쩔 것이며, 앞으로 일어날 비극들은 또 어떻게 막을 것인가가 숙제로 남는다.

최근 안산 김 모 씨는 어린 의붓딸을 죽이고 전부인의 남편을 살해했다. 그런데 그는 이렇게 주장한다. "나도 피해자다. 억울하다. 모든 것은 부인의 음모이고, 경찰은 나를 비웃었다." 우리는 그의 말에 주목할 필요가 있다. 이것은 그가 느끼고 있는 심리적인 진실일 수 있다는 것이다.

그의 성장과정이 어땠는지 알려진 바는 없으나, 왜 그는 그토록 분노했는가, 그의 생각은 왜 그렇게 왜곡되어 있는가에 대해 생각해보아야 한다. 우리 사회가 이들이 이런 생각을 하도록 일조한 것은 아닌지, 누군가가 절실히 도움이 필요할 때, 누군가가 학대받고 있을 때, 침묵하고 있지는 않았는지…. 우리 모두를 위해 진지하고 엄숙하게 반성해 보아야 할 때라고 생각한다.

영화 속 연쇄살인

▶ 몬스터

2014년, 감독: 황인호, 출연: 이민기, 김고은, 김뢰하, 안서현 외

　노점상을 하며 동생과 살고 있는 '복순'은 모자라지만 뚜껑이 열리면 눈에 뵈는 게 없어 일명 '미친년'이라 불린다. 어느 날 복순이 제일 사랑하는 동생이 살인마 태수에 의해 살해된다. 동생의 복수를 위해 태수를 찾아나서고 두 사람은 피비린내 나는 싸움을 시작한다. 살인마와 미친년 중 승자는 누가 될 것인가?

▶ 양들의 침묵

1991년, 감독: 조나단 드미, 출연: 조디 포스터, 안소니 홉킨스 외

　FBI 수습요원 클라리스 스털링(조디 포스터)은 상관 크로포드(스콧 글렌)로의 지시를 받고 살인 사건을 추적한다. 사건의 단서는 피해자가 모두 몸집이 비대한 여인들이라는 점, 둘 다 피부가 도려내어져 있다는 점이었다. 살인범에 대한 아무런 단서를 잡지 못하고 있는 스털링에게 크로포드는 사건 해결에 결정적인 도움이 될 것이라며 한니발 렉터 박사(안소니 홉킨스)를 소개한다. 한니발 렉터는 자신이 죽인 사람의 살을 먹었고, 이런 식으로 자신의 환자 9명을 살해한 연쇄살인범이었다. 렉터는 스털링과 처음 만나자마자 스털링의 체취와 옷차림, 그리고 간단한 말 몇 마디로 그녀의 출신과 배

경을 간파한다. 그러나 스털링은 내색하지 않으면서 침착하고 조리
있게 주어진 상황을 분석하는데, 렉터는 그런 그녀에게 호감을 보
이며 사건의 단초가 될 단서를 제시한다.

▶ 한니발

2001년, 감독: 리들리 스콧, 출연: 안소니 홉킨스, 줄리안 무어 외

10년 전, FBI 요원 클라리스 스털링(줄리안 무어)은 싸이코 살인
마인 한니발 렉터 박사의 도움을 받아 납치된 상원의원의 딸을 찾
아낸다. 그러던 어느 날, 마약 소탕작전 진행중에 아기를 안고 있는
마약 사범을 총으로 쏘아 죽이게 된다. 그로 인해 그녀는 좌천될 위
기에 처한다. 그러던 중 한 재력가로부터 한니발을 잡아달라는 제
의를 받게 된다. 그는 한니발에게 공격을 받아 불구가 되었고, 한니
발에 대한 원한으로 그를 잡아 죽이기 위해 스털링을 이용하려는
것이었다. 오랜만에 두 사람의 재회가 이루어지고 죽음의 위기에
놓인 한니발을 스털링이 구해줌으로써 그들의 묘한 인연이 다시 이
어진다.

▶ 추격자

2008년, 감독: 나홍진, 출연: 김윤석, 하정우 외

출장안마소를 운영하는 전직 형사 중호(김윤석)는 최근 데리고
있던 여자들이 잇달아 사라지는 일이 발생해 심기가 불편하다. 누

군가가 자신의 여자들을 몰래 빼내가고 있다고 믿고 그는 사건을
조사해나간다. 사라진 여자들이 마지막으로 통화한 번호가 일치함
을 알아내고 우연히 영민(하정우)과 마주치면서 형사의 본능적인
직감으로 이 사건이 그와 연관되어 있음을 간파한다. 그리고 추격
끝에 영민을 붙잡지만, 오히려 경찰은 중호를 의심하고 그를 멸시
하기까지 한다. 실종된 여자들을 빼돌린 게 아니라 죽인 것이라는
충격적인 영민의 발언에 모두들 경악하지만, 실제 증거가 없는 상태
에서 그는 유유히 풀려난다. 그리고 또다시 살인을 저지른다. 중호
는 실종된 미진(서영희)의 딸을 보며, 영민을 잡기 위해 그와 격투를
벌인다. 결국 영민은 잡히고, 그가 머물던 집의 앞마당에서는 10구
가 넘는 시신들이 발견된다.

1 Martin Teite 외 지음, 양창국 옮김,『수면장애의 진단과 치료』, 하나의학사,
   2001년, 69쪽

2 Ronald J. Comer 지음,『이상심리학』, 시그마프레스, 278쪽

3 서수균 지음,『불면증』, 학지사, 2012년, 22~23쪽

4 로렌스 J. 엡스타인 지음, 박용한·신윤경 옮김,『수면건강과 수면장애』, 조윤커뮤
   니케이션, 2008년, 115~120쪽

5 서수균 지음,『불면증』, 학지사, 2012년, 15쪽

6 Martin Teite 외 지음, 양창국 옮김,『수면장애의 진단과 치료』, 하나의학사,
   2001년, 73~81쪽

7 같은 책, 149~152쪽

8 Ronald J. Comer 지음,『이상심리학』(제7판), 시그마프레스, 2014년

9 Ronald J. Comer 지음, 오경자 외 옮김,『이상심리학』, 시그마프레스, 2014년,
   275쪽

10 박소진 지음,『비극은 그의 혀끝에서 시작됐다』, 학지사, 2012년, 138쪽

11 김애순 지음,『청년기 갈등과 자기이해』, 시그마프레스, 2009년, 12쪽

12 최정윤·박경·서혜희 지음,『이상심리학』, 학지사, 2013년, 217~220쪽

13 같은 책, 217~220쪽

14 김정욱 지음, 『섭식장애』, 학지사, 2002년, 1~15쪽

15 같은 책, 68~80쪽

16 같은 책, 92~99쪽

17 Jon E. Grant 지음, 김교헌·이경희·이형초 옮김, 『충동조절장애』, 학지사, 2009년, 11쪽

18 〈중앙일보(2015년 2월 9일)〉, '한순간 분노 못 참아… 욱하는 '충동 범죄' 작년 15만 명'

19 Jon E. Grant 지음, 김교헌·이경희·이형초 옮김, 『충동조절장애』, 학지사, 2009년, 160~169쪽

20 최정윤·박경·서혜희 지음, 『이상심리학』, 학지사, 2013년, 350쪽

21 신희천 지음, 『성도착증과 성정체감 장애』, 학지사, 2012년, 121~122쪽

22 같은 책, 123~125쪽

23 같은 책, 33쪽

24 같은 책, 119~120쪽

25 오윤성 지음, 『범죄 그 심리를 말하다』, 박영사, 2013년, 236쪽

26 박소진 지음, 『비극은 그의 혀끝에서 시작됐다』, 학지사, 2012년, 146쪽

27 Laura E. Berk 지음, 이종숙 외 옮김, 『아동발달』, 시그마프레스, 2009년, 354~355, 357쪽

28 김중술 지음, 『사랑의 의미』, 서울대학교 출판부, 2009년, 5~11쪽

29 Ronald J. Comer 지음, 오경자 외 옮김, 『이상심리학』, 시그마프레스, 2014년, 502~505쪽

30 이부영 지음, 『분석심리학』, 일조각, 2009년, 71~72쪽

31 같은 책, 71~72쪽

32 오윤성 지음, 『범죄 그 심리를 말하다』, 박영사, 2013년, 5~7쪽

33 같은 책, 254~288쪽

34 같은 책, 362쪽

『영화 속 심리학 2』
저자와의 인터뷰

Q. 『영화 속 심리학 2』에 대해 소개해주시고, 이 책을 통해 독자에게 전하고 싶은 메시지는 무엇인지 말씀해주세요.

A. 이 책은 기존에 출간된 『영화 속 심리학』에서 다루지 않았던 정신병리, 정신병리는 아니지만 일상생활에서 겪거나 TV를 통해 접할 수 있는 이야기들을 주제로 다루었습니다. 구체적으로 신체관련 장애, 충동조절 장애, 성적 역기능, 변태 성욕 등의 정신병리와 사랑과 가족 문제, 폭력, 범죄 등의 내용을 다루었습니다. 영화에서 많이 다뤄지는 주제들은 결국 우리 일상에서도 자주 접할 수 있다는 뜻이 됩니다. 이런 주제들을 통해 우리의 삶을 또 한 번 되돌아보는 계기가 되었으면 합니다.

Q. 『영화 속 심리학』 첫 번째 책에 이어 두 번째 이야기를 펴내셨는데요. 두 번째 이야기를 펴낸 이유가 있다면 말씀해주세요.

A. 우선 한 권으로 영화 속에 등장하는 심리학에 대한 이야기를 전부 다루기가 어렵다고 생각했습니다. 1권은 DSM이라는 진단체계에 맞춰서 정신병리를 소개하는 데 집중을 했었고, 2권에서는 1권에서 다루지 못했던 남은 이야기와 그 외의 이야기들을 하고 싶었습니다.

Q. 『영화 속 심리학』 첫 번째 이야기와 두 번째 이야기의 차이점이 있다면 무엇인가요?

A. 『영화 속 심리학 1』과는 다르게 실제 저의 이야기와 상담사례 등을 곁들여 해당 주제에 대해 더욱 많은 생각을 할 수 있도록 했다는 것이 차이일 것 같습니다. 주변의 지인분들께 이번 책의 원고를 보여드린 적이 있는데, 전작 『영화 속 심리학』보다 좀더 낫다는 얘기를 해주시더라구요. 아무래도 읽는 입장에서는 좀더 와닿았던 것이 아닐까 싶습니다.

Q. DSM 진단체계라는 것이 무엇인지 자세한 설명 부탁드립니다.

A. DSM은 Diagnotic and Statistical Manual of Mental disorders를 줄인 말로, 정신질환 진단 및 통계 편람입니다. 미국정신의학회에서 발간하고 전 세계적으로 사용하고 있는 정신

진질환 진단체계입니다. 우리나라 정신과에서도 이 체계를 중심으로 진단을 내리고 있어요. 현재로서 공식적인 진단이기 때문에 관련 전문가들은 이 진단체계에 따라 치료 또는 상담을 하고 있습니다.

Q. 영화에서 신경성 식욕부진증, 폭식증은 어떤 모습으로 나타나고 있는지 자세한 설명 부탁드립니다.

A. 오래된 영화이긴 한데, 〈301, 302〉라는 제목의 한국 영화가 있습니다. 황신혜, 방은진 주연의 영화인데요, 황신혜 씨가 신경성 식욕부진증, 흔히 '거식증'이라 불리는 질환을 앓고 있는 역할로 나옵니다. 거식증을 앓고 있는 사람들을 보고, 흔히 우리는 단순히 음식을 먹지 않고 다이어트를 심하게 하는 정도인 것으로만 여기지만, 이들의 내면에는 심각한 정신병리가 자리 잡고 있는 경우가 많습니다. 영화 속에서 황신혜 씨가 연기한 윤희는 어렸을 때 의붓아버지에게 성폭행을 당하고 누군가의 죽음을 목격하는 등의 큰 충격으로 음식을 거부하게 됩니다. 음식과 성적인 것이 무슨 상관이 있겠냐 싶지만, 대다수의 경우 음식을 성적인 것으로 인식하고 몸으로 무언가가 들어오는 것이 무의식적으로 '임신'과 연결되어 음식을 거부하게 될 수도 있습니다. 물론 다양한 원인에 의해서 신경성 식욕부진증은 발생합니다.

Q. 영화에서 충동조절 장애는 어떤 모습으로 나타나고 있는지 자세한 설명 부탁드립니다.

A. 최근 분노조절이나 충동조절의 문제가 사회적인 이슈가 되고 있습니다. 이웃 간의 사소한 말다툼을 지나 일면식도 없는 사람들끼리 갑자기 싸움이 벌어지고, 급기야 한 사람이 치명상을 입을 때까지 폭력이 가해지기도 합니다. 제가 책에서 소개한 영화 〈앵그리스트 맨〉에서도 주인공은 분노를 참지 못하고 타인에게 그 분노를 폭발적으로 발산합니다. 결국 주인공은 자신에게 병이 있고 얼마 살지 못한다는 사실을 알게 된 후 변화하는 모습을 보이지만, 충동조절 장애의 경우 분노와 충동을 적절히 조절하는 데 실패할 뿐만 아니라, 충동이 일어날 때 긴장이 고조되면서 폭력이나 방화, 절도 등으로 일종의 만족감을 얻게 되고 그로 인해 이러한 행동이 반복되는 양상을 보입니다. 한 조사에 의하면 우리나라에서 충동조절 장애로 진단받는 경우가 30% 이상 증가했다고 하니, 우리 사회가 그만큼 불안정하다는 의미 같아서 안타깝다는 생각이 듭니다.

Q. 영화에서 변태성욕은 어떤 모습으로 나타나고 있는지 자세한 설명 부탁드립니다.

A. 영화에서 성적 역기능은 때로는 자극적이고 선정적으로, 때로는 코믹하게 그려지는 것 같습니다. 최근 〈그레이의 50가지의 그림

자〉라는 영화가 상영되었는데요, 이 영화의 남자 주인공은 매우 매력적인 존재로 그려집니다. 사실상 잘생기고 돈 많은 변태성욕자의 이야기인데, 그럴싸하게 포장해서 사람들의 호기심을 자극했다고 생각됩니다. 그리고 제가 책에서 인용한 국내 영화 〈페스티벌〉에는 다양한 변태성욕자들이 등장합니다. 가학 및 피학증, 물품음란증, 복장도착증 등의 문제를 가진 사람들이 등장하고, 이들이 자신들의 성적 취향을 발산하면서 벌어지는 이야기들을 비교적 유쾌하고 코믹하게 다루고 있어요. 이 영화에 등장하는 정도의 수준이라면 사회적으로는 큰 문제가 되지는 않습니다. 개인의 내밀한 부분을 평가하기에는 문제가 있기 때문에, DSM-5에서는 변태성욕과 변태성욕 장애를 구분합니다. 그러나 장애가 아니라고 판단한 소아성애나 노출증, 관음증 등은 범죄로 이어질 가능성이 높기 때문에 단순히 논리적으로만 구분하는 데는 무리가 있지 않을까 싶습니다.

Q. 영화에서 가족 문제 중 가정폭력은 어떤 모습으로 나타나고 있는지 자세한 설명 부탁드립니다.

A. 영화에서 다루어지는 가정폭력은 '폭력' 자체에만 집중되어 있다는 생각이 듭니다. 이 폭력으로 인해 한 인간이 얼마나 무너질 수 있는지, 폭력이 또 다른 폭력을 낳고 악순환이 반복될 수 있다는 것, 그리고 이 문제를 우리가 어떻게 받아들이고 사회적·

국가적으로 해결할 수 있는 부분이 없는지 등에 대한 논의가 필요합니다. 물론 모든 영화가 해결책을 제시할 수 없고 그 해결책이 정답이라고 할 수는 없지만, 그래도 이 부분에 대해서는 고민할 필요가 있다고 생각합니다.

Q. 요즘 학교 폭력과 군대 문제가 큰 이슈가 되고 있습니다. 영화에서는 어떤 모습으로 나타나고 있나요?

A. 요즘 일어나는 사건사고들을 보면, 학교에서 일어나던 문제가 군대로 넘어간 것 같은 인상을 줍니다. 중·고등학교 때 따돌림을 당하던 아이들이 결국 군대에서 같은 문제로 고통받는 경우가 많고, 학교에서는 입시에만 치중하다 보니 이런 문제들을 적절히 개입하거나 다루지 못하고 결국 성인이 되어서도 같은 문제가 반복됩니다. 특히 군대 내 특유의 문화는 변하지 않는데, 구성원들은 이를 수용하지 못하고 겉으로 문제를 드러내지 않으려고만 하는 것 같습니다. 하지만 영화 〈어 퓨 굿 맨〉을 보면 그래도 '원칙'이라는 것이 제대로만 서 있다면 희망이 있을지도 모른다는 생각을 합니다. 군인이 꼭 군복을 입었을 때만 멋있는 것이 아니라, 진실을 외면하지 않고 자신의 잘못을 인정할 수 있는 것도 군인으로서 가져야 할 덕목이라고 생각합니다. 자신의 죄를 인정하는 병사에게 군 변호사(톰 크루즈)는 말합니다. "해병만이 영예로운 길은 아니야."

Q. 영화와 심리학의 만남인데요, 어떻게 하면 영화로 상처받은 마음을 치료받을
수 있을까요?

A. 영화는 영화 그 자체로도 우리에게 즐거움과 감동을 줍니다. 훌
륭하고 좋은 영화를 즐길 마음과 여유가 충분하다면 그것만으
로도 힐링이 될 수 있다고 생각합니다.

다만 대부분의 영화들이 너무 자극적이고 폭력적인 내용을 다
루고 있기 때문에, 영화를 보다가 깜짝 놀라거나 눈살을 찌푸리
게 되는 경우가 많을 수 있습니다. 감동을 받을 수 있는 영화들
이 좀더 많이 만들어졌으면 하는 바람을 가져봅니다.

스마트폰에서 이 QR코드를 읽으시면
저자 인터뷰 동영상을 보실 수 있습니다.

* 소울메이트 홈페이지(www.1n1books.com)에서 상단의 '미디어북스'를 클릭하시면 이 책
  에 대한 더욱 심층적인 내용을 담은 '저자 동영상'과 '원앤원스터디'를 무료로 보실 수
  있습니다.
* 이 인터뷰 동영상 대본 내용을 다운로드하고 싶으시다면 소울메이트 홈페이지에 회원
  으로 가입하시면 됩니다. 홈페이지 상단의 '자료실—저자 동영상 대본'을 클릭하셔서
  다운로드하시면 됩니다.

영화 속 인물을 통해 정신병리를 배운다

영화 속 심리학

박소진 지음 | 값 16,000원

이 책은 정신병리에 대해 관심을 가지고 있거나, 심리 관련 분야를 전공하고자 하는 사람을 위한 안내서다. 정신병리라는 명칭이 내포하듯, 일상적인 인간의 심리를 다루기보다는 병적이거나 이해하기 어렵고 부적응적 · 역기능적인 심리나 장애를 다루기 때문에 일반인들이 이해하는 데 어려움이 있다. 이에 영화 속 인물들의 정신병리를 중심으로 설명했기에 해당 병리에 대한 기초적인 그림을 그리는 데 많은 도움이 될 것이다.

이 시대의 아버지들을 위한 필독서!

좋은 아버지로 산다는 것

김성은 지음 | 값 14,000원

이 책은 부성(父性)과 아버지 역할, 부부관계 분야의 탁월한 전문가인 김성은 교수가 제안하는 일종의 '좋은 아버지가 되는 길'로의 안내서다. 저자는 이 책에서 아버지들의 진솔한 삶의 이야기와 아버지들의 부성에 대한 이론 및 연구들을 바탕으로 지금 시대에 좋은 아버지로 살아간다는 것은 과연 어떤 것인지에 대해 차근차근 풀어나간다. 이 책을 통해 좋은 아버지로의 여정으로 한 발 내딛을 수 있을 것이다.

소크라테스의 진면목이 압축된 불멸의 고전!

소크라테스의 변론

플라톤 지음 | 김세나 옮김 | 값 13,000원

이 책은 소크라테스의 법정 변론을 그의 제자 플라톤이 정리한 불후의 명저로, 소크라테스가 처형된 후 몇 년에 걸쳐 집필된 것으로 알려져 있다. 인간으로서 훌륭한 덕을 취하고자 노력하고, 끊임없이 반성하며 살아가는 것이 소크라테스 철학의 요체였기에, 그의 변론과 증언은 진정한 삶과 지혜란 무엇인지 일깨워준다. 부와 명예에 눈이 멀어 내면의 가치와 진실이 외면당하는 요즘, 소크라테스의 외침은 깊은 깨달음을 줄 것이다.

가족 문제의 해결을 위한 아들러의 메시지

위대한 심리학자 아들러의 가족이란 무엇인가

알프레드 아들러 지음 | 정영훈 엮음 | 신진철 옮김 | 값 15,000원

개인심리학의 창시자이자 프로이트, 융과 함께 세계 3대 거장으로 손꼽히는 알프레드 아들러는 삶의 문제가 언제나 생애 초기의 가족 경험에서 시작된다고 주장한다. 아울러 삶의 의미가 어떻게 형성되고 서로 어떻게 다른지 이해하는 것이 중요하다고 재차 강조한다. 이 책은 가정 내 역할, 올바른 양육 방식, 그리고 가족문제가 발생하게 된 최초의 오류를 찾는 데 도움이 될 것이다.

하나만 다르게 행동해도 인생이 달라진다!

해결중심치료로 상처 치유하기

빌 오한론 지음 | 김보미 옮김 | 값 15,000원

미국 심리학계의 거장 빌 오한론은 '해결중심치료법'이라는 새로운 치료법을 만들어 미국 내에서 상당한 성과를 보이며 큰 인기를 얻었다. 이 책은 그러한 빌 오한론의 해결중심치료법을 다룬 책이다. 이 책에서 제시한 해결중심치료법을 마음에 새겨 행동으로 옮겨보자. 당신의 머리를 아프게 했던 다양한 문제들의 해결책이 그리 어렵지 않음을 알게 될 것이다.

남과 나를 비교하지 않는 용기가 필요하다!

왜 나는 계속 남과 비교하는 걸까

폴 호크 지음 | 박경애 · 김희수 옮김 | 값 15,000원

많은 사람들이 다른 사람과 자신을 비교하면서 별것도 아닌 일로 스스로를 '형편없는 인간'이라고 단정짓는다. 세계적인 임상심리학자인 폴 호크는 열등감은 남과 자신을 비교하는 것에서 비롯된다고 강조한다. 이 책은 자기수용을 하지 않고 주변 사람들의 평가에만 귀 기울이는 것이 신체적 · 육체적으로 어떤 부정적인 결과를 낳는지 설명하고, 열등감을 극복하기 위한 구체적인 방법을 인지정서행동치료에 기초해 제시한다.

중독 가정 아이들을 위한 단 한 권의 책!

중독 가정 아이들이 회복에 이르는 길

제리 모 지음 | 김만희 · 정민철 · 구도연 옮김 | 값 15,000원

이 책은 저자가 그동안 어린이 프로그램을 운영하고 개발하면서 느낀 것들과 함께 아이들을 치유하는 데 도움을 줄 수 있는 노하우, 아이들이 알아야 할 중요한 원칙과 교훈, 회복과 치유에 성공적인 방법과 피해야 할 위험요소, 실제로 적용해볼 수 있는 프로그램 활동 등을 잘 정리해놓은 개요서다. 프로그램에 참여한 가족과 아이들의 실제 사례가 담겨 있어 그 내용이 매우 생생하게 전달된다.

관계 회복의 첫걸음은 바로 당신 안의 용기다!

관계를 회복하는 용기

박대령 지음 | 값 15,000원

현대 사회에서 관계를 맺는 일에 상처를 받았거나 괴로워했던 사람들이 자신을 사랑하고 타인과 원활한 관계를 맺을 수 있는 심리학적 실천 방법을 다룬다. 먼저 나 자신을 사랑하고 스스로 관계를 맺는 방법부터 타인과 소통하는 방법, 더 나아가 세상을 보는 눈을 기르는 방법까지 소개한다. 대인관계 문제로 고민한 적이 있다면 이 책에서 자신의 문제를 발견하고 제시된 해결법을 통해 인생의 새로운 차원을 열 수 있을 것이다.

인간에 대한 위대한 통찰

몽테뉴의 수상록

몽테뉴 지음 | 안해린 편역 | 값 13,000원

가볍지도 과하지도 않은 무게감으로 몽테뉴는 세상사의 다양한 주제들에 대해 본인의 견해를 자신 있고 담담하게 풀어낸다. 이 책을 읽으며 나의 판단이 바른지, 내가 지금 제대로 살고 있는지, 앞으로 어떻게 살아야 하는지 등을 수없이 자문해보자. 원초적인 동시에 삶의 골자가 되는 사유를 함으로써 의식을 환기하고 스스로를 성찰하며 인생의 전반에 대해 배우는 계기가 될 것이다.

사진가 김완모의 아주 특별한 인물사진 수업!

인물사진 잘 찍는 법

김완모 지음 | 값 17,000원

가장 흔한 피사체이면서도 가장 까다롭고 섬세한 인물을 프레임에 완벽히 담아내기란 쉽지 않다. 이 책은 저자의 현장 경험과 대학이나 센터 등에서 학생들을 가르치며 조언해온 좋은 인물사진을 찍기 위해 행동하고 고려해야 할 모든 것을 담았기 때문에, 사랑하는 가족이나 연인, 친구를 찍으며 누구나 한 번쯤 해보았을 고민인 '어떻게 하면 더 아름답고 멋지게 찍을 수 있을까?'에 대한 해답이 되어줄 것이다.

섭식장애로 고통받는 사람들에게 용기를 주는 책

섭식장애로부터 회복에 이르는 길

캐롤린 코스틴, 그웬 그랩 지음 | 오지영 옮김 | 값 16,000원

섭식장애 전문가인 캐롤린과 그웬이 섭식장애로 힘들어하는 사람들에게는 용기를, 전문가들에게는 필요한 정보를 명쾌하게 알려주는 책을 출간했다. 섭식장애에서 진정으로 회복하기 위해 전문치료사인 저자들은 실제로 겪은 경험이나 다른 사람에게 도움을 준 과정들을 투명하고 독특한 관점으로 제공한다. 회복에 거부감이 들거나 치료를 두려워하는 사람들이 희망을 품을 수 있는 좋은 기회가 될 것이다.

내 삶의 주인으로 사는 법

에픽테토스의 인생을 바라보는 지혜

에픽테토스 지음 | 키와 블란츠 옮김 | 값 13,000원

이 책은 에픽테토스의 『엥케이리디온Encheiridion』을 영국의 고전문학가 조지 롱이 영어로 번역한 것을 토대로 했다. '엥케이리디온'은 핸드북 또는 매뉴얼이라는 뜻으로, 당면한 현실에서 무엇을 얻고 무엇을 버릴 것인지 선택할 권한을 가진 자가 바로 삶의 주인임을 강조한다. 에픽테토스의 지혜가 담긴 이 책은 이 시대를 살아가는 현대인들에게 삶의 태도와 방향을 정하는 길잡이가 되어줄 것이다.

서울대 최종학 교수와 함께 떠나는 문화기행

마흔, 감성의 눈을 떠라

최종학 지음 | 값 17,000원

이 책은 문화와 예술을 즐기고 싶어하는 사람들을 위한 지침서다. 저자는 이 책에서 음악·미술·영화·여행 등 다양한 분야에 걸쳐 여러 이야기를 풀어놓는다. 실제 해당 작품을 감상하거나 여행을 한 후 며칠 이내에 적은 것들이라 생생한 현장감이 가득하다. 이 책을 통해 바쁜 일상에서 벗어나 저자와 함께 문화여행을 떠나는 느낌을 받을 수 있을 것이다.

우리가 미처 몰랐던 서애 류성룡의 진면목

류성룡의 말

류성룡 지음 | 강현규 엮음 | 박승원 옮김 | 값 15,000원

서애 류성룡이 직접 했던 말을 살펴봄으로써 그는 과연 누구인지 들여다보고자 한다. 그리고 왜 지금 한국사회에 류성룡과 같은 리더가 필요한지에 대한 답을 얻고자 한다. 국난을 맞아 애국과 위민의 가치를 잃지 않고 불철주야 나라를 위해 온몸을 바쳤던 류성룡의 활약상과 인간적 면모가 어떠했는지 살펴보며, 현대인들에게 귀감이 될 만한 역사 속 영웅 류성룡의 말과 행동을 통해 앞으로 나아갈 길을 모색할 수 있을 것이다.

누구나 쉽게 이해하는 서양고전 독법

살아가면서 꼭 읽어야 할 서양고전

윤은주 지음 | 값 15,000원

이 책은 현대인들이 지혜롭고 현명하게 이 시대를 살아가기 위해 도움을 준다. 플라톤의 『향연』, 토마스 홉스의 『리바이어던』, 안토니오 그람시의 『옥중수고』 등 15편의 서양고전을 통해 사랑과 행복, 도덕론, 정치, 대중, 교육 등 우리 사회를 관통하는 굵직한 맥락들을 한눈에 알아볼 수 있다. 개념이나 하나의 문장마다 학문적으로 분석하며 읽기보다는 그저 옛날이야기를 듣듯이 읽어보자.

디자인을 넘어서는 사진 구성을 생각한다

원하는 사진을 어떻게 찍는가

김성민 지음 | 값 17,000원

우리의 일상생활 속에서 사진 구성 방법론을 쉽고 재미있게 이해하는 데 도움을 주는 책이다. 사진 메시지를 명확하게 표현하기 위해서는 프레임 안에 있는 요소들을 적절하게 관계 짓는 사진 구성 방법을 터득해야 한다. 탄탄한 이론과 사진가로서, 전시기획자로서의 현장 경험을 체득한 저자는 폭넓은 사진 구성 지식을 한 권의 책으로 오롯이 담아냈다.

열등감과 우월감에 내한 아들러의 메시지

위대한 심리학자 아들러의 열등감, 어떻게 할 것인가

알프레드 아들러 지음 | 신진철 편역 | 값 13,000원

지그문트 프로이트, 칼 융과 함께 세계 3대 심리학자로 손꼽히는 알프레드 아들러는 이 책에서 현대인에게 열등감과 우월감에 대한 메시지를 전한다. 열등감은 도대체 어디에서 비롯되는 것일까? 그리고 열등감이란 감정이 과연 나쁘기만 한 것일까? 또한 열등감과 우월감의 차이는 무엇인가? 이 책에 그 해답이 담겨 있다. 아들러는 중요한 것은 열등감 그 자체의 문제가 아니라 열등감을 대하는 태도라고 말한다.

행복을 부르는 감정조절법

왜 나는 감정 때문에 힘든 걸까

김연희 지음 | 값 14,000원

감정이란 무엇이고, 어떻게 해서 생겨나며, 감정을 효과적으로 잘 처리하는 방법은 무엇인지 뇌과학 · 진화심리학 · 정신건강의학 · 정신분석학적 지식에 바탕을 두고 소개하는 책이다. 이 책은 크게 3단계에 걸쳐 감정을 이해하고, 분석하고, 대처 방법을 살펴본다. 각 단계별로 읽으며 감정을 알아가다 보면 복잡해 보이기만 하던 주변 문제와 상황을 해결할 수 있는 실마리를 찾을 수 있을 것이다.

인물 드로잉, 손쉽게 따라 그릴 수 있다

누구나 쉽게 따라 하는 인물 스케치 작품집

김용일 지음 | 25,000원

출간 즉시 중국에 판권을 수출하는 등 독자들의 사랑을 받아온 『누구나 쉽게 따라 하는 인물 스케치』의 작품집이 출간되었다. 책 크기가 작아 따라 그리기 쉽지 않았을 독자들을 위해 책 판형을 크게 키우고 과정작을 한눈에 볼 수 있도록 배치했다. 인물화 작품 크기가 커진 덕분에 묘사의 정도, 질감의 표현, 공간감 등 따라 그리기 편하다.

제대로 공감하면 모든 것이 달라진다!

모두가 행복해지는 공감 연습

김환 지음 | 값 14,000원

이 책은 공감을 누구나 연습할 수 있는 하나의 기술로 이해하고 실제 삶에서 공감을 구현하기 위한 구체적인 기술을 연습할 수 있도록, 정통파 심리상담 전문가이자 공감 대화 전문가인 김환 교수가 쉽고 간명한 문제로 풀어나간 책이다. 인간은 누구나 타인에게 공감할 수 있는 기본 능력을 갖추고 있으므로 용어를 암기하며 새롭게 배울 필요는 없다. 그저 연습하면 된다. 이 책을 통해 공감을 몸에 밸 때까지 충분히 연습해보자.

화에 대한 인류 최초의 고전

세네카의 화 다스리기

루키우스 안나이우스 세네카 지음 | 정윤희 편역 | 값 13,000원

이 책은 후기 스토아철학을 대표하는 고대 로마의 철학자 루키우스 안나이우스 세네카가 화를 잘 내는 자신의 동생 노바투스에게 전하는 서간문 형태의 책 『화다스리기 De Ira』를 편역한 것이다. 화가 왜 불필요한지, 화라는 감정의 실체는 무엇인지, 화의 지배에서 벗어나 화를 통제하고 다스리는 법은 무엇인지를 다양한 예화를 통해 이해할 수 있다. 화라는 감정에 휘둘리며 살아가는 현대인들에게 현명한 치유법을 제시한다.

풍경 스케치, 이보다 더 쉬울 수 없다

누구나 쉽게 따라 하는 풍경 스케치

김규리 지음 | 값 25,000원

이 책은 그리는 단계를 최대한 세부적으로 설명함으로써 완성된 결과물로 자연스럽게 이어지도록 했다. 또한 풍경 스케치의 기초 지식을 설명하는 데 많은 부분을 할애했다. 연필을 잡는 법에서부터 선을 쓰는 법, 여러 가지 풍경 개체를 그리는 법, 구도를 잡는 법까지 다루어 기본기를 충실히 익힐 수 있도록 했다. 거의 모든 소재를 다룸으로써 어떤 풍경을 마주하더라도 당황하지 않고 자신 있게 그릴 수 있을 것이다.

우리가 미처 몰랐던 영조대왕의 진면목

영조의 말

영조 지음 | 강현규 엮음 | 박승원 옮김 | 값 13,000원

조선시대 중흥기를 이끈 제21대 왕 영조, 이 책은 영조가 직접 했던 '말'을 살펴보며, 과연 영조는 어떤 왕이었는지, 나아가 영조의 인간적 면모는 어떠했는지를 객관적으로 알아보고자 한다. 여러 사료를 참고해서 백성과 관리, 가족, 자기관리, 정책 등에 대해 영조가 남긴 말들을 한 권의 책으로 엮었다. 리더라면 누구나 알고 있는 애민(愛民)과 위민(爲民)의 기본 정신을 절절히 일깨우는 생생한 어록이다.

스마트폰에서 이 QR코드를 읽으면
'소울메이트 도서목록'과 바로 연결됩니다.

독자 여러분의
소중한 원고를 기다립니다

★ 소울메이트는 독자 여러분의 소중한 원고를 기다리고 있습니다. 집필을 끝냈거나 혹은 집필중인 원고가 있으신 분은 khg0109@hanmail.net으로 원고의 간단한 기획의도와 개요, 연락처 등과 함께 보내주시면 최대한 빨리 검토한 후에 연락드리겠습니다. 머뭇거리지 마시고 언제라도 소울메이트의 문을 두드리시면 반갑게 맞이하겠습니다.